KB241595

한반도식 통일, 현재진행형

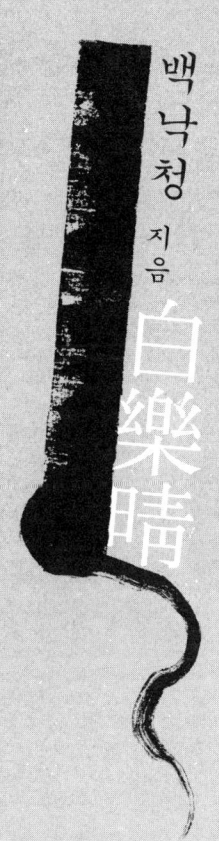

백낙청 지음

白樂晴

한반도식 통일, 현재진행형

창비

벌써 8년 전의 일이 되었지만, '흔들리는 분단체제'라는 책 제목을 달면서 당시로서는 약간의 모험심을 발휘했다. 분단체제가 안 흔들리면 어쩔 거냐는 주위의 은근한 귀띔도 없지 않았다. 나 자신은 흔들리고 있음을 확신하긴 했지만 한동안 흔들리다 다시 굳어질 가능성을 배제하지는 못했다.

지금 돌이켜보면──이것이 이번 책의 주장 가운데 하나이기도 한데──한반도의 분단체제는 남쪽에서 그것을 받쳐주던 군사독재가 결정적인 타격을 입은 1987년 6월부터 이미 동요하기 시작했었다. 따라서 1997~98년께 가서야 '흔들리는 분단체제'라는 제목을 생각해낸 나는 현실에 뒷북이나 치며 따라가는 지식인의 한 표본이 아니었나 싶다. 하지만 그런 지식인들의 세계에서는 2000년 6월의 남북공동선언으로 '6·15시대'가 열리기 이전에 분단체제의 흔들림을 공언했다는 점에서 얼마간 앞서간 형국이 되었다. 말하자면 책 제목을 잘 지어서 재미를 좀 본 셈이다.

이번 책에 '한반도식 통일, 현재진행형'이라는 이름을 달면서도 내 깐에는 다시 모험을 거는 기분이며 저번 못지않은 '재미'를 보았으면 하는 바람이다.

2000년 6월에 관해서도 나의 인식이 처음부터 확실한 것은 못 되었다. 그러나 6·15공동선언 이후의 세월 동안, 애초의 부푼 기대가 갖가지 난관으로 좌절을 겪는 가운데서도 남북관계가 꾸준히 진전하는 것을 지켜보면서 나는 진작에 흔들리던 분단체제가 드디어 허물어지기 시작했으며 '6·15시대'가 곧 분단체제의 해체기에 해당한다는 믿음을 굳히게 되었다. 즉 6·15공동선언은 한반도의 통일을 독일식도 베트남식도 아닌 우리식으로 하자는 합의였을 뿐 아니라 이러한 한반도식 통일에 시동을 건 사건으로서, 이후 온갖 파란을 헤치면서 그러한 통일작업이 진행되어 왔다고 믿는 것이다.

이런 신념에는 작년 한해 동안 나 개인의 새로운 경험이 적잖이 가세했다. 남·북·해외가 함께 만든 '6·15공동선언실천 민족공동위원회'의 남측 대표라는 뜻밖의 중책을 맡게 된 나는 3월과 6월 및 8월에 금강산과 평양, 서울에서 각기 공동행사를 치르는 등 '6·15시대'가 크게 활력을 되찾는 현실을 체험할 수 있었던 것이다.

하지만 우리식 통일이 현재진행형이라는 판단에 이런 개인적 인상이 지나치게 작용했다고는 생각지 않는다. 비록 뒷북을 치는 한이 있더라도 지식인의 판단은 냉정해야 한다는 것이 나의 소신인데, 다만 우리 사회의 너무나 많은, 그것도 진보를 자처하는 지식인과 사회과학자들이 당장 우리 발밑에서 진행되는 역사를 알아보고 냉철하게 분석하기보다 분단을 모르는 외국에나 해당될 담론을 열띠게 주고받으며 지내는 게 아닌가

하는 불만을 느낄 때가 많다.

책의 제1부는 작년과 올해에 걸친 나의 최근 발언들이다. 그중에서 1~3장은 공개강연 또는 인터넷에 쓴 글로서, 6·15민족공동위원회 활동의 경험을 바탕으로 내 생각을 정리한 것이지만 어디까지나 개인적 발언임은 발언 도중에 명토를 박아놓은 대로다. 제4장의 본론은 시기적으로 오히려 앞서나 역시 6·15공동위 활동을 시작한 뒤의 발언이며, 이를 보완하고 최근의 내 입장을 정리하기 위해 본론에 거의 맞먹는 길이의 덧글을 달았다.

제2부와 제3부는 『흔들리는 분단체제』(창작과비평사 1998) 이후에 발표한 글 중에서 본서의 주제에 어울린다고 생각되는 것들을 추려서 연대순으로 배열한 것이다. 제1부와의 양적 균형을 고려해서 대략 절반씩을 따로 묶었으나, 결과적으로 2002년도의 두 편을 가로질러 분리된 2, 3부의 내용이 단순히 시간적인 기준으로 나뉜 것만은 아닐 수 있겠다는 느낌도 든다.

제10장이 된 「한반도에 '일류사회'를 만들기 위해」를 쓸 무렵부터 나는 '분단체제'라는 다분히 개인의 상표처럼 되어버린 표현을 되뇌기보다, 더 많은 사람들이 공감할 수 있는 친숙한 언어로 한반도에 지금보다 나은 사회를 만들자는 논지를 전달하고자 했다. 그 결과로 제3부의 각 장은 '분단체제'라는 낱말이 제목에서 사라졌을 뿐 아니라 다루는 내용도 좀더 다양하고 폭넓어졌다고 믿는다.

그런데 제1부의 최근 발언에서 '분단체제'가 다시금 자주 등장하는 사실을 의아하게 ─ 또는 '혹시나 했더니 역시나'라고 웃으면서 ─ 눈여겨본 독자들이 없지 않을 것이다. 굳이 해명하자면, 이는 한반도식 통일이 현재진행형이라는 다소 새로운 명제를 제출하면서 그것이 단지 희망적인 선언이 아니고 내 나름으로 오랫동안 정리해온 개념적 구도 속에 자리한 것임을 밝힐 필요를 느꼈기 때문이다. 그 점이 이 책을 통해 어느정도 밝혀지고 나면 더 많은 사람들이 더 쉽게 공유할 수 있는 언어로 한반도식 통일에 요구되는 담론을 전개하고 싶다. 마땅히 그래야 하며, 또 그럴 수 있게끔 일조하려는 것이 책을 내는 중요한 동기이기도 하다.

앞서 우리 학계와 지식층의 담론양태를 꼬집었지만, 현재진행형의 통일을 실감하지 못하는 것이 꼭 지식인의 뜬소리 취향 때문만은 아니다. 머리말을 쓰는 4월 중순의 정세를 보더라도, 한반도식 통일의 기본구상에 공감하는 사람조차 과연 그것이 제대로 진행될 것인지 의구심을 가질 까닭이 많다. 북측은 북측대로 좀더 유연하고 개방적으로 나오지 못하는 사정이 있으리라 짐작되려니와, 무엇보다 작년 6자회담에서의 9·19 공동성명으로 북핵문제 해결과 동북아평화체제 구축의 기본구도가 잡히자마자 대북압박을 새롭게 다그치고 나온 미 행정부의 무모한 강경노선이 6·15시대의 순탄한 진행을 가로막고 있다. 여기에 우리 남쪽의 정부마저 통일과정에서 우리의 운신 폭을 크게 제약하고 끝내는 분단체제극복을 위한 우리 사회의 동력을 탕진할 위험마저 있는 한미 자유무역협정(FTA) 졸속협상을 다그치고 있으니 이래저래 걱정이 앞서게 마련이다.

그중 어느 사안에 대해서도 나는 전문가의 식견을 갖추지 못했다. 그에 대한 본격적인 해답을 기대하는 독자에게는 실망을 안길 수밖에 없을 것이다. 다만 미국의 대북강경론에 대해서는 부시 대통령의 '악의 축' 발언 당시부터 미국이 한반도 통일의 과정을 더 괴롭고 느리게는 할 수 있을지언정 아주 막지는 못하리라는 신념을 피력해왔고 최근에도 되풀이한 바 있다. 그에 비해 한미FTA문제는 나의 전문성 부족이 더욱 아쉬운 분야인데다 아직껏 따로 생각을 정리해서 발언할 계제도 없었다. 여기서는 현싯점에서 한미FTA 자체가 바람직한지에 대한 의견을 유보한 채, 한반도식 통일의 한 특성이 온갖 혼란 속에서도 한반도 민중의 저력이 발휘되는 과정인 한에서는 미국 의회와 행정부의 일정표에 고스란히 맞춘 어리석은 진행만은 저지할 수 있으리라는 희망을 강조하는 것으로 만족하려 한다.

또 한권의 저서를 간행하면서 많은 분들의 은덕을 다시금 실감한다. 특히 작년 이래 6·15민족공동위 활동을 함께하며 도와주신 여러 동지와 멀리서 성원해주신 수많은 동포 및 동료시민들의 은혜가 무겁다. 창비식구들에게도 또 한번 감사하는 마음이며, 편집을 직접 챙겨준 신채용형의 노고가 각별했음을 밝힌다.

2006년 4월 효창동에서

차례

제1부

6·15시대의 한반도와 동북아평화

1

경기도가 주최하는 세계평화축전의 폐막 강연을 맡게 된 것은 저에게 커다란 영광입니다. 특히 장소가 경의선의 남측 최북단 역인 도라산역인 점이 뜻깊습니다. 이런 뜻깊은 행사를 발상하고 기획하신 손학규(孫鶴圭) 지사 등 경기도 여러분과 주관하는 수고를 감당하신 송태호(宋泰鎬) 대표 등 경기문화재단 여러분께 감사와 경의를 표합니다.

오늘은 9·11테러의 4주년이 되는 날이기도 합니다. 날짜를 일요일로 잡다 보니 우연히 그리 된 것이겠지만, 도라산역이 상징하는 화해와 협력, 평화의 주제에 더욱 무게를 실어줍니다.

■ 이 글은 2005년 9월 11일 경기문화재단 주최로 열린 '광복 60주년 기념 세계평화축전 도라산 강연회'에서 발표된 강연문이다.

도라산역을 건설하는 일 자체가 6·15공동선언으로 가능해졌습니다. 6·15시대의 산물이자 그 상징 가운데 하나가 도라산역인 것입니다. 이런 장소에서 6·15시대를 다시 생각해보고 한반도와 동북아시아, 나아가 세계의 평화를 위해 그것이 갖는 의미를 살펴보는 것은 정말 보람있는 일이 아닐 수 없습니다.

2000년 6월의 남북정상회담과 공동선언이 안겨주었던 애초의 감동은 한동안 적잖이 멀어진 느낌이었습니다. 특히 2001년 9·11테러로 미국의 대결적 정책과 일방주의가 강화된데다, 작년에는 북핵문제가 심각해지고 남북간에 다른 악재들이 겹치면서 '6·15시대'라는 말을 실감하기 어려울 지경이 되기도 했습니다.

그러나 올해는 완연히 다릅니다. 특히 6·15 다섯돌 기념 평양축전과 광복 60주년을 맞은 서울축전 행사는 오랜만의 대규모 민간 공동행사일 뿐 아니라 최초로 민·관이 함께한 축제였습니다. 이를 계기로 복원된 남북 당국자간의 일련의 접촉은 남측 특사와 북측 최고지도자의 면담, 북측 대표단의 남쪽 국립현충원 방문 같은 괄목할 사건을 낳았고, 정치·경제·군사와 인도주의 사업 등 여러 분야에서 굵직굵직한 성과를 냈습니다.

이 과정에서 지난 3월말에 남·북·해외의 민간 공동기구로 발족한 '6·15 공동선언실천을위한 남·북·해외공동행사준비위원회'가 한몫을 해낸 데 대해 저는 남측 상임대표로서 큰 자부심을 느끼고 있습니다. 그동안 협조하고 함께해주신 국민 여러분께 이 자리를 빌려 다시 한번 감사의 뜻을 전합니다. 그러나 오늘의 강연 내용은 어디까지나 개인 의견이며 상임대표로서의 공식 발언이 아니라는 점도 아울러 밝혀두고자 합니다.

2

6·15시대란 과연 어떤 시대일까요? 무엇이 6·15공동선언에 한 시대의 획을 그을 만한 의미를 부여했으며, 6·15와 더불어 시작된 시기는 정확히 어떤 특징을 지니는 것인가요?

사실 6·15선언의 내용 자체는 일찍이 1972년에 통일의 원칙을 천명한 7·4공동성명만큼 명쾌하지 않고, 1991년에 조인되어 이듬해 발효한 기본합의서 즉 '남북 사이의 화해와 불가침 및 교류 협력에 관한 합의서'에 비해 구체성이 떨어집니다. 하지만 저는 바로 그러한 점들이 6·15가 지니는 획기적 의미의 요체이기도 하다고 생각합니다.

물론 6·15선언의 남다른 의미로는 그것이 남북 정상이 직접 만나 합의하고 서명한 문건이라는 사실도 빼놓을 수 없습니다. 남측의 경우 이 만남은 상당한 공론화의 과정 속에 진행되었으며, 여야간의 평화적 정권교체와 민주화의 지속적 추진이라는 배경을 지닌 것이었습니다. 72년의 밀사교환 당시는 물론, 91년의 기본합의서 체결이나 94년의 갑작스런 정상회담 합의 때보다 훨씬 든든한 현실적 기반이 전제되었던 것입니다.

그러나 6·15공동선언의 일견 모호하고 제한적인 내용이 바로 이러한 현실적 기반에 걸맞은 탁월한 성과라는 점을 부각시킬 필요가 있습니다. 예컨대 선언문 제2항의 "남측의 연합제 안과 북측의 낮은 단계의 연방제 안이 서로 공통성이 있다고 인정하고 앞으로 이 방향에서 통일을 지향시켜나가기로 하였다"는 대목은 내용이 두루뭉실할뿐더러, 남북 각자가 이제까지 배격해온 상대방 제안에 끌려갔다는 비난을 받을 여지를 남겼습니다. 실제로 우리 남쪽에서 그런 비난이 많았지요.

하지만 생각해보십시오. 어느 한쪽만이 다른 한쪽을 끌고 가기로 했다면 합의가 가능했겠습니까. 저는 이 조항의 애매모호한 표현이야말로 6·15공동선언을 빛내는 대화와 타협의 정신, 실현가능한 방안을 찾아내는 실천적 자세를 단적으로 보여주는 사례라 믿습니다.

돌이켜보면 7·4공동성명의 조국통일 3대원칙, 즉 자주·평화·민족대단결은 모두가 타당한 것이지만, 통일에 대한 열망 못지않게 사람들마다 자신에게 불리한 통일이 될까 하는 불안감을 안겨줄 수 있는 것이었습니다. 당시 북측에서는 통일방안으로 이미 '고려연방제'를 제의해둔 상태였고 1991년에 이 제안을 새롭게 제출합니다. 그런데 연방제로 가는 과정에서의 남북간 신뢰구축에 대한 현실적 방안이 부족했던 탓에 북측이 고려연방제를 제안했다는 사실 자체가 도리어 남측에서 모든 연방제 논의를 어렵게 만들어버리기도 했습니다.

다른 한편 90년대초의 기본합의서는 연방제가 아닌 국가연합제에 실질적으로 기울어진 느낌이 많아 북측에 부담을 준 것이 아닌가 합니다. 합의서는 물론 7·4성명의 3대원칙을 재확인하고 남과 북 "쌍방 사이의 관계가 나라와 나라 사이의 관계가 아닌 통일을 지향하는 과정에서 잠정적으로 형성되는 특수관계라는 것을 인정"하여 연방제 통일로의 길도 열어놓았습니다. 하지만 남북의 유엔 동시가입이 그 해 가을(1991. 9)에 실현된 상황에서 이러한 조항은, 이미 형성되기 시작한 일종의 연합관계를 추인하며 각종 부속문서를 통해 강조하는 의미가 없지 않았던 것입니다.

이런 대립각을 6·15공동선언은 "남측의 연합제 안과 북측의 낮은 단계의 연방제 안이 서로 공통성이 있다고 인정하고 앞으로 이 방향에서 통일을 지향시켜나가기로 하였다"는 두루뭉실한 표현으로 절묘하게 해소했습니다. 연합제와 연방제는 엄연히 다른 것이지만—무엇보다 연합제에서는 두 개의 중앙정부가 남아 있는 데 반해 연방제는 하나의 연방정부 아래 남북의 지방정부가 존재한다는 점이 다르겠지요—연방제의 수많은 형태 중 '낮은 단계'에 속하는 것과 연합제가 똑같다는 게 아니라 '서로 공통성이 있다'고 했으니 이론상 나무랄 데 없는 명제입니다. 게다가 현실적으로도 그중 어느 하나를 지금 택한다는 것이 아니고 '앞으로 이 방향에서 통일을 지향시켜나가기로' 했다는데야 누가 뭐라 하겠습니까. 상대방의 굴복을 요구해서 화해와 협력을 막겠다는 입장이 아니라면 말이지요.

　제2항의 합의정신을 좀더 일반화해서 풀이한다면, 첫째 통일을 하기는 하되 너무 서두르지 않는다는 것이고, 둘째 어떤 형태의 통일인지를 미리 못박지 않고 지금 가능한 통일작업부터 진행한다는 것이 되겠습니다. 이것이야말로 남북간에 화해와 협력의 새로운 시대를 여는 데 결정적인 합의였습니다. 그리하여 실질적인 신뢰구축 작업을 명기한 공동선언 제4항, 즉 "남과 북은 경제협력을 통하여 민족경제를 균형적으로 발전시키고 사회, 문화, 체육, 보건, 환경 등 제반 분야의 협력과 교류를 활성화하여 서로의 신뢰를 다져나가기로 하였다"는 조항이 비로소 힘을 받게 된 것입니다.

　이렇게 되는 까닭은 첫째, 한반도에서의 신뢰구축은 통일을 하지 말자고 해도 불가능하고 덮어놓고 통일하자고 외쳐대도 어려워집니다. 통일을 안한다고 하는 순간 정권유지가 힘들어짐은 물론, 현실적으로도 남북한 모두의 장기적 문제에 답이 나올 수가 없습니다. 그러나 무작정 통일을 부르짖는다고 구체적인 방안이 안 나오는 것은 물론이고, 자신이 원하지 않는 방식의 통일이 이루어지는 데 대한 사람들의 불안이 커져서 오히려 통일사업에 역행하기 십상인 것입니다.

둘째로, 한반도의 분단현실은 세계 어느 곳에도 유례가 없는 그 나름의 특이한 구조를 지녔기 때문에 한반도의 통일 또한 교과서에 없고 현대정치사에 선례도 없는 독특한 방식을 창안하지 않고는 달성할 수 없습니다. 일을 해나가면서 그때그때 최대한의 창의성을 발휘하는 일이 중요하지 기존 개념들 가운데서 이게 맞냐 저게 맞냐를 놓고 싸워대는 일은 백해무익한 것입니다.

한반도의 통일이 베트남식 무력통일도, 독일식의 급격한 일방적 합병도 아닌 평화적이고 점진적인 과정이어야 한다는 점에는 폭넓은 공감대가 형성되어 있습니다. 그래서 '과정으로서의 통일'이라는 표현도 곧잘 쓰이곤 합니다. 하지만 이 과정의 종착점은 여전히 1945년 당시에 우리 민족이 일제 식민지에서 벗어나면서 이루려다 못한 단일형 국민국가로 설정하는 경우가 많습니다. 2000년 6월의 정상회담에서도 통일까지는 20~30년, 아니 40~50년이 걸릴 거라는 이야기가 오갔다고 전해집니다.

이는 물론 정확성을 기한 관측이라기보다 통일을 너무 서두르지 않는다는 역사적 합의의 연장선에서 나온 덕담 수준의 이야기였으리라 짐작합니다. 그러나 이런 발언을 문자 그대로 접수한다면 6·15시대는 2000년에 시작해서 길게는 2050년까지도 갈 수 있는 장구한 세월이 됩니다. 흔히들 말하는 대로, 통일이 언제 될지, 과연 되기는 되는 건지, 실로 막막한 느낌을 주기에 알맞은 이야기가 되는 것입니다.

저는 여기서 우리가 통일에 대한 개념을 바꿀 것을 제창합니다. 단일형 국민국가로의 '완전한 통일'이라는 고정관념을 버리고, 연합제와 낮은 단계의 연방제 사이 어느 지점에서 남북간의 통합작업이 일차적인 완성에 이르렀음을 쌍방이 확인했을 때 '1단계 통일'이 이룩되는 것이라는 새로운 발상이 필요합니다. 말하자면 무엇이 통일이며 언제 통일할 거냐를 두고 다툴 것 없이 남북간의 교류와 실질적 통합을 다각적으로 진행해나가다가 어느날 문득, '어 통일이 꽤 됐네, 우리 만나서 통일됐다고 선포해버리세'라고 합의하면 그게 우리식 통일이라는 겁니다.

물론 그것이 통일작업의 완성은 아닙니다. 하지만 그때부터 통합의 과정은 한층 힘차게 진행될 것이며 무엇이 2단계, 3단계 통일에 해당할지도 그때 가서 정하면 되는 것입니다.

허술한 것 같아도 한반도에서는 이런 '1단계 통일'만 이루어져도 그것이 남북 민중의 실질적 화해와 접근에 근거한 것이기에 다음 단계들을 향한 불퇴전의 대세를 이루게 마련입니다. 나쎄르 시대의 이집트가 한때 시리아와 '통일아랍연합공화국'을 선포했다가 금세 흐지부지됐던 경우와 판이함은 물론, 남북 예멘의 당국자들이 '3당 합당'식의 담합통일을 선포했다가 결국은 내전을 거쳐서야 온전한 통일을 이룩한 전례와도 비교가 안됩니다. 우리의 정치적·경제적 발전수준은 당국자들만의 담합에 의한 하향식 통일을 허용하지 않을뿐더러 남북이 모두 중무장한 상태에서 내전을 통한 뒷마무리라는 수순도 생각할 수 없는 것이니까요.

다소간에 두루뭉수리로 진행하다가 문득 통일이 되는 과정이야말로 '과정으로서의 통일'이라는 한반도식 통일의 참뜻이라고 저는 확신합니다. 그리고 이런 통일은 결코 아득한 장래의 일이 아니라 가까이 다가온 미래입니다. 6·15 이후 5년 동안에 허송세월이 적지 않았지만, 올해 6월 14일에서 8월 17일, 즉 평양축전이 시작해서 서울축전이 끝나기까지의 두 달 남짓한 기간에 얼마나 많은 변화가 일어났습니까. 더구나 금주로 속개가 예정된 4차 6자회담이 성과있게 마무리된다면 변화의 물살은 더욱 급해질 것이 분명합니다.

정녕 6·15시대는 통일시대의 들머리에 해당한다고 하겠습니다.

3

이제 한반도의 이런 통일시대가 동북아 평화에 어떤 의미를 지닐지를 잠시 살펴보겠습니다.

현재 한반도는 동북아에서 가장 전쟁위험이 높은 지역으로 꼽힙니다. 따라서 이러한 곳에서 평화가 정착되고 통일작업이 진전된다면 동북아뿐 아니라 세계 전체가 그만큼 더 안전해질 것이 분명합니다. 그러나 오늘날 세계의 됨됨이를 보건대 설령 한반도가 좀더 안전해진다 해도 지구 현실이 갑자기 평화로워지기를 기대하기는 어려워 보입니다. 자칫하면 아직까지 비교적 안정된 지역인 동아시아마저 전세계적 혼란의 소용돌이에 휩쓸리고 말 위험이 있는 것이 사실입니다.

동북아 및 동아시아만이라도 이런 대세를 거슬러서 세계사의 흐름을 바꿔놓는 선도지역이 될 수 있을 것인가? 이는 동아시아인뿐 아니라 인류 전체를 위해서도 중요한 질문입니다. 동북아의 그러한 역할을 위해 한반도의 어떤 통일과정이 가장 도움이 될지를 생각해보고자 합니다.

오늘날 남북의 대치상태는 동북아의 직접적인 불안요인임을 넘어, 동아시아 지역협력체제의 형성과 일본·중국 등 이웃 강대국들의 건전한 발전에도 큰 장애요인이 되고 있습니다. 일본의 경우 북의 핵무장과 미사일 문제, 납치 문제 등 북한으로부터의 온갖 현실적 또는 가공적 위협이 우경화와 군사력 강화의 빌미가 되고 있으며, 아시아의 이웃들을 외면하고 미일동맹에 전적으로 매달리는 자해적(自害的) 노선을 부추기고 있습니다.

그런데 한반도가 통일되더라도 국가주의와 민족주의를 앞세운 또하나의 강국이 탄생할 경우, 설혹 통일 한반도가 자본주의 사회라 한들 일본사람들의 불안감을 덜어줄 수 있을까요? 물론 오늘의 수많은 일본인들이 북한과 북녘 사람들을 업신여기듯이 통일 한반도를 업신여기지는 못할 것입니다. 하지만 민족주의를 강화하고 군사력을 팽창시키며 미국에 더욱 의존하려는 충동은 오히려 커질 수도 있습니다. 오로지 남북 민중의 실질적 접근으로 '어물어물' 진행되는 통일, 남북간의 경계선뿐 아니라 동북아 여러 나라 사이 국경선도 점차 밀폐성이 덜해지는 한반도의 변혁작업만이 일본을 믿음직한 아시아의 이웃으로 끌어내는 결정적 동력이 될 것입니다.

중국과의 관계도 크게 다르지 않습니다. 오늘날 많은 사람들이 중화주의 및 대국주의와 결합한 중국 민족주의의 범람을 우려합니다. 동아시아의 평화와 공동번영은 결국 중국과 일본이 함께 나서지 않고는 불가능한데, 양국은 오히려 대립의 날을 세워가는 양상입니다. 그나마 한국이 일정한 중재역할을 할 만한 처지지만, 남북대결 상황에서 언제든지 구사될 수 있는 '북한 카드'의 위력 앞에서 한국의 교섭력과 중재능력은 무력화되기 일쑤입니다.

통일이 되면 '북한 카드'는 물론 사라지지요. 그러나 소수민족문제 등그 나름의 약점을 안고 있는 중국이 한반도에 강력한 단일형 국민국가가 출현했을 때 과연 넉넉하고 건강한 신흥 대국의 몫을 해낼 여유를 얼마나 가질 수 있을까요? 그보다는 점진적인 분단체제 극복작업을 지켜보는 과정에서 더욱 많은 일깨움을 얻고 지역협력에 더 성의있게 임하게 될 것이 확실합니다.

우리의 통일과정이 일본과 중국에 대해 이 정도의 공헌만 하더라도 한반도가 새로운 인류문명의 전초기지로서 제 구실을 톡톡히 해낸 꼴이 될 것입니다. 물론 분단체제를 제대로 극복한 사회가 세계에 기여할 일은 이밖에도 많습니다만, 여기서는 여러분의 즐거운 상상에 맡기고 넘어가렵니다.

4

앞서 통일의 개념을 바꿀 것을 제창했습니다만, 통일작업에 임하는 우리의 자세와 사업방식도 이제 변해야 합니다. 이에 대해 몇가지 말씀을 드리는 것으로 마무리할까 합니다.

'통일'에 대한 고정관념을 버리고 '한반도식 통일'이 어느날 문득 실현될 수 있는 것임을 통찰하게 되면, 6·15시대는 곧 한반도의 분단체제가 드디어 해체되는 시기이며 통일은 아득히 먼 일도 아니고 엄청나게 위협적인 사변도 아니라는 넉넉한 믿음이 생깁니다. 6·15 이전 시대와 달리, 많은 사람들이 기꺼운 마음으로 통일사업에 참여할 수 있게 되는 것입니다. 물론 모든 투쟁이 불필요해진 상황이라는 말은 아닙니다. 그러나 평범한 대중들이 각자 처한 삶의 마당에서 '어깨에 힘 빼고' 통일의 길에 나서는 일이 가능해지고 또 필요해졌다는 뜻이지요.

다른 한편, 통일이 당국자간의 합의보다 남북 사회의 실질적 접근과 동시적 변화에 좌우되는 상황은 수많은 개인의 짐을 그만큼 더 무겁게 만들기도 합니다. 먼저, 오랜 분단으로 왜곡된 삶 속에서 그것이 분단으로 왜곡된 삶이라는 사실조차 망각하고 살아온 사람들이 망각의 타성을

깨고 밝은 눈과 맑은 마음을 찾는 훈련을 쌓아야 합니다. 소수의 극렬 반
통일세력뿐 아니라 '이 정도면 살 만해졌으니 그냥 이렇게 살지'라고 생
각하며 분단체제에 안주하려는 상당수 사람들도, 분단체제를 허물기 위
해 흘린 그 많은 땀과 피로 '이 정도 살 만해진 현실에 무임승차하려는
마음가짐으로는 '이 정도의' 민주주의와 한반도 안정도 유지되기 어려움
을 깨닫는 마음공부와 지식공부를 병행해야 합니다.

동시에 분단체제보다 나은 한반도 사회를 건설하려면 지금 이곳의 생
활환경에서 보존할 것을 보존하고 개혁할 것을 개혁하는 일상적인 연구
와 실행도 필수적입니다. 이런 바탕 위에서 남북의 교류와 통합 작업에
각자 힘닿는 만큼 참여하는 민중대참여의 원칙이야말로 진정한 민족대
단결을 구현하는 길입니다. 그리고 이런 식의 참여는 다시 각자의 일상
적 수행과 사업의 새로운 계기가 될 것입니다.

어렵고 복잡하기는 하지만 이렇게 각자의 마음공부와 일상적 실천과
통일과업이 온통 하나가 되는 삶이야말로 얼마나 알찬 '흑자인생'이겠습
니까. 제가 '어깨에 힘 빼고 통일하자'는 다소 경박하게 들릴 수 있는 표
현을 내놓은 것도, 힘든 과업일수록 그 일머리를 알아서 즐겁게 해내자
는 뜻입니다.

6·15시대 이땅의 현실을 곰곰이 살펴보건대, 한반도식 통일은 세계사
에 유례가 없는 매우 특이한 과정이며 바로 이 과정의 일차적 완성이 멀
지 않았습니다. 하지만 그 성패는 얼마나 많은 평범한 사람들이 이 사실
을 깨닫고 기쁘고 편안한 마음으로 참여하느냐에 달려 있다고 믿습니다.
감사합니다.

〈2005〉

2
6·15시대의 대한민국

2005년도 꽤나 어수선한 분위기로 넘어갔지만 오랜만에 이룩된 남북 관계의 큰 진전이 뜻깊었던 해로 남을 것이다. 분단시대의 역사에 한 획을 그은 6·15공동선언이 그 5주년을 계기로 확실하게 힘을 받게 되었기 때문이다.

물론 6·15공동선언은 그 사이도 위력을 발휘하고 있었다. 다른 한편 2005년의 성취가 컸다고 해서 평화와 통일의 길이 마냥 순탄해진 것은 아니다. 6자회담의 일차적 성과인 9·19공동성명 이후 북·미관계는 다시 삐걱거리는 상황이며, 한국사회는 연말의 엄청난 폭설피해를 차치하고도 온갖 혼란에 휩싸인 채 새해를 맞았다. 바야흐로 대한민국은 한바탕 자체정비를 않고는 지탱해가기 힘들겠다는 느낌이다.

전세계의 조명에 노출된 가운데 온 나라가 들끓었던 황우석 교수 사건만 해도 그렇다. 이것이 어찌 욕심이 넘치고 진실성이 부족한 몇몇 연구자만의 문제겠는가. 청와대를 비롯한 정부의 유관부서들, 정치권과 언론, 학계와 일반시민들의 갖가지 타성과 문제점이 이 기회에 드러난 것을 오히려 고마워해야 할 일이다. 그나마 진실규명과 자기반성의 실마리가 우리 내부에서 나왔다는 사실에 용기를 얻고, 역설적이지만 이런 규모의 국제 사기사건이 아무 데서나 일어날 수 있는 것도 아니라는 점을 추가적 위안으로 삼으면서, 드러난 모든 문제를 바로잡을 전면적 개혁에 매진할 필요가 절실하다.

개혁운동의 자기개혁을 포함하는 총체적 개혁을

황우석 사건만큼 주목을 끌지는 못했지만, 지난(2005년) 12월 21일 서울고등법원이 계속진행을 판결한 새만금문제도 비슷한 예이다. 1심 재판부가 수질오염의 개연성, 농지조성의 무모함 등을 모처럼 진지하게 검토하여 내린 결정을 상급심이 낡은 논리를 총동원하여 뒤집은 것인데, 이 또한 일부 법관이나 한국 사법부만의 문제일 수는 없다. 환경의 재앙일뿐더러 경제성도 없는 초대형 간척사업을 애당초 정략적으로 추진한 정치지도자들로부터 이제는 그게 환상이요 정략이었음을 알아차리고도 아무런 지도력을 발휘하지 못하는 현 정권의 수뇌부에 이르기까지, 그리고 간척사업에 걸린 자신들의 단기적 이해관계를 위해 수단방법을 가리지 않는 세력들과 이들의 책동을 방조해온 학계·언론계·종교계의 수많은 인사들을 포함하여, 새만금문제는 이 사회에 총체적인 개혁이 필요함을 일깨워주는 또하나의 사례이다.

그나마 환경운동의 강력한 문제제기로 이만큼의 공론화가 이루어졌다. 그런데 새만금 간척사업을 반대해온 한 사람으로서 강조하고 싶은 점은, '총체적 개혁'에는 반대운동의 자기개혁도 포함되어야 한다는 사실이다. 소중한 자연환경을 보존하고 무모한 개발을 막아야 한다는 명분이야 나무랄 데 없지만, 원상보존 외에는 어떤 대안도 거부한 채 대의명분만 부르짖는 것이 과연 새만금 갯벌의 무수한 생령을 위하는 길이었는가? 비록 오도된 민심일지라도 남들과 대등하게 잘살아보겠다는 지역주민들의 염원마저 백안시하는 것이 진정한 생명존중의 자세였는가?

부안 갯가에서 서울 시청광장까지 네 분 성직자가 수행한 삼보일배 순례가 단지 물막이공사 반대를 더 화려하게 제기하는 수단만은 아니었을 터이다. 우리 마음속의 온갖 독심(毒心)을 참회하고 씻어내자는 호소였다고 믿는다. 물론 우리가 알게모르게 젖어든 개발지상주의가 일차적인 참회대상이었지만, 환경운동가들이 곧잘 빠져드는 독선이나 오만도 예외일 수 없을 터이다. 그리고 이 교훈이 딱히 환경운동에만 국한될 이유도 없다.

아무튼 새만금에서 방조제 완공과 그로 인한 뭇 생명의 죽음이 눈앞에 다가온 지금이야말로 우리의 개인적·집단적 삶에 전면적인 쇄신을 이룩할 때이다. 그런데 쇄신은 어느 시기에나 필요한 것이지만 오늘의 한국사회에서 전면적인 개혁이 남달리 요구되는 데는 그럴 만한 까닭이 있다. 바로 '6·15시대'라는 역사적 국면 때문인 것이다.

2000년 6월의 감격과 거의 동시에 의료대란 등 한국사회의 각종 내부갈등이 폭발한 것은 남북대결 상태에서 꾹꾹 눌러놨던 분단체제의 뚜껑이 열렸던 탓이며, 6·15공동선언이 제시한 한반도 특유의 통일과정이 빈말이 아님을 실감한 작년 하반기에 이른바 남남갈등이 전에 없이 고조되었다는 사실도 6·15시대가 격변기임을 확인해주는 사항이다. 고착된 분단구조에 적응하여 유지되던 온갖 사고와 감정, 관행과 제도 들이 바뀔 수밖에 없는 상황이 벌어진 것이다.

6·15시대의 참 진보는 '변혁적 중도주의'

나는 6·15시대를 '분단체제의 해체기'로 규정하기도 했지만, 굳이 '분단체제'라는 복잡한 개념을 동원하지 않고 말한다면 '남북의 점진적 통합과정과 연계된 총체적 개혁의 시대'라고 부를 수 있을 것이다. 그런데 이렇게 말하는 것이 기존의 여러 개혁 내지 변혁 담론과 어떤 차이를 지니는가?

먼저, '남북의 점진적 통합과정'을 결정적인 변수로 포함시키지 않는 온갖 진보담론과의 차별성이 부각된다. 민중권력을 주창하고 양극화를 비판하는 훌륭한 말들이 아무리 쏟아지더라도 한반도의 통일문제를 외면하거나 경시하는 대응책에 머무르는한 참된 진보와는 거리가 멀게 마련이다. 아니, 자칫하면 사람들을 분단체제에 길들이는 작용에 가세하기 쉽다.

반면에 대한민국의 상대적 독자성과 이에 근거한 국내 개혁과제들의 절실성을 무시한 채 온갖 문제를 국내외 '반통일세력'의 책동으로 간주하는 통일지상주의 역시 실질적인 사회진보를 이룩하지 못한다. 한반도의 분단구조는 참으로 뿌리깊고 복합적인 것이어서, 이 현실을 통찰하며 필요한 개혁작업을 도처에서 진행하지 않을 때 통일주장마저 분단체제의 재생산에 복무할 수 있는 것이다.

한국사회에서 '진보'의 개념이 혼란스러운 것은 분단 한반도가 기존 교과서의 '진보' 잣대가 그대로 통할 수 없는 특이한 현장이기 때문이다. 그런데도 이른바 진보진영에서는 여전히 80년대 급진운동권의 NL(민족해방파) 대 PD(민중민주파) 논쟁에서와 같은 상반된 두 개의 단순논리가 각축하고 있는 것으로 보인다. 그런가 하면 이들 양자의 급진성과 비현실성을 거부하고 '현실적'인 대안 제시에 주력한다는 이른바 온건개혁세력은 '총체적 개혁'에 미달하는 부분적인 변화, 흔히는 자신의 기득권을 덮어둔 편의적인 개혁을 추진함으로써 그들 또한 시대의 요구에 부응하지 못하고 있다.

'남북의 점진적 통합과정과 연계된 총체적 개혁'의 성공은 이들 3자의 슬기로운 결합을 요구한다. 2자의 결합도 난망인데 어떻게 3자씩이나 결합하느냐고 할지 모르나, 3자가 원만하게 합칠 때만 2자의 결합이 가능해지는 것이 우리의 실정이다. 가령 NL과 PD의 오랜 갈등은 분단체제의 변혁이라는 대의를 위해 온건개혁세력하고도 손잡는 3지언데 속에서만 조정될 수 있으며, 중산층 민주주의와 민중적 민주주의 간의 절충은 남북의 점진적 통합에 적극 참여하는 진정한 '민족대단결'의 일부가 될 때 비로소 진정한 '중도(中道)'에 이를 수 있다.

'변혁적 중도주의'라 부름직한 이러한 결합이야말로 오늘의 대한민국에 필요한 참된 진보노선이다. 한반도 주민들에게 닥친 최대의 변혁과제가 분단체제의 극복이기 때문인데, 이 변혁이 전쟁이나 다른 어떤 급격한 방식을 통해서는 안되며 광범위한 대중이 참여하는 점진적 과정이어야 한다는 점에서 '중도주의' 노선이 불가피해지는 한편, 기존의 잣대에 따른 '좌'와 '우' 사이의 중간지점을 찾는 타산이 아니라 분단체제극복을 겨냥한 합작이라는 점에서 '변혁적'인 중도주의인 것이다.

40주년을 맞은 창비의 다짐

올해 1월에 계간지 창간 40주년을 맞이하는 창비는 이러한 인식을 갖고 대대적인 자기쇄신을 다짐하고 있다. 이를 위해 무엇보다도, 변화의 흐름을 읽어내는 열린 마음과 밝은 눈을 연마하며 시대의 요구에 부응하려는 헌신성, 그런 의미에서의 '운동성'을 강화하는 일이 필요하다. 창비 사업에 종사하는 각자가 한반도의 일대 변혁에 걸맞게 자신을 바꾸면서 대한민국을 총체적으로 개혁하는 작업에 동참할 때인 것이다. 40년 전 창간시절의 초심을 되새기면서 독자 여러분의 변함없는 애정과 성원을 부탁드린다.

〈2006. 1. 1.〉

3
한반도의 통일시대와 한일관계

    '동아시아로 발신·확산되는 한국의 문화 파워'를 주제로 한·일 두 나라 지식인들이 함께하는 모임에서 기조강연을 하게 된 것을 큰 영광으로 생각합니다. 그런데 저의 강연제목은 심포지엄 주제와 거리가 있습니다. 한류(韓流)라 일컬어지는 한국문화 해외확산의 구체적 양상에 대해 제가 공부하고 준비한 바 없는 것이 가장 큰 이유입니다. 다만 '문화 파워'가 일시적인 유행 이상의 힘을 지니려면 동아시아 전체가 공감할 수 있는 역사적 움직임의 밑받침이 필요하다는 점에서, '한반도의 통일시대'가 그러한 움직임을 제공하고 있는지를 살펴보고자 합니다.

    이 문제에 관해 저는 작년 9월 남한내 경의선 최북단 역이라는 상징적 의미를 갖는 도라산역에서 '6·15시대의 한반도와 동북아평화'라는 제목으로 강연하면서 저의 입장을 밝힌 바 있습니다. 2000년 6월의 남북정상회담과 공동선언이 열어놓은 '6·15시대'가 곧 '통일시대의 들머리'에 해당하며 '분단체제의 해체기'이기도 하다는 것입니다. 이러한 입장을 『세까이(世界)』 잡지와의 인터뷰에서 일본 독자들을 위해 부연하기도 했습니다. 오늘 강연에서는 두 글의 내용을 상당부분 원용하면서 인터뷰(2005년 10월 21일) 이후의 사태진전과 한일관계에 주목하여 더러 새로운 이야기를 추가해볼까 합니다.

6·15공동선언과 더불어 한반도 특유의 점진적 통일과정이 본격화되었다는 생각은 공동선언 직후부터 여러 사람이 공유해왔습니다. 저 개인의 경우 그것이 확신으로 굳어진 것이 작년 6월과 8월에 각기 평양과 서울에서 민·관이 함께한 두 차례의 '민족대축전'을 성공적으로 마치면서였습니다. 이렇게 새로워진 신념으로 저의 시국인식을 정리한 것이 도라산강연이었고, 뒤이어 6자회담에서 9·19공동성명이 채택된 것을 본 싯점에서 『세까이』지와 인터뷰를 했던 것입니다.

개인적인 사연을 한가지 더 말씀드린다면, 이러한 소신과 인식의 진전에는 6·15민족공동위(정식 명칭은 '6·15공동선언실천 민족공동위원회', 2005년 3월 결성 당시는 '6·15공동선언실천을위한 남·북·해외공동행사준비위원회') 남측 상임대표(=위원장)직을 맡아 참여한 경험도 적잖이 작용했습니다. 그러나 저의 이야기는 어디까지나 개인적 견해이지 남측 대표로서의 발언이 아님을 미리 밝혀둡니다.

'6·15시대'에도 남북을 가르는 군사분계선이 여전히 남았는데──그런 의미에서 분단시대가 엄연히 지속중임에도──이를 '통일시대'로 부르는 것은 단순히 통일의지나 희망사항을 강조하는 수사법이 아닙니다. 한반도의 분단체제를 극복하는 일이 장기적·점진적 과정일뿐더러 세계적으로 유례가 없는 특이한 과정이기 때문에 '분단시대냐 통일시대냐'라는 양분법이 통하지 않는다는 인식을 표현한 것입니다. 이처럼 두루뭉실한 상태로 어물어물 진행되는 과정이야말로 한반도식 통일의 고유한 속성이며 그 내용 자체라는 것이 저의 주장입니다.

이에 대해 도라산강연과 『세까이』지 인터뷰에서 제시한 설명을 요약하면 이렇습니다. 2000년 남북 정상의 공동선언 중 "남측의 연합제 안과 북측의 낮은 단계의 연방제 안이 서로 공통성이 있다고 인정하고 앞으로 이 방향에서 통일을 지향시켜나가기로 하였다"라는 의도적으로 모호한 제2항이야말로 통일국가 형태에 대한 논란을 제거한 절묘한 타결이었고, 이로 인해 현실적으로 가장 중요한 제4항, 즉 "남과 북은 경제협력을 통하여 민족경제를 균형적으로 발전시키고 사회, 문화, 체육, 보건, 환경 등 제반 분야의 협력과 교류를 활성화하여 서로의 신뢰를 다져나가기로 하였다"는 합의의 이행이 비로소 가능케 되었습니다. 이제는 남북간의 신뢰구축과 교류협력을 통한 실질적 통합을 진전시키는 일만이 남게 된바, 그러한 성과가 상당정도 축적되었을 때 어느 날 문득, "어, 통일이 꽤 됐네, 우리 만나서 통일됐다고 선포해버리세"라고 남북이 합의하면 그게 곧 한반도식 통일, 더 엄밀히 말하면 '제1단계 통일'이라는 것입니다.

이러한 주장에 대해 두가지 문제제기가 가능하겠지요. 하나는 이론상의 문제인데, 설혹 남북연합이 선포되더라도 그 실제 내용은 현재의 유럽연합보다 훨씬 느슨한――예컨대 단일화폐도 없고 주민이동의 자유도 크게 제약되는――연합이 될 터인데 그것을 '통일'이라 부르는 것은 일종의 말장난이 아니냐는 것입니다. 다른 하나는, 2005년 8월 또는 9월의 성과가 컸다고는 해도 뒤이어 한국 내부에서 벌어진 보수층의 대대적인 이념공세나 북미관계의 악화, 특히 미국 행정부의 더욱 노골화되는 대북강경노선에 비추어, '1단계 통일'이라 부르건 말건 그 정도의 통합조차 요원한 것이 아니냐는 정세판단상의 반론입니다.

이론상의 문제와 관련해서는 『세까이』지 인터뷰에서 언급한 바 있으므로 그중 일부를 원용하겠습니다.

원래 국가연합(confederation 또는 union of states)이 연방(federation)과 다른 것은 개별 정부가 존속하는 가운데 연합기구를 공유하는 거잖아요? 유럽연합이 현재진행형의 국가연합인 셈이고, 그밖에 스칸디나비아 연합이나 베네룩스 3국 같은 유형들도 있죠. 그런데 유럽연합도 아직은 매우 느슨한 연합이지만, 남북간의 국가연합은 어떤 점에서 그것보다 더 느슨해야 합니다. 가령 남북간의 화폐통합이 국가연합의 전제조건이 되어야 한다면 그건 어렵지 싶고, 또 유럽의 경우는 유럽연합 내에서 진작부터 이동의 자유가 있는데 남북한의 경우는 오히려 인구이동의 일정한 통제를 전제해야 연합이 가능하리라고 봐요. 이에 대해, 그것이 국가연합일지는 모르지만 통일은 아니지 않느냐 하는 반론이 이론상으로는 가능합니다. 그런데도 이것을 한반도 특유의 통일방식이라고 내가 주장하는 이유는, 유럽연합은 각각의 국가가 통일된 주권국가로 일단 성립한 상태에서 그 나라들이 합쳐나가는 연합인 데 비해, 남북의 국가연합이 이루어진다면 그것은 오랫동안 한 민족, 한 국가로 살아오던 한반도 주민들이 외세에 의해 강제로 분단되었다가 합쳐가는 과정이기 때문에 작용하는 동력이 전혀 다르다는 것입니다. 화폐의 통일이나 이동의 자유는 없어도 언어의 통일과 문화적 체질의 통일이 이미 이루어진 상태고, 궁극적으로 통일해야 한다는 원칙에 대한 합의가 전제된 연합인 것입니다.
(…)
요컨대 유럽연합은 따로따로 잘 살던 나라들을 합쳐가는 과정으로서의 국가연합이고, 한반도의 국가연합은 억지로 분단되었는데 잘못 통일하다 보면 전쟁이 일어날 수도 있고 굉장한 혼란이 일어날 수도 있는 상황을 관리하는 장치로서의 국가연합이기 때문에 그 성격이 근본적으로 다르다는 겁니다. 또 그렇기 때문에 이런 느슨한 국가연합 수준에만 가더라도 그 다음 단계의 통일로 가는 흐름은 돌이킬 수 없게 되는 것입니다. 그런 의미에서 남북연합이라는 것이 아주 느슨한 연합일지라도 한반도의 독특한 현실에서는 이미 '제1단계 통일'이라 부를 수 있는 것이고, 그것이 멀지 않았다고 말씀드린 거지요. (『世界』 2006년 1월호 高崎宗司·李順愛의 白樂晴 인터뷰 「우리는 지금 '통일시대'의 들머리에 있다」 185~6면)

'제1단계 통일'과 관련해서 한가지 곁들일 것은, 김대중(金大中) 전 대통령이 지난 연말의 두 차례 공개강연에서 '통일의 제1단계' 내지 '제1단계의 통일체제'를 제창했다는 사실입니다. 12월 5일 한국학중앙연구원에서 열린 '문명과 평화 국제포럼' 기조연설에서는 "6·15 남북정상회담에서 선언한 바와 같이 남쪽의 '남북연합제'와 북쪽의 '낮은 단계의 연방제'를 통합하여 통일의 제1단계에 들어가야 할 것"을 강조했고, 다시 12월 8일 노벨평화상 수상 5주년기념 특별강연에서 핵문제 해결, 평화협정 체결 등 몇가지 "여건들이 성숙되면 우리는 일단 제1단계의 '남북연합제'의 통일체제로 들어가는 것이 바람직합니다"라고 결론지은 것입니다.

물론 김 전 대통령은 일찍부터 '3단계 통일론'의 제1단계로 남북연합제를 주장해온 분입니다. 그러나 집권 전에 간행한 『김대중의 3단계 통일론』(한울 1995)에서 "남북연합은 남북 통일을 의미하지 않"(41면)는다고 명시했던 것과 큰 차이가 나는 것은 더 말할 나위 없고, 6·15공동선언 이후에도 남북연합이 곧 '통일체제'의 일부임을 공언한 것은 최초의 일이라는 점이 언론의 주목을 받았습니다. 아무튼 저에게는 매우 고무적인 사건입니다.

그런데 남북연합을 위한 여건들이 실제로 성숙해가고 있는지가 또다른 문제입니다. 9·19공동성명으로 북핵문제 해결과 동북아 평화체제 구축의 큰 그림이 나오자마자 미국이 북의 인권문제, 위폐문제, 마약문제들을 잇달아 제기하면서 후속협상을 어렵게 만들고 있습니다. 화폐위조라든가 마약밀매 같은 불법행위가 있을 경우 적절한 법적 대응을 하는 것 자체를 나무랄 생각은 없습니다. 인권문제 또한, 북측 주민들의 '인간안보'(human security)라는 넓은 범주의 인권에 대해 진정으로 우려를 표명한 것이라면 얼마든지 환영합니다. 그러나 대다수 관측자들은 미국측의 일련의 행위가 '정권교체'에 여전히 집착하는 강경세력의 반격이자 득세라고 해석하며 우려를 나타내고 있습니다.

남측 내부의 수구세력 또한 작년 6·15와 8·15 및 9·19의 진전에 대한 결사적인 반격에 나선 느낌입니다. 실제로 2005년 마지막 4분기의 형세는 그들이 주도하여 반전시켰고, 예컨대 국가보안법 철폐 같은 것은 국회에서 거론조차 못할 분위기였습니다. 이러한 총공세는 2005년의 사태 진전이 그만큼 급격했다는 반증이겠습니다만, 일시적으로라도 저들의 반격이 이토록 위력을 발휘한 데에는 통일운동측이 본의 아닌 빌미를 준 점 또한 상기할 필요가 있습니다. 통일의 기운이 드높아진 상황이니만큼 반미투쟁을 강화하여 자주통일을 앞당기겠다는 움직임 가운데는 오히려 8·15민족대축전 이후 화해분위기 속에서 내부분열의 기미를 보이던 보수세력을 단결시키는, 그것도 수구세력의 주도권 아래 단결시키는 언동도 없지 않았던 것입니다.

저는 이러한 사태를 두고 누구의 잘잘못을 가리기보다—굳이 가리기로 친다면 표현의 자유를 평화적으로 행사한 교수를 구속하라거나 국가보안법을 사수하겠다는 쪽이 자유민주주의의 기준에도 명백히 어긋나지요—분단체제가 어떤 복합적인 체제이며 얼마나 교묘한 작동장치를 지녔는지를 통찰할 필요성을 강조하려는 것입니다. 애초의 남북분단은 분명히 외세, 특히 미국의 압도적인 힘으로 강요된 것이 사실이지만, 일정하게 체제화된 오늘의 분단구조는 미국에 의해서만 지탱되는 현실이 아니며, 통일에 대한 염원조차 체제유지에 교묘하게 활용할 수 있는 유연한 대응력을 지닌 것이 분단체제인 것입니다.

동시에 미국의 보수강경파나 국내 수구세력의 득세를 지나치게 염려하는 것도 분단체제의 성격과 그 해체과정에 대한 인식부족을 드러낸다고 믿습니다. 분단체제의 존속이 전적으로 미국의 힘만으로 되는 것이 아니라고 할 때, 그 해체과정 또한 미국이 전적으로 좌우할 수는 없다는 말이 됩니다. 더구나 9·19공동성명 자체가 부시행정부의 선심이나 평화의지의 산물이 아니라 이라크전쟁의 실패와 경제력의 쇠퇴 등 미국의 힘에 한계가 드러난 현실의 산물이니만큼, 네오콘들의 새로운 공세가 공동성명 이행을 지연시킬 수는 있을지언정 끝내 막지는 못할 것입니다.

국내의 혼란상에 대해서도 '분단체제론적' 인식이 요청됩니다. 남북연합—또는 낮은 단계의 연방—이 두개의 정상국가 사이에 진행되는 통합과정이라면 오늘날 한국에서와 같은 죽기살기 식의 싸움이 벌어지는 것은 불길한 조짐입니다. 그러나 한반도에서처럼 두개의 분단국가가 하나의 분단체제 속에 포괄되었을 경우, 이 체제의 흔들림은 엄청난 소용돌이를 일으키기 마련입니다. 이 과정에서 남북연합의 형성은 『세까이』지 인터뷰에서도 지적했듯이, 한편으로는 통합의 과정을 더는 돌이킬 수 없는 대세로 굳히는 장치이면서, 다른 한편 그 과정이 너무 급격해져서 폭발적인 사태를 초래하지 않도록 조절하고 관리하는 장치인 것입니다. 국가간의 외교교섭 과정에서는 상상하기 어려울 정도의 혼란을 수반하는 것이 당연하며, 그렇기 때문에 어느 날 문득 "어, 통일이 꽤 됐네" 할 정도로 어물어물 진행되는 것이 상책이기도 한 것입니다.

따라서 저는 북핵문제 해결을 포함해서 한반도식 통일의 과정이 깔끔하고 정연하게 진행되지 않는다고 해서 일희일비할 필요가 없다고 믿습니다. 흐르다가 막히면 돌아도 가고 땅속으로 스며들기도 하는 물처럼 순리대로 꾸준히 움직여 큰물을 이룰 뿐입니다.

이런 관점에서 한일관계에 대해 몇마디 덧붙이고 끝맺을까 합니다.

아시다시피 현재 한·일 정부간의 관계는 안 좋습니다. 코이즈미 수상이 야스꾸니(靖國)신사 참배를 고집함에 따라 한국측이 정상회담을 거부하고 있는 것이 그 단적인 예입니다. 한국쪽의 국민감정 또한 적잖이 악화된 상태입니다. 고위공직자들의 야스꾸니 참배뿐 아니라 독도문제, 교과서문제 등에 나타난 지난날 식민지지배에 대한 일본측의 무감각과 동아시아 이웃들에 대한 외면이 규탄의 대상이 되고 있는 거지요.

여기서 제가 규탄의 목소리 하나를 더 보태는 것은 큰 의미가 없을 것입니다. 그보다는 어떻게 사태를 개선할 수 있을지 저 나름으로 생각나는 바를 말씀드리고자 합니다. 야스꾸니 문제는 중국과 한국 등이 계속 강력히 반발해서 일본 국민과 정부로 하여금 일부 정치인들의 단기적 이익도모가 오히려 국익을 해친다는 것을 보여주는 길밖에 다른 방안이 떠오르지 않습니다만, 독도문제 같은 것은 한편으로 과거사에 대한 반성문제지만 일단 영토문제이기도 한 이상, 극우 정치인이 아닐지라도 간단히 양보할 수 없는 성질임을 이해할 필요가 있다고 봅니다. 실효적 지배를 하고 있는 한국측에서 과도한 열기를 키워봤자 큰 이득이 없으며 두 나라 국민 모두 민족주의를 강화하는 부담만 안게 됩니다.

그 점에서 잘못된 역사교과서에 대한 대응은 양국의 시민사회가 영토문제를 둘러싼 감정대립을 일단 제쳐두고 차분히 협력할 때 무시 못할 성과가 가능함을 잘 보여줍니다. 한국인들은——특히 독도문제 같은 일로 민족감정이 격화된 순간에는—— 일본사회 전체를 지나치게 획일화하며 구제불능이라고 포기하는 경향이 있는데, 이번 후소오샤(扶桑社) 교과서 채택저지운동의 상당한 성과는 그런 편견을 시정하는 교훈이 될 법합니다. 특히 한국에서 제대로 된 한국사 교과서 만들기가 얼마나 어려운가를 실감하는 처지에서는 일본측과의 시민연대를 통해 우리 사신의 시각교정작업에도 박차를 가해야겠습니다.

역지사지(易地思之)를 하기로 치면 일본이 한국과 한반도로부터 느끼는 위협에 대해서도 더 자상하게 헤아려볼 만합니다. 20세기에 일본에 의해 주권을 강탈당한 약소민족이었고 지금도 경제력은 물론 면적과 인구에서 남북을 다 합쳐도 일본에 훨씬 뒤지는 한국인들로서는, 일본측이 위협을 느낀다고 하면 '군국주의 부활'을 위한 극우세력의 선동으로만 치부하기 쉽습니다. 그러나 사태의 저변에는 중국의 강성대국화(强盛大國化)라는 세계사적 변화가 있으며, 한반도가 민족주의 일변도의 통일을 했을 때 감당할 수 없는 사태가 오리라는 위기의식이 있는 것입니다. 왕년에 민족주의로 치달아 온갖 죄를 지은 전력이 있는 일본인들이기에 더욱이나 그렇습니다. 어떻게든 미일동맹에 매달려서 중국도 견제하고 일본사회의 정신적 공백도 메워보려는 욕망이 생길 법도 하지요.

바로 이 대목에서 한반도식 통일의 진행은 일본사회를 위해서도 더없이 훌륭한 약제(藥劑)가 될 것입니다. 그동안 남한의 국력신장은 일본인들로 하여금 예전처럼 한국인을 멸시하기 힘들게 만들기는 했지만, 그것만으로는 일본사회의 진정한 반성을 이끌어내기보다 위기의식·피해의식을 조장하는 면이 있습니다. 이에 따른 반감을 직접적인 '혐한(嫌韓)' 풍조로 드러내기도 하지만, '한국은 괜찮은데 북조선은 정말 못 참겠다(또는 웃긴다)'는 식으로 왕년의 조선인멸시를 변주해서 표출하기도 합니다. 이런 상황에서 한반도의 특이한 통일과정은 '어물어물' 진행됨으로써 일본의 위기의식을 덜 자극할 뿐 아니라, 부국강병을 지상목표로 삼는 과거의 단일형 국민국가와는 다른 모습으로 귀착할 확률이 크기 때문에 일본과 중국 모두에 새로운 국가간 관계의 가능성을 일깨워줄 것입니다.

다행히 두 국민 사이에는 악감정뿐 아니라 성공한 시민연대의 경험도 있고 2002년 한·일월드컵 공동개최 이래 대폭 증가한 대중들의 접촉과 교류가 있습니다. 최근에는 대중문화에서 시작한 '한류'가 점차 수준높은 시와 소설의 영역으로까지 확대되고 있는 것으로 압니다. 그런데 한국인으로서 이러한 문화전파가 일시적 유행을 넘는 생명력을 지니리라고 자신하는 것은 한국문화의 힘이 한반도식 통일이라는 독특하면서도 창의적이고 동아시아 전역을 위해 중대한 의미를 갖는 역사과정에 수반하는 것이기 때문입니다. 일본인의 입장에서는 이러한 사태의 본질을 통찰함으로써 예컨대 조속한 조·일수교를 통해 그 과정을 거들어줌은 물론, 편안하고 희망찬 자세로 일본사회의 진정한 개혁과 아시아로의 복귀를 추진할 수 있을 것입니다.

〈2006〉

분단체제와 '참여정부'

1. 시작하는 말

주최측이 원래 내게 준 제목은 '한국 지성이 본 참여정부 2년'이다. 하지만 이것이 누구도 감당하기 힘든 제목이라는 점을 쉽사리 수긍하리라 본다. 더구나 나는 사회과학도나 정치평론가도 아니다. 개인적으로 관심을 가져온 문제를 중심으로 몇가지 소회를 말할 수 있을 뿐이다.

참여정부라고 스스로 이름지은 노무현정부에 대한 세인의 평가는 집권 2년을 계기로 적잖이 호전되는 느낌이다. 대통령이 취임 2주년 연설을 국회에 나가서 한데다 연설 도중의 분위기 또한 전에 없이 좋아서 국

■ 이 글은 2005년 3월 16일 열린정책연구원 정치아카데미 최고지도자과정에서 「분단체제와 '참여정부' 2년」이라는 제목으로 행한 강의의 원고를 손보고 덧글을 보탠 것이다. 덧글 이외의 새 내용은 각주로 처리했다.

민여론도 호의적인 반응이 지배적인 듯하며, 비록 미흡하지만 각종 경제지표가 오랜만에 경기회복의 징후를 보여주고 있다. 여기에 대통령 자신이 그동안의 경험을 살려 실용주의적인 방향으로 나가겠다고 공언한 것이 보수야당뿐 아니라 상당수 국민들로부터 좋은 평가를 얻은 것 같다.[1]

집안살림이건 나라살림이건 일단 살림의 책임을 맡았을 경우 실용주의는 하나의 노선이라기보다 어찌 보면 책임자의 기본 덕목에 가깝다. 이런 의미의 실용주의를 대통령이 그간의 우여곡절을 통해 터득했고 앞으로 준수하겠다는 것이라면 이는 누구나 반길 일이다. 동시에 이런 실용주의는 역사의 큰 흐름에 대한 인식과 이에 걸맞은 일관된 노선 및 정책에 동원될 때만 제대로 빛을 발한다. 그렇지 못하면 경제사정이 조금만 나빠지거나 정치적 여건이 조금만 불리해지더라도 무정견·무원칙이라는 비난을 사고 정부지지도가 또다시 하락하는 사태를 맞이하기 십상이다.

실제로 우리 시대는 정부의 의지로 어찌 못할 불안정 요인이 너무나 많은 격동기다. 전세계적으로도 그러려니와 한반도에서는 오랫동안 고착되었던 분단체제가 흔들리는 단계에 들어서 있기 때문이다.[2] 따라서 '참여정부' 2년을 되새겨보는 작업도 그 부분적인 성패에 매달리기보다 분단시대의 역사 속에서 '참여정부'가 어떤 위치에 있으며 어떤 과제를

---

1 취임 3주년을 전후한 싯점에서 이런 진술은 대폭 수정되어야 할 것 같다. 잠시 상승했던 노무현 대통령에 대한 여론의 지지는 몇달 안 가 다시 반전했으며, 그후 약간의 기복은 있어도 꾸준히 내리막길을 걸은 형국이다. 경기회복세가 늦어진 점도 있지만, 지표상승의 혜택이 한쪽으로 쏠리는 '양극화' 현상이 심화된 것이 대중의 불만을 키웠고, 대통령 자신의 이런저런 독자적 움직임이 오히려 정부의 실적을 가리는 효과를 낸 경우도 많았다. 그러나 이 글은 '참여정부'의 행적을 분단시대라는 큰 틀 속에 자리매기려는 시도이므로 그때그때의 정세변화에 논지가 크게 영향을 받지는 않는다고 믿는다.
2 '흔들림'을 넘어 무너지는 단계에 돌입했다는 나의 새로운 진단에 대해서는 2절의 끝부분에 가서 다시 언급한다.

떠안고 있는가 하는 맥락에서 살펴보고자 한다.

2. 분단시대의 진행에 대한 개관

먼저 남북으로 분단된 현실을 두고 '분단체제'라는 용어를 쓰는 취지를 간략히 설명해본다.

'체제'의 의미를 엄밀히 규정하자면 논란이 많겠지만 분단된 남북한의 현실을 조금이라도 더 총체적이고 체계적으로 인식하려는 노력이 분단체제론이라고 이해해주면 좋겠다. 현실적으로 이는 분단현실을 남북의 국가간이나 상반된 이념간의 대립 위주로 인식하기보다 한반도 전역에 걸쳐 작동하는 어떤 복합적인 체제와 그에 따른 다수민중의 부담이라는 차원 위주로 파악하는 발상의 전환을 요구한다. 한반도 주민과 한민족 대다수의 실익을 중심으로 현실을 보자는 것이며, 그리 할 때 일견 대립하는 남북의 기득권세력 사이에 일정한 공생관계가 성립하는 경우도 놓치지 않을 수 있다.

동시에 분단체제론은 한반도의 분단구조가 '체제'라고 불릴 만큼의 일정한 자생력과 안정성을 확보했다는 점을 부각시킨다. 단순히 음모론이나 '괴뢰정권'론 또는 식민지론의 차원에서 설명할 수 있는 현실이 아니라는 것이다. 따라서 분단극복(=통일)도 분단체제의 성격에 대한 정확한 인식을 바탕으로 지금보다 나은 체제 내지 사회를 한반도에 건설하는 방식으로 이루어야 하며, 전쟁이나 여타의 일대 파국으로 끝나는 통일에 대한 경계를 게을리하지 말아야 한다는 점에 주목한다.

끝으로 한반도의 분단이 한반도만의 문제가 아니듯이 분단체제는 그 자체로서 완결된 체제가 아니며 현존 자본주의 세계체제가 한반도를 중심으로 작동하는 구체적인 양상임을 기억할 필요가 있다.[3] 분단체제극복을 위해 우리가 세계적인 시야를 필요로 하며 우리의 노력에 따라 세계 전체의 현실이 크게 달라질 수 있는 이유이기도 하다.

이런 의미의 분단체제는 1945년의 분단과 더불어 자동적으로 자리잡은 것이 아니다. 실제로 분단시대 초기의 분단구조는 극도로 불안정한 것이어서 이를 고착시키는 과정에서 무수한 유혈사태가 벌어졌고 1950년의 한국전쟁이 교착상태로 끝남으로써 비로소 분단이 체제화할 기반이 마련되었다. 따라서 올해로 60년을 채우는 분단시대의 역사 중 1953년의 휴전까지는 분단체제의 준비기 내지 형성기로 명명해야 할 것이다.

그러고도 1953∼60년의 기간은 체제화 초기의 진통기로 볼 수 있다. 특히 4·19혁명은 아직 불안정한 분단체제가 맞이한 최대의 도전이었으며 5·16쿠데타를 통해 이 도전을 물리침으로써 체제가 안착하게 되었다.

대략 1953년부터 1987년까지로 설정되는 분단체제의 고착기는 1961년 쿠데타 이후만도 다시 몇개의 국면으로 나눌 수 있다. 예컨대 군부통치와 제3공화국의 기간에 분단체제가 남쪽에서 일정한 안정성을 확보했다면, 유신정권기(1972∼79)는 이 체제가 훨씬 강화되면서 그 부작용과 불안요인도 훨씬 커진 시기이다. 뒤이어 10·26 직후의 일시적 위기를 수습한 제5공화국은 한편으로 이 체제를 쇄신하고 연장했지만, 동시에 5·18 광주민주항쟁의 무자비한 진압이라는 그 태생적 조건에서부터 분단체

---

3 이 점은 분단체제론이 '분단환원론'이라는 끈덕진 오해와 관련해서 특히 중요하다. 한반도에서도 사회현실을 **기본적으로** 규정하는 것은 자본주의 세계체제에 공통된 문제들이며, 다만 그 구체적인 발현양태를 이해함에 있어 구조화된 분단현실의 작용을 **빼놓을** 수 없다는 것이 분단체제론의 입장인 것이다

제의 흔들림을 예비했다고 볼 수 있다.

분단은 원래 한반도 주민 절대다수의 통일독립국가에 대한 소망을 짓누르면서 강요된 것이기 때문에 분단체제는 기본적으로 반민주적이며 비자주적인 성격을 띨 수밖에 없었다. 따라서 비록 남쪽에서만이라도 그 반민주성에 결정적인 타격을 준 1987년의 6월항쟁과 그후의 사태진전은 분단체제 전체에 대한 타격이기도 했다. 이는 물론 고르바초프 집권 이후 소련의 변화와 뒤이은 동서냉전의 종식 및 소련·동구 사회주의진영의 붕괴라는 세계적인 변화에 의해 밑받침된 것이기도 하다.

그런 의미에서 1987년을 기점으로 분단체제는 고착단계에서 동요단계로 접어들었다고 할 수 있다. 그리하여 일종의 과도기에 해당하는 노태우정권 아래에서 이미 '북방외교'가 전개되고 남북기본합의서(1991)가 채택되는 등, 안으로 독재가 약화될 뿐 아니라 밖으로 남북간 자주적 교섭력이 강화되는 기미를 보였다.

1993년 '문민정부'의 출범으로 군사독재와의 단절은 일단 완결되었다고 볼 수 있다. 여기에 1994년에 예정됐던 남북정상회담이 김일성 주석의 갑작스러운 사망으로 무산되지 않았더라면 분단체제의 동요는 훨씬 급격히 진행됐을 것이다. 그러나 현실에서는 조문문제 등으로 남북대립이 격화되고 이후 김영삼정부의 반북성향이 더욱 노골화하면서 남한의 내부개혁 동력도 크게 훼손되었고, 드디어 정권말기에 대대적인 금융위기(이른바 IMF사태)를 맞게 되었다.

남북정상의 만남을 통한 순조로운 진행은 아니었지만 1996~97년 남북에 각기 다른 형태로 닥쳐온 경제위기를 통해 분단체제가 동요기에 이미 접어들어 있음이 실감되었다. 1998년초에 간행된 나의 저서에 '흔들리는 분단체제'라는 제목을 달고 그 머리말에서 "한반도에 분단체제라는 것이 있다면 그것이 몹시 흔들리는 중이라는 점만은 분명하다"(『흔들리는 분단체제』 5면)고 주장했던 것도 그런 까닭이었다. 2000년 6월의 남북정상회담과 6·15공동선언은 이런 흔들림을 세계만방과 전국에 알리는 계기였으며, 동시에 흔들리는 분단체제가 약간의 조정과 개선을 거쳐 안정을 되찾을 것인지 아니면 분단체제 자체의 종식으로 이어질 것인지의 선택을 우리에게 역사적 과제로 안겨주었다.[4]

3. 분단체제 속의 '국민의 정부'와 '참여정부'

1987년 6월을 시발점으로 새로운 동력을 얻은 분단체제극복운동의 관점에서 보면 '국민의 정부'는 몇가지 중대한 진전을 이룬 것이 분명하다.

첫째 비록 'DJP연합'이라는 기형적인 형태로지만 선거를 통해 평화적인 정권교체를 이루었다는 것 자체가 분단체제의 반민주성을 다시 한번 약화시킨 성취였다. 당연히 '국민의 정부'가 추진한 일련의 개혁조치들이 뒤따랐다. 둘째로 IMF사태의 조속한 수습을 통해, 비록 이것 역시 뒷날의 불량 신용카드의 범람 등 여러 후유증을 남긴 무리수를 포함한 것이긴 했지만, 남쪽의 정부와 국민이 다시금 자신감을 갖고 통일과업에 임할 수 있게 했다. 셋째로 이들 성취가 밑받침하는 가운데 6·15공동선언이라는 획기적인 업적을 달성함으로써 남북관계에 일대 전환을 가져

---

4 이 강의를 하던 2005년 3월만 해도 나는 시대구분상 2000년이 차지하는 위치에 대해 이렇게 조심스럽게 말하는 데 그쳤다. 하지만 6·15와 8·15 양대 축전을 평양과 서울에서 각기 치르면서, 비록 분단체제가 단순히 개편되거나 또는 아예 파국으로 끝날 가능성을 여전히 배제할 수는 없지만, '흔들리는 분단체제'가 바야흐로 '분단체제 자체의 종식'으로 이어질 해체기에 접어들었다는 믿음을 굳히고 이를 공언하게 되었다(이 책 제1장 17~22면 등 참조).

오게 되었다.

6·15공동선언이 나온 데에는 통일문제에 관한 김대중 대통령 자신의 오랜 경륜, 그리고 이 문제에 관해서만은 일관성과 노련미를 견지한 '국민의 정부'의 대북정책 운영이 크게 기여했음을 부인하기 어렵다. 그런데 분단**체제**극복이라는 차원에서는 '국민의 정부' 또한 많은 한계를 안고 있었다. 예컨대 분단체제의 중대한 구성요소에 해당하는 지역주의 구도라든가 권위주의적 정당운영, 불법·탈법적 정치자금 조달과 이에 따른 부패구조 등이 모두 김대중정권의 속성이기도 했다. 그 결과 6·15 이후 분단체제의 흔들림이 가속화되면서 이른바 남남갈등이 더욱 불거졌을 때 '국민의 정부'는 이에 효과적으로 대응하기 어려웠다. 여기에 미국의 조지 W. 부시 행정부가 등장한(2001) 후, 특히 9·11사태 이후 외부환경이 극도로 악화됨으로써 6·15선언의 **실천**이라는 면에서 정권말기까지 고전을 면치 못했던 것이다.

이런 맥락에서 '참여정부'의 탄생은 또 한번의 획기적 전진에 해당한다. 예컨대 2002년 대선에서도 지역주의 구도가 제대로 극복되지는 못했지만 DJP연합과는 질적으로 다른 영·호남 개혁세력의 연합이 단일 지도자를 앞세워 승리했으며, 여당뿐 아니라 한나라당에서도 '제왕적 총재' 체제에 종지부를 찍었다. 특히 새 정부는 대통령의 여당지배뿐 아니라 여당의원들을 통한 의회지배를 종식시켰고, 전반적으로 정경유착의 고리를 끊는 데 획기적인 성과를 이루었다. 이에 따른 대통령권력의 약화는 여러가지 부작용을 낳기도 했지만, 검찰이 청와대의 입김을 안 받고 전례없이 과감하게 불법자금 수사를 벌이는 등 정치문화 개선을 더욱 촉진하는 결과를 가져왔다.

이러한 진행의 배경에 2002년 한·일월드컵 과정에 형성된 국민 특히 젊은 세대의 참여의식과 자긍심, 여중생 사망사건에 항의하는 촛불시위로 드높아진 자주의식과 평화적인 참여문화, 그리고 대선과정 자체에 '노사모' 등을 통해 구현된 국민의 변화열망과 주권자의식 같은 것이 작용했음은 두말할 나위 없다. 반면에 노무현 후보 자신이나 그의 주변인사들이 이런 국민적 열망을 구체적인 대통령 직무수행과 정부운영으로 연결시킬 준비가 태부족이었음은 자타가 공인하는 사실이다.

어쨌든 '참여정부'는 당선자의 정당소속으로 보면 '국민의 정부'의 정권재창출이지만 그 탄생의 역사적 배경으로 볼 때는 정권교체보다 오히려 더 의미가 큰 '세력교체'에 가까운 것이었다. 그렇기 때문에 국내개혁의 차원에서도 권력분산, 부패청산, 정부의 씨스템 개혁 등 훨씬 발본적인 조치에 착수했고, 국가균형발전이나 동북아시대 등에 관한 한층 원대한 구상을 제시하기도 했다.

그런데 원임 대통령보다 준비가 덜 된 대통령이 전임 정권보다 발본적인 개혁을 추구하게 되니 전보다 훨씬 격렬한 반발과 혼란을 야기할 것이 뻔했다. 급기야 16대 국회 막바지에서의 탄핵사태로 이어졌고, 국민의 열렬한 지지를 회복한 '참여정부'는 총선을 통한 의회세력의 교체와 헌법재판소에 의한 탄핵기각이라는 제2의 승리를 거두게 되었다.

그러나 분단**체제**의 극복이라는 차원에서, 노무현 대통령의 당선과 그의 대통령직 복귀라는 일대 사변에 부응하는 실적이 '참여정부' 5년 동안에 달성될지는 아직 미지수이며 그런 차원의 마스터플랜이 있는지도 확실치 않다.[5] 이런 관점에서 '참여정부' 2년간의 진행을 몇가지 구체적인 과제를 중심으로 살펴보고자 한다.

5 부문별 계획이나 거대담론 수준의 구상이 아닌, 경륜이 따르는 전체적 설계라는 의미의 '마스터플랜'이라면 그런 게 없었다는 판정이 지금은 가능할 것 같다.

4. '참여정부' 2년에 대한 몇가지 소감

거듭 말하지만 나는 한 시민이자 지식인으로서 '참여정부' 3차년도에 들어선 현싯점에서 몇가지 구체적인 사례를 중심으로 개인적인 소감을 말하려는 것뿐이다. 사례의 선정 역시 극히 편의적이며, 이야기가 추상적인 분단체제론으로 끝나서는 안되겠기에 몇개를 골라본 것이다.

4.1. 먼저 남북관계에 대해. 6·15선언 등 '국민의 정부'가 이룩한 중대한 성과를 큰 틀에서 계승하겠다는 것은 노무현 후보의 핵심적 공약 가운데 하나였고, 이 점에서 한나라당 후보보다 더 전향적인 점이 그의 당선에 크게 작용했음이 분명하다. 동시에 이 분야야말로 오랜 준비와 훈련이 필요하며 특히 지도자의 일관성과 경륜이 필요함을 실감케 해준 대목이다. 예컨대 '참여정부' 출범 직후에 대북송금 특별검사 임명을 받아들인 일이라든가 2004년 김일성 주석 10주기에 즈음하여 소규모의 조문객 방북조차 허용하지 않은 일은, 비록 정부측의 고충을 이해 못할 바는 아니지만, 6·15선언 실천의 의지를 과시할 기회를 놓친 판단착오였다고 생각한다.

그렇기는 하지만 적어도 남북관계만큼은 미국의 압력이 강화되고 북측이 핵문제에 강경한 입장을 견지해온 어려운 환경에서 '참여정부'가 점차 일관성과 적극성을 확보하면서 꾸준한 진전을 이룩해온 분야라고 평가할 만하다. 지금은 노무현 대통령의 이른바 LA발언과 뒤이은 일련의 외교적 노력이 북측의 핵보유 및 6자회담 불참 선언으로 중대한 고비에 처해 있지만, 그럴수록 일관성과 적극성을 잃지 않는다면 6·15 다섯

돌을 맞는 올해(2005년)를 고비로 남북관계의 개선에서 '국민의 정부'에 못지않은 실적을 올릴 수 있으리라 기대된다.[6]

4.2. 지난 2년간 '참여정부'가 가장 많은 비판을 받고 지지도 하락의 주된 원인이 된 것이 아마 경제문제일 게다. 또한 이에 따라 내부개혁이나 대북교섭의 동력도 상당한 손실을 입은 것이 사실이다.

경제문제에 대해 그야말로 문외한인 내가 한국경제의 현상을 진단한다거나 앞으로의 세부적 운영방책을 제안하려는 것은 아니다. 다만 분단체제극복이 이루어지려면 분단고착기의 경제개발 모형에서 벗어나, 흔들리는 분단체제의 경제를 6·15선언에서 명시한 '민족경제의 균형적 발전'으로 이끌 새로운 패러다임을 찾아야 한다는 점을 강조하고 싶다. 이는 지난날 개발독재 모형의 대대적인 개편을 뜻하지만 그렇다고 신자유주의자들이 주장하는 영미형 자본주의로의 전환이 해답일 수 없다는 점 또한 분명하다.

'참여정부'도 (일부 진보세력이 비난하듯이) 신자유주의 일변도의 개편을 추구하고 있는 것은 아니라고 본다. 한편으로 신·구 자유주의자가 모두 비판하는 정경유착·관치금융 등 구시대적 폐해를 제거하면서 다른

---

6 이러한 기대는 2005년 6월 11일의 한미정상회담에서부터 9월 19일 6자회담의 공동성명 채택에 이르는 일련의 과정에서 훌륭하게 충족되었다고 볼 수 있다. 그러나 아직은 남은 문제가 많은데다 최근에 스크린쿼터 축소, 주한미군의 '전략적 유연성' 인정 등 대미교섭에서 계속 밀리는 경향이 드러나고, 8·15민족대축전의 성과가 '대연정' 제의로 회석되는 식의 국내정치상 자충수도 없지 않았다. 이것만으로 남북관계의 전진과 미국에 대한 자주성의 증진 노선을 아주 포기했다고 단정할 일은 아니지만, 이 방향으로 계속 노력해서 '참여정부'의 분명한 업적으로 남길지, 아니면 한미FTA 체결을 서두르는 식의 새로운 악수를 두어 그간의 공적마저 까먹고 물러갈 것인지 지켜볼 일이다.

한편으로 사회안전망을 확장하고 노동계의 정책결정 참여를 유도하는 등의 복지지향적 성격을 포기하지 않았다고 믿는다. 그럼에도 불구하고 빈부격차의 확대, 세계자본의 무분별한 이윤추구에 대한 국민적 통제력의 약화 같은 신자유주의 시대의 전형적 폐단이 늘어나고 있는 것이 심각한 문제이다.[7]

이는 자본주도적 세계화의 위세가 워낙 크기 때문이기도 하지만 '민족경제를 균형적으로 발전시킨다'는 문제의식이 아직껏 미약한 탓이기도 하다. 그것이 확고할 경우, 대한민국 경제만의 선진자본주의권 진입이 지상목표일 수 없고, 분단체제극복이라는 과제를 제쳐두고 남한 민중끼리만 고르게 배분하는 복지사회도 절대적인 이상이 될 수 없다. 국가경쟁력 향상은 어디까지나 우리가 통일과정에 주도적으로 개입할 실력을 갖추자는 차원에서 추구할 일이며, 빈부격차의 축소는 (그 자체로 바람직한 목표이긴 하지만) 무엇보다 남한사회의 계급간·계층간 갈등이 적정선에서 제어되지 않고서는 분단체제극복을 위한 대중적 역량을 담보할 수 없다는 견지에서 접근할 일인 것이다. 다시 말해 남한의 경제력이 증대할수록 통일이 잘될 것이라는 한쪽의 도그마를 부정함과 동시에, 통일이야 되건 말건 남한사회의 평등만을 주장한다거나 오히려 남한내 계급갈등의 격화에서 통일의 동력을 찾으려는 다른 한쪽의 일방적 사고에서도 벗어나 새로운 경제패러다임을 개발할 필요가 있는 것이다.

4.3. 국내정치에서 '참여정부'의 준비부족을 단적으로 드러낸 사례는

---

7 바야흐로 노무현 대통령 자신도 2006년 새해 대국민연설에서 '양극화'를 최대의 현안으로 지목하기에 이르렀다.

17대 국회 첫해의 '4대 개혁입법' 추진과정이 아니었던가 한다. 국가보안법 폐지, 과거사 정리, 사학개혁, 언론개혁이 모두 중요한 개혁과제인 것은 사실이지만 그 넷이 개혁의 전부도 아니려니와, 최소한 이 네가지는 확실하게 끝내줄 실력이 있지도 않으면서 '4대 개혁입법'으로 묶어놓고 연내처리를 장담한 것은 돌이켜보면 우스꽝스러운 일이었다.

이처럼 '4대 개혁'을 구호화함으로써 어느 하나에라도 반대하는 세력들이 개혁입법 전체를 저지하기 위해 상호 연대하고 단결하도록 부추겼으며, '개혁법안 대 민생법안'이라는 그릇된 도식을 한껏 활용할 수 있게 해주었다. 그 결과 예의 4대 법안 중 유일하게 2004년 정기국회를 통과한 것이 신문관계 법안인데, 한때는 가장 첨예한 대결사안이던 이 법안이 오히려 먼저 통과된 것은 그것이 '누더기'로 바뀌었기 때문이라는 불만이 언론개혁을 추진해온 진영에서 심심찮게 나오고 있다. 원래의 '4대 개혁' 목표에서 4분의 1도 훨씬 못 되는 실적이라는 이야기다.

나 자신 신문개혁을 포함한 언론개혁이 사회 차원에서는 우선순위가 높은 개혁과제라고 믿지만, 그것이 입법조치를 통해 수행될 부분은 많지 않다는 생각이다. 따라서 처음부터 이번에 통과된 법률과 크게 다르지 않은 수준의 안을 갖고 조용히 접근했더라면 개혁입법 전체가 한결 순조로웠을 테고 신문법 자체도 이번의 개정보다 오히려 나은 수준에서 타결될 수 있었을지 모른다.

사람마다 우선순위가 다르겠지만 나는 최대의 개혁과제는 국가보안법 개폐라는 입장을 일찍부터 공언해왔다. 어느덧 '철폐 대 개정'으로 전선이 그어져버린 지금, '개폐'라는 모호한 단어는 쓸모없어진 느낌이다. 하지만 그 단어를 쓸 때의 취지가, 국가보안법의 전면 철폐든 그 핵심 독소조항들을 제거하는 대대적인 개정이든 일부 야당의원의 동참 또는 동조까지 얻어서 최대한 **빠른** 시간 안에 매듭짓는 게 최선이라는 것이었던 만큼, '대대적 개정'에 해당하는 내용의 '대체입법을 전제한 철폐'라면 그것도 마다할 이유가 없다는 생각이다. 어쨌든 완전히 철폐할 실력도 없으면서 공연히 구호만 앞세웠다가 지금처럼 국가보안법을 여전히 존속시키는 사태는 피했어야 하며, 앞으로도 '대대적 개정'에 미달하는 보완조치를 수용하는 일은 없어야 할 것이다.

과거사문제, 사학문제 등도 각기 해당 상임위에서 차분히 제기하는 것이 더 능률적이지 않았나 싶다. 구체적인 개혁내용에 대해서는 여러분의 토의가 있기를 기대한다.

4.4. '참여정부'가 대안세력의 산물답게 발본적 문제제기를 하면서도 이를 현실적인 정책으로 연결시키지 못한 또하나의 뚜렷한 예가 이른바 국가균형발전 문제일 것이다. 국가경쟁력을 위해서나 남한사회의 삶의 질을 위해서나 수도권 과밀해소와 '자립형 지방화'가 필요하다는 문제의식은 백번 옳다. 다만 문제의 해결을 위한 최우선순위의 대책으로 제시한 '신행정수도 건설'은 성급하고 부실한 구상에다 기득권세력의 반발이 겹쳐 초장부터 혼선과 혼란을 거듭하고 있다.

행정**수도**의 이전은 헌법재판소의 위헌판결로 좌절되었지만, 더 근본적인 문제점은 행정수도건 행정중심복합도시건 그것이 실제로 국토의 균형발전에 현저하게 기여하리라는 입증이 부족하다는 점이다. 심지어 신도시 자체가 일정한 자생력을 갖는 도시로 성립할지도 의심스럽다. 근본적으로 수도권과밀의 심각성을 지적하고 지역균형발전의 당위성을 주장하는 정부측 논리는 타당하며 신행정수도 논란을 통해 그런 인식을 확산한 공로는 인정해야겠다. 하지만 이런 인식에 부합하는 실질적 해결책을 찾아내는 것은 훨씬 복잡하고 어려운 과제인데, 자체 논리도 충분히 개발하지 못한 채 계획을 추진하는 데에는 이 문제로 정부와 여당이 대선과 총선에서 거듭 이득을 보았고 지금도 여야합의 법안통과에 따른 한나라당의 내분을 지켜보는 재미가 작용하고 있다는 점을 무시할 수 없을 것이다. 동시에 이미 저질러놓은 일을 이렇게라도 수습 안하면 충청권에서 엄청난 역풍을 맞으리라는 계산도 작용했을 것이다. 그러다 보니 '자립형 지방화'라는 원래의 목표에 대한 구체적 논의는 점점 자취를 감추고, 심지어 통일이 언제 될지 모르니 통일후의 한반도 공간전략을 감안할 필요가 없다는 반통일적 논리마저 동원되는 실정이다.

　비슷한 방식으로 '참여정부'의 경륜 부족과 지도력 결핍을 보여주는 사례가 새만금문제다. 물론 새만금은 행정중심복합도시의 충청권 건설과 달리 노무현정부의 작품이 아니다. 그런데도 '참여정부'는 전라북도 국회의원 및 유권자의 표를 의식해서 필요한 결단을 못 내린 채 표류하고 있다. 결단이 새만금 사업을 통째로 부정하고 갯벌의 전면적인 원형보존을 주장하는 환경논리를 그대로 수용하는 것이라면 정부가 그런 결단을 내릴 수도 없고 내려서도 안된다. 그러나 대통령 자신이 해수유통의 필요성과 농지 이외의 활용방안을 거듭 언급했고, 법원이 사회적 합의를 통한 대안 마련을 권고했으며,[8] 기왕에 건설된 방조제를 헐지 않고 도리어 적극 활용함으로써 갯벌도 살리고 지역발전에도 도움이 되는 여러가지 대안적 개발방안이 제시된 상황에서조차 정부가 기존 방침을 고수하고 있는 것은 분단체제 극복작업에서의 중대한 직무유기가 아닐 수 없다.

---

[8] 1심 법원의 이 현명한 판결은 2005년 12월 고등법원에서 번복되었고 2006년 3월 대법원에 의해 확정되었다. 직접적으로는 해당 법관들의 문제지만 참여정부의 환경철학 부재와 전반적인 지도력 부재를 다시 한번 실감하는 계기였다.

소중한 자연환경을 결정적으로 파괴할뿐더러 공사가 완공되는 순간 지역경제에 엄청난 부담으로 남게 될 국책사업이 강행되는 것은 공사지속이 자기 개인 또는 소속집단에 이득이 되는 세력이 존재하기 때문이다. 그런데 낡은 개발패러다임에 따른 공사로 득을 보는 소수집단이 한 지역의 행정 및 언론을 장악하여 지역여론을 오도하고, 그런 지역여론에 발목잡힌 정치집단이 비록 소수지만 정부의 정책결정과정에 일종의 거부권을 행사하며 이를 지렛대 삼아 전국민의 새로운 선택을 가로막는 현상이야말로 분단체제가 키워낸 지역주의 구도의 전형적인 사례인 것이다.

충청권이나 새만금문제에 대해 상세한 논의를 벌일 자리는 아니다. 또한 내가 그럴 만한 전문성을 갖추지도 못했다. 다만 이런 문제는 특정 지역의 민심대책이나 '갈등조정'의 차원이 아니라 그야말로 국가의 균형발전과 자립형 지방화라는 원대한 구도 속에서 접근해야 하며, 분단체제가 흔들리는 시기에 걸맞은 새로운 한반도 공간전략의 일부로, 나아가 세계경제의 문법이 바뀌고 동아시아 경제가 급변하는 큰 맥락 속에서 검토하고 설계할 성질이다. 여기서는 그러한 차원에서 전개된 구상의 하나로 김석철(金錫澈) 교수의 최근 저서 『희망의 한반도 프로젝트』(창비 2005)에 '금강·새만금 어반클러스터'에 관한 장이 포함되어 있음을 알리는 것으로 만족하고자 한다.

〈2005〉

덧글(2006. 3) | 변혁적 중도주의와 한국 민주주의

애초 「분단체제와 '참여정부' 2년」 강연원고를 쓰면서, 결론을 대신하여 '변혁적 중도주의'를 논하는 마지막 토막을 덧붙일 작정이었다. 시간에 쫓겨 제대로 마무리가 안된 원고를 넘기면서는 강연현장에서 구두로 보완하려니 했다. 그런데 현장에서는 현장에서대로 그럴 시간이 모자랐다. 결국 딱 부러지게 못박아서 변혁적 중도주의를 제창한 것은 2006년 디지털창비의 신년사(이 책 제2장)가 처음이 되었다. 그러나 이 또한 단편적인 언급에 그쳤으므로 여기서 '덧글' 형식으로 조금 더 상세한 논의를 해보고자 한다.

내용은 사실 꽤나 오래된 것이다. 중도주의로 말하면 『흔들리는 분단체제』 머리말에서 "내 나름으로 숙고 끝에 도달한, 분단극복의 그날까지는 특히나 유념해야 할 중도주의"(6면)를 언급했고, 책 마지막 장도 "우리 시대 나름의 중도정책"(251면)을 주장하는 것으로 끝맺었다. 이러한 중도주의가 '변혁적'인 것은 한반도에서 우리 시대 최대의 변혁과제가 분단체제의 극복이기 때문인데, 『분단체제 변혁의 공부길』(창작과비평사)이라는 1994년의 저서 제목에도 그런 인식이 드러나 있다.

원래 의미의 중도(中道)가 현실 속에 대두한 온갖 노선들의 중간자리 차지하기와 다르다는 점은 상식에 속한다. 그러나 실제로 이런 식의 무원칙한 중간노선을 중도주의로 포장하는 일이 흔한 것도 사실이므로, '변혁적'이라는 꾸밈말이 매우 중요하다. 특정 상황에서의 변혁과제가 당시의 현실에서 흔히 '급진적' '혁명적'이라 일컬어지는 노선보다 오히려 중간에 가까운——그렇다고 물론 전체 스펙트럼에서 정중앙에 위치할

필요는 없는──노선을 요구할 때 '변혁적 중도주의'가 시대의 요구로 인정될 수 있는 것이다.

분단체제론의 시각에서 '참여정부'를 평가하는 작업에서도 이 개념이 요긴하다. 현정권이 시도하거나 실행하는 온갖 변화가 분단체제의 극복에 얼마나 실질적인 기여를 하느냐는 기준과 상관없이 '개혁'의 이름으로 무작정 옹호하는 자세나, 역시 그러한 기준과 동떨어진 '진보'를 내세워 참여정부의 행적을 질타하는 행위가 모두 공정한 평가를 저해하기 때문이다. 내 강연은 열린우리당의 부설연구소에서 행한 것이기에 노무현정부 개혁구상의 부실함('마스터플랜의 부재')과 그 실행의 난맥상을 지적하는 데 오히려 치중했지만, 분단체제 전체에 돌려야 할 책임을 현정권(또는 그 전의 개혁정권들)에만 묻는 것이 부당하다는 점도 동시에 강조할 필요가 있다.[9]

분단체제에 개입하는 국내외의 수많은 주체들에게 각기 얼마만큼의 책임을 물을 것인지는 매우 복잡한 문제며 그때그때 사안별로 결정할 일이다. 먼저 강조하고 싶은 점은 분단체제 속에 사는 한은 책임을 묻는 비판자 자신도 그 체제에 연루되었다는 자의식이 필요하며, 더구나 분단현실의 존재를 망각하거나 외면한 비판은 곧바로 체제를 굳혀주는 효과마저 지닐 수 있다는 것이다.

변혁적 중도주의의 내용으로는 졸고 「6·15시대의 대한민국」(이 책 제2장)에서 80년대 급진운동권에서 쓰던 표현을 빌려 NL(민족해방), PD(민중민주주의), BD(부르주아민주주의)의 3자결합을 제시한 바 있다. 이 또한 나

---

9 이는 북의 현실에 대한 북측 정권의 책임을 물을 때도 그대로 적용해야 할 원칙이다(이 책 제12장 238면 주12 참조).

로서는 꽤나 오래된 주장인바, 1989년의 평론 「통일운동과 문학」(졸저 『민족문학의 새 단계』, 창작과비평사 1990에 수록)에서 '유월 이후'를 보는 세가지 시각, 즉 중산층적 시각과 민족모순 위주의 시각 그리고 계급모순 위주의 관점 등 3자의 "새로운 종합의 필요성"(126면)을 제기했고, 다시 『흔들리는 분단체제』 제1장에서 "기존 통일운동의 세가지 큰 흐름——각각 '자유주의' '민족해방' '민중혁명' 노선이라 일컬을 수도 있겠는데——의 동력을 하나로 모으는 길"(24면)로서 분단체제극복운동을 제창했던 것이다.

NL이니 PD니 하는 표현은 지금 시대에 안 맞는 표현이지만——실제로 '자주파' '평등파'라는 말이 흔히 쓰인다——양자가 분리되기 전의 NLPD적 문제의식의 중요성을 최근 최장집(崔章集) 교수도 강조한 바 있다.

하나의 이념으로서 NLPD의 장점은, 한국의 역사로부터 생성된 체제가 안고 있는 핵심적 두 문제를 상호연관성 속에서 이해한다는 것이다. 따라서 NL-PD의 연계가 유지될 때 서로를 뒷받침하면서 상승적으로 그 의미를 크게 한다. 연계가 유지될 때, 민족문제는 민중문제의 관점에서 이해될 수 있으며, 반대로 민중문제는 민족문제의 관점에서 접근될 수 있다. 그러나 이 연계가 단절될 때 상대를 밀어냄과 극단으로의 쏠림, 하나가 다른 것을 희생하여 자기정당화와 자기권력의 증진을 도모하는 분열과 적대성을 창출할 수 있다. (최장집 「해방 60년에 대한 한 해석——민주주의자의 퍼스펙티브에서」, 『시민과세계』 8호, 2006년 상반기 35면; 그에 앞서 2005년 10월 21일 열린 참여사회연구소 해방60주년기념 심포지엄에서 발표)

게다가 "한국의 민주화가 절차적 수준에서의 민주화에 머물지 않고 실질적 변화를 가져올 수 있는 조건은, NLPD의 이념에서 혁명적 급진성을 제거하고 현실에서 실현가능한 이념으로 재구성되는 것이라 할 수 있다" (같은 책 34~5면)는 주장은 나의 변혁적 중도주의와 상통하는 듯도 싶다.

그러나 정작 그의 논의전개를 따라가보면 "NLPD의 이념에서 혁명적 급진성을 제거"하는 작업은 유독 NL에 대해 "무엇보다도 PD적 요소가 뒷받침되는 것이 중요하다는 것을 강조"(35면)할 뿐, PD에 대해 NL적 요소가 뒷받침될 것을 요구하지는 않는다. 이는 PD와 결별한 NL을 극단적 민족주의와 동일시하고[10] 현싯점에서 민족주의는 거의 전적으로 평화와 민주주의를 위협하는 요소로 간주하는 최교수의 시각 때문일 터인데, NLPD를 "실현가능한 이념으로 재구성"한다는 그의 기획은 결국 NLPD에서 NL적 요소를 해소한 상태에서 PD마저 "혁명적 급진성을 제거"한, 즉 자유주의의 주도 아래 민중적 요소가 다소 가미된 일종의 사회민주주의가 된다. 최교수가 사민주의자를 자처한다는 이야기가 아니다. 오히려 그랬다면 사민주의가 좋으냐 나쁘냐, 한국의 현실에는 얼마나 부합되며 어떤 정강정책을 내놓을 것이냐에 대한 구체적인 논의가 따랐을 터인데, NLPD의 '혁명적 급진성'과 더불어 일체의 변혁전망을 제거하고 특히 분단국에서 통일과제를 제거하면서도 단순한 자유민주주의는 아닌 것을 내세우려는 노력이 사민주의 노선을 거의 '기본값'으로 끌어안고 마는

---

10 이른바 NL진영이 강한 민족주의적 색채를 드러내는 것은 사실이지만 그 자기인식이나 PD와의 결별 사유는 훨씬 복잡하다. 그들 스스로는 여전히 NLPD의 이념을 계승했다고 믿고 있으며 북한이(DPRK라는 국호에서 D와 P가 곧 PD에 해당하듯이) 여전히 한반도 NLPD의 의미있는 거점이라는 인식이 지배적이다. 바로 이 점에서 PD진영과 갈라지는바, 북이 PD적 요소를 포기했다고 주장하는 PD파를 NL측은 용납할 수 없는 것이다.

게 더 문제인 것이다.

민족주의 일변도의 통일주장이 오히려 평화와 민주주의에 부담이 될수 있다는 최교수의 비판은 타당하다. 그러나 그는 「해방60년에 대한 한해석」의 첫머리에 "'해방 60년'을 말한다는 것은, 2차대전 종전과 더불어 시작된 냉전의 결과로 분단된 지난 60년의 역사와, 우리가 '한국'이라고 부르는 남한의 국가가 그 자체로서 하나의 자족적인 국가이자 주권국가로서 성장한 한국현대사를 이야기하는 것"(22면)이라고 정리한 뒤, 분단 시대적 시각이냐 대한민국 인정이냐는 식의 흑백논리를 동원하여 분단 시대와 분단체제에 대한 어떠한 복합적인 시각도 수용하지 않으려 한다.[11] 따라서 통일논의는 평화공존을 위협하는 것이 되며, 심지어는 "한국에서의 통일론은 힘의 대결, 힘의 사용에 의한 통일에서 평화공존적인 온건 통일론 내지는 태도로 변해온 것이 사실"임을 시인하면서도, "그러나 두 개념을 구분한다 하더라도 통일론은 통일론이다"(최장집 「냉전후기 한국의 민주화와 한반도의 평화」, 프랑크푸르트 도서전 '분단·평화·통일' 한·독 국제학술회의 발표논문, 2005. 10. 15, 11면)는 극단적 선평화론(先平和論)으로 치

---

11 이 점은 『시민과세계』 같은호에서 박순성(朴淳成) 교수가 '분단의 창'을 통해 대한민국을 바라보는 시각과 대조적이다. 박교수는 자신의 시도가 "우리 민족의 역사에서 대한민국을 상대적 존재로 파악하려는 노력"임을 밝히며 출발하지만, 대한민국에 대한 전면적인 부정으로 치닫기는커녕, "이는 대한민국의 건국을 해방정국에서 분단의 공식화과정으로 평가하고, 대한민국의 발전을 남북관계사 또는 체제경쟁의 차원에서 검토하고, 대한민국의 미래를 통일한국의 전망으로부터 읽어내는 일이다. 분단은 대한민국이 태생에서부터 불완전한 정통성과 '국가성'의 문제에 직면하도록 만들었지만, 역설적으로 바로 이러한 불완전성 덕분에 대한민국은 앞만 보고 달릴 수 있었다. 질주 뒤에 남아 있는 관성과 피로가 우리 사회를 아직도 불안정하게 만들고 있지만, 그동안 대한민국이 이룬 경제성장과 민주화는 대한민국이 한반도 통일을 주도하도록 뒷받침하는 사회적 자산이다"(「한반도분단과 대한민국」 99면)라는 적극적인 평가를 빼놓지 않는다.

닫기까지 한다.

이러한 양분법이 평화정착과 분단극복의 과정이 복잡하게 뒤얽힌 한반도 현실에 안 맞는다는 점을 일찍이 나는(최교수의 논지를 의식하지 않은 상태에서) 「한반도에 '일류사회'를 만들기 위해」(『창작과비평』 2002년 겨울호)라는 글에서 밝힌 바 있고(이 책 제10장 178~184면) 최근 서동만(徐東晚), 유재건(柳在建) 등이 최교수를 지목하여 비판하기도 했으므로,[12] 여기서 더 길게 논하지 않겠다. 그런데 참여정부(및 그에 앞선 개혁정권들)의 실적을 평가하는 맥락에서 최교수의 평가가 지나치게 인색해진다는 점에 대해서는 조금 부연할 필요를 느낀다.[13]

예컨대 『민주화 이후의 민주주의』는 "나는 민주화 이후 한국사회가 질적으로 나빠졌다고 본다"(최장집 『민주화 이후의 민주주의』 개정판, 후마니타스 2005, 9면, 초판 서문)라는 도발적인 진술로 시작되는데, 이것이 '더러 나빠진 면도 있다'는 정도가 아니라 "민주화 이후 한국의 민주주의가 질적으로 나빠졌다"(266면)는 포괄적 진단이었음은 개정판 후기에 나오는 이 발언에서나 성공회대 신년포럼에서의 발제(최장집 「한국 민주주의의 변형과 헤게모니」, 성공회대 포럼 '민주주의 여전히 희망의 언어인가', 2006. 1. 9)에서 거듭 확인된다.

역설적이게도 이러한 진단은 '민주화세력의 집권으로 망가진 대한민국'이라는 보수세력의 결론과 맞닿는다. 물론 신자유주의라는 핵심문제

---

12 『창작과비평』 2006년 봄호에 실린 서동만 「6·15시대의 남북관계와 한반도 발전구상」 219~222면; 유재건 「역사적 실험으로서의 6·15시대」 288면.
13 이는 물론 최장집 교수만의 특성은 아니다. 최교수보다 더 급진적인 진보주의자를 자처하는 인사들을 포함하여, 분단체제의 존재에 둔감한 비판자들의 일반적인 성향을 최교수가 예시한다고 보면 될 것이다.

에 대해 최장집과 그들은 정반대 입장이다. 그러나 분단체제의 존재라는 또다른 핵심문제를 외면하는 공통점이 있기 때문에, 분단체제—나아가 그 상위체제인 세계체제—에 물어야 할 책임마저 온통 집권세력(내지 개혁세력)에 돌리면서 결론상의 일치가 발생하는 것도 무리가 아닌 것이다.

그런데 신자유주의의 공세로 한국사회가 여러 면에서 질적으로 나빠진 현상을 감안하고도 과연 민주주의가 퇴행했다고 단정할 수 있는가? 1987년 6월 이전은 더 말할 나위 없고, 89년초 문익환 목사의 방북을 계기로 몰아닥친 공안정국을 상기하더라도, '민주화 이후'에도 한국 민주주의가 많은 희생을 치르고 우여곡절을 겪으며 꾸준히 진전해온 과정에 대해 한마디로 '절차상의 민주주의'의 달성에 불과하며 '질적'으로는 나빠져온 것이라고 말할 수 있는가? 인혁당사건 조작을 비롯한 국가기구의 각종 범죄행위가 공개되고 공인되는 현실은 살아남은 피해자들 개개인의 삶의 질 개선에 그치지 않고 전체 사회를 질적으로 개선하는 효과를 갖지 않는가? 최교수가 한국 민주주의 후진성의 예로 거듭 강조하는 '노동배제' 문제조차도, 정부가 노사정위원회를 만들어놓고 들어와달라고 요청하는 것을 노동계가 거부하는 형태로 '배제'가 실현되는 현상 자체가 독재시대의 노동탄압에 비해 격세지감이 있으며, 전교조의 합법화나 민주노동당의 의회진출 등 개혁정권하의 성과가 모두 민주주의의 질적 향상에 해당하는 것들이 아닌가.

"여전히 한국사회는 민주화의 과제를 안고 있다"(같은 책 300면, 개정판 후기 마지막 문장)는 명제는 실상 분단체제론의 오랜 지론이기도 하다. 다만 분단체제론은 태생적으로 반민주적이며 비자주적인 분단체제가 지속되는한 남북 어느 한쪽에서도 온전한 민주주의가 불가능하다는 입장이다. 따라서 분단시대에 대한 모든 인식을 낡은 민족주의라고 배제한 채 대한민국을 '하나의 자족적인 국가'로 설정하여 북유럽 또는 서유럽의 선진 민주사회의 척도로 재단할 때, 분단시대와 그에 앞선 식민지시대의 억눌리고 찌든 삶을 딛고 이룩해온 한국 민주주의의 눈물겨운 성취를 제대로 평가하기 어려워지는 것은 당연한 일이다. 특히 분단체제의 고착기를 특징지은 군부독재의 유산을 청산하는 작업이 명쾌하지 못하여 3당합당, DJP연합, 노무현정권의 '변형' 등을 수반하며 구질구질하게 진행되어온 현실은 분단체제의 속성상 당연한 것이고, 여기에 굳이 변형주의(transformismo)라는 외국 문자를 갖다댈 나위도 없다(『한국 민주주의의 변형과 헤게모니』; 이딸리아 의회정치의 맥락에서 사용된 transformismo에 대한 해설은 『민주화 이후의 민주주의』 133면 참조). 더구나 마치 온전한 민주주의가 상당정도 이루어졌다가 퇴행하고 있다는 주장을 내놓으려면 철저한 실증적 입증을 해내야 할 것이다.

실은 '민주화 이후의 민주주의의 위기'론의 단선적이고 과장된 인식에 대해서도 유재건이 이미 날카롭게 비판한 바 있다.

> '분단시대'를 고려하지 않고 서구의 이론적 틀에 근거한 설명으로는 남한의 민주화의 성취와 한계에 대해서도 균형잡힌 평가를 하기 어려운 것이 아닌가 싶다. (…)
>
> 정당체제가 잘 발전되어 있다고 하는 서구에서 사회주의정당과 보수주의정당 간의 정권교체는 상시적으로 이루어지지만 그 교체가 사회 지배체제의 변화로는 잘 이어지지 않는 것과 달리, 남한의 현실에서는 보수 중도 정당간의 정권교체만으로도 강고했던 지배체제의 균열에 따르는 사회적 파장이 더 컸다고 할 수 있다. 이로 인한 갈등과

분열이 정당체제로 수용되지 못하는 현실은 그것대로 비판하더라도 이런 독특한 점을 함께 감안할 필요가 있다. 현재의 한국정치를 후진 단계에서 서구의 정상단계로 들어서는 초입단계로만 보기 어려운 것은 한국정치가 진보정당 및 정당체제 자체의 저발전 같은 후진적 면모가 있으면서도 민중적 활력을 담아내는 선진적인 면도 상당히 갖고 있기 때문이다. (「역사적 실험으로서의 6·15시대」 288~9면)

유재건의 비판이 분단시대에 대한 인식의 차이를 보일 뿐 아니라 최장집이 강조하는 현단계 한국민중의 '탈동원화' 대신에 한국사회의 '민중적 활력'을 오히려 주목하는 점 또한 흥미롭다. 이 경우에도 나는 정당정치에 대한 최교수의 과도한 집착이 사회운동의 중요성뿐 아니라 그 현황마저 '오진'하도록 만든 면이 있다고 생각하는데, 다만 한국 민주주의의 '미흡한 성취'라 부르든 '퇴행'이라 부르든 그 현상에 대한 책임규명이 요구되는 것은 사실이다.

노무현 대통령을 비롯한 참여정부가 정당정치에 대한 인식과 기술이 부족하다든가 지역주의 문제에 과도하게 집착한다는 등의 지적(『민주화 이후의 민주주의』 개정판 후기 285~7면)은 실제로 중요하고 정확한 비판이다. 그러나 "이 책의 중심적 테마는 민주주의를 강화하고 발전시키는 데 있어서 정치를 활성화하고 바로 세우는 것이 무엇보다 중요하다는 것이다. 그리고 이를 위한 중심적 메커니즘이 정당과 정당체제라는 것이다. 바꾸어 말하면 민주주의를 발전시키는 힘은 정치의 내부로부터 창출되는 것이지 정치 바깥의 어떤 제3의 제도 또는 힘에 의한 것일 수 없다"(299면)라는 발언에서 보듯이, 최장집은 민주주의의 발전을 위해 정치의 활성화가 '무엇보다 중요'하며 이 과정에서 정당과 정당체제가 '중심적 메커니즘'

을 이룬다는, 비록 자명한 진리는 아닐지라도 얼마든지 옹호가능한 명제로부터 출발하여, 정당과 정당체제가 아닌 다른 운동이나 활동에 호소하려는 일체의 시도를 '민주주의를 발전시키는 힘'이 아닌 것으로 규정하는 비약을 감행하기 일쑤다.[14]

　어느 사회에서든 민주주의의 건강한 발전은 정당정치와 다양한 사회운동이 서로 주고받는 상태에서 이루어질 터이며, 정치학의 문외한으로서 한마디 덧붙이자면 정치의 본래 의미는 최교수가 말하는 협의의 정치와 그가 '정치 바깥'으로 규정한 민주시민의 사회활동을 두루 포괄하는 것이 아닐까 싶다. 더욱이나 해당 사회가 분단체제의 일부를 구성하는 분단국일 경우, 자주적인 정당정치가 원천적으로 불가능한 식민지에서처럼 전적으로 운동에 의존하는 상황은 아닐지라도, 때로는 국가기구를 통해, 때로는 통치제도 바깥의 운동을 통해 다양하게 진행되는 분단체제 극복운동이 필수적인 것이다.

　'NL과 PD 및 BD의 3자결합'이라고 다소 도식적으로 표현한 내용이 대한민국의 독자적 틀 안에서의 정당정치를 배격하는 것은 결코 아니지만, 3자 각각이 지닌 사회운동적 성격을 포기하고 오로지 정당과 선거 정치에 매달리는 일 또한 상상할 수 없다. 다만 이들 3자의 결합이란 각각

---

14 성공회대 신년포럼에서는 "운동을 통해 민주주의를 다시 시작하자고 하는 논리는, 결국 백패스만을 일삼게 되는 공격수에 비유될 수 있을지 모른다"(앞의 자료집 19면)는 인상적인 표현을 구사하기도 했다. 민주주의의 진전을 위해 사회운동을 강화하자는 논자 중에 사회운동만 하고 정당이나 선거 참여는 일절 배제하는 이가 몇이나 되는지는 확인해보지 못했지만, 그런 극단적 운동론자가 아닌 대다수 논자들에게 '백패스만' 일삼는다는 비판은 가당찮을 터이다. 오히려 최교수의 '정치=정당정치'설이야말로 모든 백패스를 금지하고 측면돌파와 크로스마저 배제하면서 전진패스만을 주문하는 감독을 떠올린다는 소리를 들어 마땅할지 모른다.

의 운동이 환골탈태(換骨奪胎)하는 과정을 뜻한다. 그렇지 않고서는 기껏해야 전술적 연대가 가능할 터인데, 87년 6월항쟁 당시의 반독재투쟁 같은 계기가 또 생긴다면 모를까—2004년의 탄핵반대운동이 그에 버금갈 정도가 되기는 했지만—그러지 않는 한은 편의적이고 일시적이며 대개는 2자 단위로 국한되는 이합집산에 그치게 마련이다.

그런데 결합다운 결합이 되려면 오히려 3자의 결합이라야 가능하다는 점이 변혁적 중도주의의 독특한 주장이다. 3자를 두루 뭉치게 해줄 발상의 전환이 없다면 2자의 결합도 불가능하다는 입장인 것이다. 예컨대 선진국이라면 PD와 BD만의 '변증법적 결합'을 꿈꾸어봄직하지만, 분단국가에서 분단시대에 대한 인식, 그런 의미에서 'NL적 시각'이 빠진 상태로는 탁상공론에 가까운 사민주의 이외의 '결합'을 생각하기 힘들다. 다른 한편 PD를 배제한 NL과 BD만의 결합은 민족주의 과잉의 통일 이외의 어떠한 변혁전망도 제거된 반민중적 노선이 되기 십상이며, 그렇다고 NL과 PD의 '재결합' 또한 당위론에 불과함은 민주노동당 및 민주노총 내양 정파의 '내분에 시달리는 동거'가 잘 보여준다. 내분의 '재봉합'이야 물론 가능하겠지만, 국민의 신뢰를 얻고 한국 민주주의의 발달에 주도적으로 참여하려면 개혁정권 및 온건개혁세력과의 좀더 확실한 공감대를 바탕으로 정책적으로 연합하면서도 자신을 차별화하는 전략이 필요하며, 이런 과정을 통해서만 '내분'이 '건강한 의견차이'로 진화할 수 있을 것이다.

그것을 가능케 해줄 공감대가 바로 분단체제극복이 현시기 최대의 변혁과제인 동시에 남한사회의 구체적 개혁작업이기도 하다는 인식이다. 자본주의 세계체제가 한반도를 중심으로 작동하는 장치가 곧 분단체제이고 남북 각기 상대적인 독자성을 갖는 사회이긴 하지만 분단체제의 매개작용을 통해 세계체제의 규정력을 반영하고 있다는 인식을 갖는다면, 자주통일론과 세계적 시각을 지닌 계급운동은 한국사회의 구체적 개혁 과제에 촛점을 둔 시민운동 및 개혁정당(들)과도 자연스럽게 연대할 수 있게 되는 것이다.

신자유주의에 대한 온전한 대응도 이 과정에서, 그리고 이 과정**에서나** 찾을 수 있을 것이다. 신자유주의가 한국 민주주의에 대한 심각한 위협 이 되어 있다는 지적은 물론 타당하다. 나 자신 오늘의 한국사회가 군사 쿠데타의 위험에서는 멀어진 상태지만 한반도의 군사적 긴장에 따른 민 주화의 후퇴나 신자유주의에 의한 민주주의의 잠식은 엄연한 가능성으 로 남아 있다는 생각이다. 그러니 바로 민주주의자의 관점에서도 분단을 도외시한 해법은 찾을 길이 없다. '1단계 통일'이나마 이룩함으로써 남북 의 화해·협력과 한반도 평화를 불퇴전의 영역에 들여놓기까지는 한반도 정세의 악화에 따른 민주화의 역행으로부터 자유로울 수가 없는 것이며, 전세계적 대세인 신자유주의에 조금이라도 맞서려면 예의 '3자결합'에 따른 사회적 동력이 필요함은 물론, 시장개방과 독재권력해체로 인해 거 의 불가능해진 전략적 투자를 시도할 계기와 공간을 남북통합의 과정에 서 확보해야 한다. 그리고 이럴 때 현존 자본주의 세계체제보다 생명지 속적인 인류문명을 지향하는 장기적인 과업에서도 결정적인 한 걸음을 내디딘 결과가 될 것이다. 다시 말해서, 그날그날의 현장에서 한국 민주 주의가 '신자유주의적 민주주의'로 전락하는 것을 막기 위한 싸움을 폭넓 은 연대를 바탕으로 지속하면서 신자유주의가 지배하는 세상에 긴 안목 의 대안을 제공해주는 노선이 바로 변혁적 중도주의인 것이다.

제2부

5

한반도 평화통일을 위한 새 발상

---

1. 머리말

이 글은 1999년 9월 10일 한신대학교 신학연구소 민중교육연구부와 독일 교회의 해외봉사기관 'Dienste in Übersee' 공동주최로 아우내재단 '영성과 평화의 집'에서 열린 한·독 평화통일 워크숍에서의 발제 내용에 약간의 첨삭을 가한 것이다. 워크숍은 독일인 몇사람을 포함한 소규모의 토론모임이었고, '독일의 통일과정을 통해서 본 우리의 분단극복 과제'라는 큰 주제 아래 필자는 그 제2부의 발제를 맡았다. 박종화(朴宗和) 목사와 독일 개신교 평의회 의원 클라우스 빌켄스(Klaus Wilkens) 목사가 약정토론을 했으며, 그밖의 참석자들도 활발히 토론에 참여해주었다. 이 과정에서 배운 바를 충분히 반영한 새 글을 만들지는 못했으나 발제문을 손질하는 데 많은 도움이 되었다. (추가된 내용은 대부분 각주에 담았다.) 이 자리를 통해 참가자들과 모임을 기획한 박재신(朴在信) 박사 및 주최측 여러분께 두루 감사의 뜻을 전한다.

워크숍을 마친 바로 그 주말 베를린에서는 미사일문제에 관한 북한과 미국의 협상이 타결되었다. 뒤이어 미국의 대북한 경제봉쇄조치들이 상당부분 해제되었으며, 북·미간 국교수립의 전망도 한결 밝아졌다. 최근에는 일본 정부가 북한의 미사일발사 시비로 취했던 제재를 전면 해제하고 수교예비회담을 추진하고 있다. 아직 앞길이 멀지만, 한국의 새 정권이 출범 이래 견지해온 대북화해노선의 정착 가능성이 한층 높아졌고, 이 글에서 구상하는 평화통일의 여건도 차츰 갖춰져가는 셈이다. 하지만 본고는 당장의 어떤 변화에 크게 구애받지 않는 좀더 장기적 차원의 논의를 시도한 것임을 미리 밝혀둔다.(1999. 12)

2. 발제를 시작하며

돌이켜보건대 한반도의 분단은 2차대전 직후 세계사의 큰 흐름 속에서 이루어졌고 한국전쟁을 거치면서 이른바 분단체제의 형태로 굳어졌다. 그런데 이제 세계사의 흐름이 다시 한번 크게 바뀌는 가운데 이 분단체제가 위기국면에 접어들었고 우리는 통일을 내다볼 수 있게 되었다. 통일을 제대로 이루기 위해 우리가 시대의 변화에 걸맞은 새로운 생각을 할 수 있어야 함은 물론이다.

한반도의 분단체제를 흔들어놓은 세계사적 변화의 한가운데에 독일의 통일이 있다. 이 역사적 사건에 대해서도 우리는 새롭게 생각하고 한층 적절한 배움을 얻어내야 한다. 원래 독일의 분단은 '통일 없는 평화공존'의 본보기로서 통일을 두려워하는 일부 한국인들에게 매력을 가졌었다. 그러다가 통독 후에는 자본주의에 의한 급속하고 일방적인 합병, 이른바 흡수통일의 선례로서 남한의 상당수 사람들을 우쭐하게 만들었다. 어느 경우건 기득권세력 위주의 해석이다. 지금은 이런 우쭐대는 분위기가 많이 가라앉았고, 오히려 과다한 '통일비용'을 내세워 차라리 분단체제를 그대로 유지하자는 취지로 독일의 사례가 거론되기도 한다. 하지만, 당장은 아니더라도 언젠가는 흡수통일이 이루어지겠지 하고 요행을 바라는 사람들은 여전히 적지 않다. 이 또한 기득권 위주의 발상이요 분단체제에 길들여진 사고라 아니할 수 없다.

이 발제는 독일통일 자체를 검토하는 내용이 아니지만, 나로서는 독일통일이 한반도의 민중에게 주는 최대의 교훈은 어쨌든 평화적인 통일이 가능하다는 확신이지, 그밖의 사항들은 정황이 너무 달라 직접적으로 적용할 선례가 적다고 믿고 있다.[1] 물론 양쪽의 사정에 통달할수록 참고로 삼을 점은 많을 터이다. 이에 대해서는 논의를 진행하면서 필요한 대로 언급할 예정이나, 먼저 분단된 한반도의 현실을 올바로 인식하는 데서부터 출발해야겠다.

3. '과정으로서의 통일'과 국가연합 단계

무엇보다도 한반도에는 전쟁의 위험이 여전히 존재한다는 사실을 지적해야겠다. 오늘 우리가 모여서 새삼 평화통일을 말하는 이유도 거기

---

1 이는 제1부의 약정토론자 힐데가르트-마리아 닉켈(Hildegard-Maria Nickel) 교수가 특히 강조한 점이기도 하다.

있을 것이다. 동족간의 전쟁을 이미 한 차례 치렀기 때문에 그 재발을 피해야 한다는 바람도 그만큼 더 절실하긴 하지만, 어쨌든 미·소 간의 세계대전이 벌어지지 않는한 전쟁의 위험이 없었던 분단 독일과는 매우 다른 상황에 놓인 것이 한반도다. 북쪽에 의한 무력통일의 위험이 아직 남아서가 아니다. 정반대로, 국내외 정세가 북쪽에 불리하게 전개되고 남에 의한 흡수통일이 현실적 위협이기 때문에 북에서 차라리 일전불사의 각오로 나올 수 있는 것이다. 그런 의미에서 북한당국이야말로 '독일평화통일=동독멸망'이라는 교훈을 일찌감치 가슴에 새겼다고 할 수 있다.

설혹 핵무기까지 동원된 전쟁을 피하더라도, 어느날 갑자기 이루어지는 일회성 통일은 대규모의 인구이동과 산발적인 유격전식 저항, 그에 따른 전국적 경제파탄과 민주주의의 결정적 후퇴 등, 전쟁에 버금가는 민족적 참화를 낳으리라고 보는 것이 가장 현실적인 예측이겠다. 이에 대해, 남북교류 등 일정한 준비기간을 거친 뒤에 흡수통일을 이룬다면 결과가 다를 것이라는 주장도 나온다. 그러나 흡수통일을 좀더 늦게 수행함으로써 그 '비용'이 더 커질지 작아질지는 아무도 모르는 일이다. '준비기간'이라는 것이 북한의 상황이 더 악화되기를 기다리자는 건지 나아지기를 기다리자는 건지에 대해서조차 뚜렷한 합의가 없는 것 같다. 나는 그 어느 쪽이든 파국이 아닌 통일에 대한 구체적인 설계가 나오지 않는 한, 그런 식의 비용계산은 무의미하고 그런 식의 통일논의는 무책임하다고 본다. 실제로 '준비기간'을 둔다고 해서 북한이 구동독처럼 변할 확률은 미미하지 않은가 한다.

여기서 우리는 '일정기간의 준비과정을 거친 일회성 통일'과는 다른 의미로 '상당기간에 걸친 지속적 과정으로서의 통일'을 생각해볼 필요가 있다. 물론 이런 구별은, 통일을 현재 한반도 남북에 존재하는 두개의 국민국가가 기본적으로 유사한 형태의 단일형 국민국가로 합쳐지는 사건으로 이해하는한 무의미한 말장난에 불과하다. 무력에 의하든 평화적 타협에 의하든 하나의 국가가 선포되는 그날이 통일의 날일 테고, 통일은 어떤 준비과정을 거쳤건 그런 일회성 사건을 지칭하는 것일 테니까 말이다.

일회성 사건으로서의 통일이 반드시 나쁘다는 건 아니다. 단지 한반도 분단의 특성상 전쟁이나 그에 버금가는 파국이 없이는 그것이 불가능하기 때문에, '과정으로서의 통일'이라는 질적으로 다른 발상을 해보지 않을 수 없다는 것이다. 다시 말해서 한반도의 대다수 주민이 지금의 분단체제보다 나은 체제 아래 살게 되는 과정이 통일작업의 핵심이고, 그 과정이 어느정도 지속된다면 단일형 국민국가의 선포 여부는 하나의 부수적인 문제일 수도 있다는 것이다.

이런 기준으로 볼 때 한반도 통일의 과정은 이미 시작되었다고 말할 수 있다. 물론 현재 진행중인 변화가 분단체제**극복**의 과정이 될지 분단체제를 유지하면서 그 안전도를 다소 높여가는 분단체제**개량**의 과정일지는 장담하기 어렵다. 분단체제 아래서라도 사람들이 잘살 수만 있다면 그처럼 위험부담이 큰 통일작업을 굳이 고집할 필요가 있느냐는 주장도 나온다. 형식논리상으로는 말이 되는 주장이다. 다만 몇가지 이유로 현실성이 없는 주장이며, 따라서 공허할뿐더러 실제로 위험한 주장이 되기 쉬운 것이다.

첫째, 분단체제가 굳건히 유지되는 동안은 남북한 어느 쪽도 제대로 된 민주사회로 변할 수 없고 대외적인 종속성을 크게 줄일 수도 없다. 따라서 '분단체제 아래서라도 잘살 수만 있다면'이라는 가정은 한반도의 주민 다수에게는 결코 해당될 수 없는 가정이다. 둘째, 분단체제는 일정한 개량만 이루어져도 뿌리째 흔들리게 마련인 취약한 체제이다. 남북을 가르는 비무장지대가 그토록 엄혹한 무장상태에 있는 것은 한국사람들이 (예컨대 독일인들에 비해) 원래부터 그만큼 더 호전적이어서가 아니다. 이런 극단적인 강제력이 개입하지 않고는 유지될 수 없을 만큼 분단의 명분이 취약하기 때문인 것이다. 셋째, 어차피 이 체제는 냉전종식 등 지정학적인 변화까지 겹쳐 이미 최종적 위기국면에 접어들었다고 보아야 한다.

앞서도 잠깐 비쳤듯이 독일통일과 동서냉전의 종식, 뒤이은 사회주의권 붕괴는 한반도의 분단이 영속되기 힘든 세계적인 정세를 조성했다. 한반도의 분단체제는 독일의 분단처럼 거의 전적으로 냉전체제에 귀속된 것은 아니지만 그 재생산과정이 동서냉전에 의존하는 바 컸던 점은 분명하다. 게다가 남한 내부에서 분단체제극복을 위해 투쟁해온 민족민주운동세력들이 1987년 6월에 뜻깊은 승리를 거두었으며, 그 여파로 10년의 우여곡절 끝에 이룩된 평화적 정권교체와 새 정부의 비교적 일관된 대북화해정책은 분단체제의 안정적 유지를 더욱 어렵게 만들고 있다. 식량난을 통해 부각된—하지만 결코 그에 국한되지 않는—북쪽의 심각한 위기도 분단체제 전체의 위기국면의 일부로 인식해야 옳다.

이처럼 분단체제를 줄곧 지탱하기도 힘들며 그렇다고 '일회성 사건으로서의 통일'을 추구할 형편도 못 된다고 할 때 어떤 대안이 가능할까? 당장은 분단상태에서도 서로간의 불신을 줄이고 긴장을 낮추는 일이 급선무겠다. 그런데 불신과 긴장의 뿌리가 분단에 있는만큼 통일에 대한 원칙적 합의 없이 상호신뢰를 쌓기가 힘든 한편, 통일을 들먹이면 들먹일수록 자기쪽에 불리한 통일에 대한 두려움이 커져서 신뢰구축이 시작되기조차 어려운 것이 현실이다.[2] 그야말로 진퇴유곡(進退維谷)인 것이다.

유일한 돌파구는, ①누구나 쉽게 동의할 수 있는 분단극복이라는 대원칙에 합의하면서, ②쌍방 정권이 결코 합의할 수 없으며 민중으로서는 지금 저들끼리 합의하는 것이 달가울 바도 없는 통일국가의 최종 형태나 주도층의 문제를 열어둔 채, ③통일국가 형성의 잠정적이고 가장 초보적인 형태에 동의하는 수순이 아닐까 한다.

구체적으로는 남북 현 정권의 일정한 안정성을 보장하고 남북간 주민이동의 적당한 통제를 인정하는 국가연합 형태말고는 다른 합의의 가능성이 없다고 본다. 물론 이 정도의 변화에 대해서도 남북한 기득권세력들의 엄청난 저항을 각오해야 한다. 또한 통일지향세력으로부터도, 통일을 하겠다면서 기껏 그런 미적지근한 변화로 만족할 수 있느냐는 비판도 나올 것이다. (실은 이런 비판 역시 급진적인 민중세력보다도, 민중의 참여가 보장될 점진적 통일과정을 싫어하는 기득권세력 쪽에서 더 거세게 나올 확률이 높다.) 그러나 분단체제의 영구화 시도나 그 급격한 붕괴가 모두 위험천만이라는 현실인식이 확산될수록 이런 국가연합이야말로 남북한의 다수 민중과 기득권층 내 합리적 인사들이 두루 수긍할 수 있는 유일한 방안으로 떠오르리라 본다. 그것은 통일사업에 대한 민중의 참여를 보장할 수 있는 최선의 길인 동시에, 흡수통일 저지를 일차 목표

---

2 우리는 그동안 누구나 통일을 이야기했지만 평화를 말하는 일은 드물었는데 이제는 평화를 이야기할 때라는 박종화 목사의 논평도 바로 이 점을 날카롭게 지적한 것이었다. 실제로 통일을 달성하기 위해서도 우선은 평화에 주력할 필요가 절실하다. 그런데 분단국가—특히 우리처럼 통일에 대한 민족적 염원이 남다른 분단국가—에서는 문제가 한층 복잡하다. 통상적인 국가간 갈등에서는 서로가 상대방의 주권을 인정하고 내내 사이좋은 타국으로 살기 바란다는 원칙을 천명하는 것이 상호신뢰구축의 당연한 출발인데, 남북한 어느 쪽도 이런 원칙을 천명할 수가 없게 되어 있다. 통일의 포기는 정권의 명분과 대중적 기반을 위협할 뿐 아니라 상대방 정권의 주도권을 강화하는 결과가 되는 것이다.

로 삼는 북의 기득권층이나 흡수통일의 비용을 염려하는 남의 기득권층에도 차선의 방안이 될 것이기 때문이다.

우리가 흔히 간과하는 사실은, 남북간에는 국가연합 형태와 흡사한 합의가 이미 이루어진 상태라는 점이다. 다른 자리에서도 지적했듯이, "남북한의 UN 동시가입이야말로 국가로서의 상호인정이라는 면에서 그 어느 공동선언보다 실질적인 조치였으며, 이렇게 상호인정을 나눈 두 국가 당국은 1991년 12월에 조인되어 92년 2월에 발효한 '남북합의서'에서 남북관계를 '나라와 나라 사이의 관계가 아니라 통일을 지향하는 과정에서 잠정적으로 형성되는 특수한 관계'로 규정함으로써 이미 국가연합 형태의 단초를 열어놓은 형국"[3]인 것이다. 비록 이 문서가 충분한 기능을 발휘하고 있지 못한 실정이지만 그렇다고 완전히 사문화된 것은 아니며, 김대중정권 출범 이래로 남북의 접촉과 교류가 꾸준히 확대되고 있다. 남은 문제는 이러한 교류를 더욱 확대하면서 국가연합이라는 목표로 좀더 분명하게 연결시키는 일이다. 그러지 못할 때 남북교류는, 기득권수호를 위해 분단체제를 고수하려는 세력과 국가연합 단계를 생략한 급속한 통일로 기득권의 확대를 꿈꾸는 세력의 협공 속에 다시 위축되거나, 남북 당사자가 아닌 외세가 주도하는 교류에 대한 피동적 참여로 바뀔 것이다.

4. 분단체제론이 제기하는 발상전환

국가연합의 구상 자체는 반드시 새로운 발상이 아니다. 그런데 국가

---

3 졸저 『흔들리는 분단체제』 28면.

연합이 두 분단국가의 국가주의적 타산에 따라 합의되는 것이 아니라, 민중이 적극적으로 참여하는 '과정으로서의 통일' 도중에 민중을 위한 최선의 대안으로 채택되어야 한다는 점이 핵심이다. 바로 이 대목에서 분단체제론이 제기하는 발상전환이 중요해진다.

한반도의 분단을 두개의 체제, 이념 또는 (정상적인) 국민국가 사이의 대립으로 보기에 앞서, 남북을 아우르는 하나의 분단체제가 있고 이 또한 완결된 체제이기보다 세계체제의 하나의 독특한 시·공간적 작동형태에 해당한다고 보는 관점은,[4] 당연히 분단체제로부터 이득을 보는 국내외 세력과 그로 인해 고통과 자기소외를 겪는 대다수 한반도 주민(및 해외한인을 포함한 외국의 민중) 간의 대립을 더 중요시한다. 그렇다고 국가나 이념 차원의 대립을 무시하는 것은 아니고 단지 세계체제와 분단체제의 좀더 기본적인 작용과의 함수관계에서 이해하자는 것이다. 이는 한반도의 현실을 한층 과학적으로 규명하려는 태도이기도 한데, 여기서는 그 내용을 길게 설명하지 않겠다.

분단체제를 세계체제의 한 하위체제(subsystem)로 본다는 것은 민족문제에 대한 전지구적 시각으로의 전환을 뜻하기도 한다. 단일민족이기 때문에 무조건 단일국가를 이루고 살아야 된다는 민족주의적 발상이 아니라, 한반도의 분단이 세계체제의 어떤 국면에서 어떤 경위로 이루어졌으며 그 현재적 기능은 어떤 것인지를 구체적으로 살피는 가운데서 그 종식의 당위성과 가능성을 발견하는 자세이다. 물론 한반도에서 하나의 국가로 합쳐 살아야겠다는 한민족 대다수의 염원은 절실할 뿐만 아니라 타당한 것이며, 그런 의미에서 우리의 경우에는 민족주의적 발상도 아주

---

4 앞의 졸저 중 특히 제1장 참조.

틀린 것은 아니다. 하지만 하나의 민족 또는 종족(ethnos)이 반드시 하나의 국가에 모여 살아야 한다는 주장은 일반 명제로서는 타당성이 없다. 오히려 지구상에 갖가지 혼란과 비극을 일으키기 알맞은 공식이다. 아니, 한민족의 경우에도 이미 전세계 수많은 나라에 정착해 살고 있는 동포들을 생각할 때 도저히 그대로 실행할 수 없는 명제가 아닌가. 오히려 그들의 원만한 현지생활과 다국적 민족공동체(multinational ethnic community)로서의 한인공동체 건설에 장애가 되는 노선이며 이념이다. 심지어 한반도 안에서도 민족주의 일변도의 통일론은 자기식의 통일이 아닌 모든 통일에 대한 불안감을 증대시키고 남북간 신뢰구축조치들을 어렵게 만듦으로써 도리어 분단체제의 재생산에 기여하고 있는 것이다.[5]

분단체제론은 한반도 주민과 한민족 대다수가 한반도의 통일을 바라는 민족적 염원을 긍정하되 그 이유를 '1민족=1국가'라는 위험한 공식에 두지 않는다. 한민족이 단일민족이라서가 아니라—엄밀한 의미로 단일민족도 현실이 아니지만—혈연적·문화적 동질성이 상대적으로 매우 높은 집단으로서 오랫동안 단일 정치단위를 이루고 살아왔음에도 불구하고 아무런 명분 없이 타율적으로 분단되었기 때문에, 그리고 이 분단이 6·25를 거친 뒤로는 분단체제라 일컬을 만큼의 내부적 자생력을

---

5 발제에 이은 토론에서는 통일방안에 대한 국민설득작업의 중요성과 더불어, 그러한 작업이 점점 힘들어지는 현실에 대해 많은 이들이 언급했다. 이러한 현상은 젊은 세대간에 민족주의적 감정이 전반적으로 약화되는 결과로 설명되기도 하지만, 그보다는—또는 그에 덧붙여—한반도 단위의 민족주의에 대해 분단국 단위의 민족주의가 점차 힘이 커지는 현상, 그리고 한반도 단위의 민족주의가 단일형 국민국가를 고집함으로써 통일에 대한 불안감을 오히려 조성하는 현상에 주목해야 할 것이다. 이는 '통일교육의 강화' 식의 고식적 계몽작업으로는 감당할 수 없는 현실이다. 그야말로 발상의 전환이 요구되는 것이다.

확보하기는 했지만 여전히 반민주적이고 비자주적인 상태로밖에는 유지될 수 없는 체제이기 때문에, 한반도에 사는 특정 '단일민족'의 경우 단일 국가를 갖는 것이 한반도 주민을 위해서도 바람직하고 세계체제의 억압성을 완화 또는 철폐하는 데도 필요하다고 주장하는 것이다.[6]

따라서 통일국가의 형태에 대해서도 단일형 국민국가(unitary nation-state)를 고집하지 않는다. 민중의 이익에 최대한 부합하는 국가형태를 실험하고 창안해가는 '과정으로서의 통일'을 강조하는 것이다.

여기 덧붙일 점은, 한반도에 사는 일이 이미 불가능해진 수많은 동포와 그 후손들도 그들 나름으로 '하나의 민족'으로 함께 살고 싶다는 또다른 '민족적 염원'이 있다는 것이다. 이는 '하나의 국가'로 합쳐 살고 싶다는 한반도 주민들의 염원과 일면 상통하면서도 엄연히 별개의 사업을 요구한다. 이 사업의 원만한 진행을 위해서도 한반도 문제에 관한 발상전환은 필수적이다. 1민족=1국가라는 공식은 한반도의 사정에 국한된 특수 명제임을 먼저 인정하고, 한반도에서도 단일형 국민국가보다는 다민족사회를 향해 개방된 복합국가(compound state)[7]가 민중의 이익에 더욱 충실한 국가형태일 수 있음을 인정할 때, 국적과 거주지역을 달리하는 느슨한 범세계적 민족공동체(ethnic community) 내지 네트워크로서의 한인공동체를 유지 또는 건설하는 작업이 현 세계체제 속에서 어떻게 가능하고 더 나은 세계를 위해 얼마나 바람직한가를 진지하게 검토할 길

---

6 바로 이 점에서 통일교육도 평화교육·민주교육을 바탕으로 해서 분단체제의 존속이 평화와 민주주의의 대의를 어떻게 침해할 수밖에 없는가를 구체적으로 일깨우는 방식이 되는 것이 바람직하다.

7 이는 단순히 unitary state에 반대되는 매우 추상적인 개념으로서, 온갖 형태의 연방국가와 국가연합 들을 두루 포괄한다고 이해하면 되겠다. 그중 어떤 형태가 한반도 실정에 가장 알맞을지는 구체적인 상황에 비추어 결정하자는 것이다.

이 열리는 것이다. 그러나 이 문제는 따로 상세히 다룰 주제이다.[8]

전지구적 사고로의 이러한 전환은 동시에 좀더 착실한 국지적 사고와 행동으로의 전환을 의미한다. 분단이 극복되지 않은 상황에서도 우리가 각기 사는 곳에서 그날그날 수행하는 크고작은 싸움이 모두 분단체제극복운동의 내용을 이룬다. 통일작업과 직결된 교류확대라든가 민주적 권리의 확보, 대외적 자주성의 신장 등만이 아니라, 생활현장에서의 성차별이나 인권침해, 환경파괴 등을 제거하고 자기 자신부터 그러한 습성에서 벗어나는 갖가지 실천이 곧바로 '과정으로서의 통일'로 이어진다. 우리의 목표는 일회적 사건으로 이룩되는 분단극복이 아니라 우리 사회의 구석구석에, 그리고 우리들 하나하나의 마음속에 온갖 형태로 뿌리내린 분단**체제**의 극복이기 때문이다.

자본주의 세계체제를 좀더 인간적이고 자연친화적인 체제로 바꾸는 일 또한 어떤 일회적 혁명으로 달성할 수 없다는 것이 오늘날 점점 널리 인식되고 있다. '전지구적 사고와 국지적 행동'이라는 표어도 바로 그런 인식을 담은 것이다. 그런데 분단체제론의 또 한가지 특징은 자칫 너무 막연해질 수 있는 전지구적 사고와 너무 단편적일 수 있는 국지적 행동 사이에 분단체제극복이라는 중간고리를 제공한다는 점이다. 이로써 적어도 한반도의 경우 남북 각기의 생활현장에서의 다양한 개혁작업이라는 단기적 과제와, 분단체제극복이라는 중기적 목표, 그리고 이를 통해 한 걸음 전진시키게 될 세계체제변혁이라는 장기적 사업이 그럴듯하게 결합되는 것이다.

---

8 앞의 졸저에서는 8장 「21세기 한민족공동체의 가능성과 의의」가 하나의 시론(試論)에 해당한다.

5. 독일의 경험에 관한 몇가지 단상

끝으로 독일의 경험에 대한 몇가지 토막진 생각을 밝힘으로써 발제를 마치고자 한다.

국가연합의 단계를 통해 민중의 참여가 확대되는 통일사업을 거론할 때 흔히 제기되는 반론은 독일에서도 이런 멋진 통일은 이루어지지 않았다는 지적이다. 한국전쟁 같은 동족간의 열전이 없었을뿐더러 1970년대 초엽 이래 거의 20년에 걸친 폭넓은 교류와 접촉이 진행된[9] 독일에서**조차** 그랬다는 것이다. 독일의 분단에 비하면 남북한의 대치상태는 살벌하기 그지없고 가족간의 서신교환마서 거의 없는 상황에서 독일보다 훌륭한 통일, 민중이 주도적으로 참여하는 평화통일은 한갓 아름다운 꿈이 아니냐는 것이다. 설혹 완전히 불가능한 일은 아니더라도 최소한 독일에서와 같은 오랜 민간접촉이 있고서야 이루어질 일이니 아직 요원한 이야기라는 지적도 나온다.

분단체제의 극복을 위해 지금보다 훨씬 확대된 민간교류가 먼저 있어야 함은 분명하다. 급격한 통일이 진정한 분단체제극복이 될 수 없다고 주장하는 이유 중 하나가 바로 그것이기도 하다. 그러나 지난날의 독일에 방불한 수준의 교류가 **선행**되어야 한다는 말은 한반도 분단의 특성을 간과한 주장이다. 한반도의 분단이 이다지도 엄혹한 것은 그 분단이 애

---

9 이는 1972년의 양독간 기본조약 체결에 따른 본격적인 교류를 말한 것이고, 토론에서 빌켄스 목사가 지적했듯이 독일에서는 1945년 이래 줄곧 민간교류가 지속되어왔고 특히 교회가 중요한 몫을 했다. 8·15 직후의 한반도와 비슷한 상황이 일정한 기복을 겪으면서 지속되다가 72년을 분수령으로 국가의 공인 아래 본격적인 교류로 전환한 것이다.

당초 패전 독일의 연합국에 의한 분할에 견줄 만한 명분도 없이 이루어진 반민주적·비인도적 처사였기 때문이고, 지금도 강력한 군사력에 의하지 않고는 유지하기 힘든 불안정한 체제가 분단체제이기 때문이다. 현실적으로 한반도에서는 민간교류가 양독 수준을 향해 나간다고 할 때, 그에 근접하기 훨씬 전에 분단체제는 온통 혼돈의 소용돌이에 휩쓸리게 될 것이 확실하다. 그러기 전에 국가연합이라는 안전장치가 도입되어야 할 필요성도 바로 거기서 나오는 것이다. 독일에서는 가능하지도 절대적으로 필요하지도 않았던 국가연합 단계가 한반도에서는 필요할뿐더러 가능하기도 하리라고 보는 근거 또한 여기 있다. 파국적 혼란의 유일한 대안인 것이다.

연관된 문제로, 북한에서는 구동독 수준의 민주화운동이 눈에 띄지 않는다는 점도 지적되곤 한다. 독일이 평화적인 통일을 하는 데에 동독 민중과 지식인의 기여가 작지 않았음을 기억하는 일은 중요하다. 또한 북한에는 이에 견줄 만한 어떠한 민간운동도 대두한 바 없다는 사실을 인정하는 현실적 자세도 필요하다. 분단체제 극복작업의 주체로 남북한의 민중을 설정하는 분단체제론에서는 특히나 그렇다. 하지만 이 문제와 관련해서도 독일과 판이한 한반도의 사정을 놓쳐서는 안된다. 구동독에 필적할 민주화운동이 북에서 벌어진다는 것은 분단극복의 선행단계라기보다 이미 분단체제가 걷잡을 수 없는 혼돈으로 빠져든 상태에서나 생각할 수 있는 씨나리오다.[10]

---

10 우리 사회 일각의 이른바 '북한 민주화' 운동이 그 의도가 순수한 경우에도 분단체제극복의 지혜로운 방책이 되기 어려운 까닭이 여기 있다. 북한 주민이 아닌 남한인들에 의한 이런 운동 북의 체제를 더욱 굳혀주는 결과가 되지 않을지도 의문이지만, 북한이 먼저 민주화되어야 통일이 된다는 생각은 한때 남한의 '민주변혁'이 통일의 선결조건이라고 외

나 자신은 한반도에서는, 조직화된 민간운동 차원에서는 구동독보다 훨씬 덜하면서 민중생활의 실질적인 변화라는 면에서는 오히려 구동독의 경우를 능가하는 상황전개가 북쪽 당국으로 하여금 국가연합이라는 타개책을 언젠가 받아들이게 만들 것이라 믿고 있다. 그것이 끝내 이루어지지 않아서 독일과는 비교가 안될 엄청난 불행이 남북한 전역에 닥쳐올 가능성도 물론 배제할 수는 없다. 그리고 불행이 너무도 끔찍하리라는 점말고는 행복한 결과를 기약할 근거로 확실히 내세울 바가 지금으로서는 많지 않은지도 모른다. 다만, 또 한번 독일과 비교하건대, 한국에서는 수많은 지식인과 일반 국민들, 특히 민주주의와 사회정의를 추구하는 세력들이 한반도의 바람직한 통일방식과 그 실현방안에 대한 논의에 활발히 참여해왔다. 동독은 물론 서독에서도 진보적인 지식인일수록 통일

처대던 일부 급진운동가들의 생각만큼이나 비현실적이다. 독일과 한반도 현실의 판이함을 간과하는 발상인 것이다. 북한 주민의 인권이 소중할수록 우리는 그 결정적 제약요건으로서의 분단체제를 정확히 인식하고 이 체제를 범한반도적 파국을 피하면서 무너뜨릴 현실적인 방도를 찾아야 한다. 운동의 주된 표적은 어디까지나 분단체제여야 하며, 북의 인권문제도 분단체제와 세계체제의 작동방식을 감안해서 접근하는 것이 중요하다. 이와 관련해서 동북아시아 일대에서 '난민(難民)'의 개념과 처리방식에 관한 국제적 합의를 추구하는 것도 한가지 방법이지만, 이 또한 현실적인 효과와 장기적 영향을 동시에 감안하는 지혜로운 대응을 요한다.
　워크숍에서는 독일 통일을 가능케 한 배경요인으로서 NATO(북대서양조약기구)와 같은 집단안보기구의 존재를 지적하면서 '동북아형 NATO'의 필요성을 주장하는 발언도 나왔다. 이에 대해 나는 NATO보다는 '유럽에서의 안보와 협력을 위한 회의'(CSCE, 이른바 헬싱키선언)가 더 방불한 선례가 아니겠는가라고 답했다. 적대진영간의 협력과 상호존중이라는 기본 취지가 동북아 정세에 더 어울리고, 정식 조약이 아닌 일종의 신사협정이라는 점도 실현가능성을 높여줄뿐더러 민중주도성을 키우는 데도 유리하리라는 생각에서였다. 물론 이 경우도 헬싱키선언 정도의 인권조항이 들어가는 합의는 한반도의 통일 이전에는 불가능하기 십상이지만, 극히 추상적인 선언과 가령 위에 말한 난민 문제에 대한 진일보한 대응만 나오더라도 획기적인 사건이 될 것이다.

문제에 냉담했던 것과는 사뭇 대조적인 현상이다. 이 점은 연전에 하버마스도 방한강연에서 인정한 바 있는데,[11] 다른 면에서는 몰라도 그 한가지 면에서는 우리가 선진 독일보다 충실한 통일준비를 해온 셈이다.

물론 절대적 수준으로는 아직도 초보적이어서, 국가연합이라는 중간단계를 건너뛴다면 분단체제극복에 여지없이 실패하게 되어 있다. 그런데 여기서 다시 한번 상기할 점은, '국가연합'이라는 개념이 아직도 생소해서 그렇지, 앞서 말한 대로 국가연합에 버금가는 남북관계가 실질적으로 이미 합의되어 있다는 사실이다. 이 합의에 내실을 더해가다가 어느 지점에 이르러 그 상황을 국가연합으로 공인하는 일은, 말로 '국가연합 건설'이라고 할 때 많은 사람들이 현싯점에서 느끼는 것처럼 막막한 구상이 결코 아닌 것이다. 발상의 전환이 그래서 중요한 것이며, 많은 사람들이 이 새로운 발상에 익숙해지면 국가연합은 거역할 수 없는 대세가 되리라 본다.

국가연합이라는 단계를 거치더라도 다수 민중이 깊숙이 간여하는 통일사업에는 적잖은 혼란이 따르리라는 것은 또다른 이야기다. '과정으로서의 통일'이라고 해서 순풍일로(順風一路)일 수만은 없는 것이다.

평화통일이라고 할 때의 '평화'를 단순히 무력충돌이 없는 것으로만 해석한다면 독일의 통일이야말로 모범적인 사례에 다름아니다. 실제로 우리가 독일통일을 비판적으로 보는 것은, 독일 국민이 세계사적으로 훨씬 더 뜻깊은 통일을 이루지 못한 데 대한 아쉬움 때문이며, 구동독 주민

---

11 하버마스의 서울 강연과 이에 대한 나의 논평은 영문으로 *New Left Review* 219호(1996년 9-10월호)에 발표되었고(J. Habermas, "National Unification and Popular Sovereignty"; Paik Nak-chung, "Habermas on National Unification in Germany and Korea"), 한국어 번역이 하버마스 저, 한상진 편 『현대성의 새로운 지평』(나남출판 1996)에 실렸다.

의 2등시민화뿐만 아니라 서쪽에서도 여러모로 민중의 권익이 후퇴했기 때문이지, 유혈충돌과 국가경제의 파탄을 피하면서 통일을 이룩한 성과마저 깎아내릴 이유는 없다. 하지만 독일식 평화통일의 길이 현실적으로 막혀 있는 한반도에서는 평화통일의 '평화' 개념부터가 달라지지 않을 수 없다. 어차피 돈의 힘으로 이룩하는 무혈통일이 불가능한 이상, 수많은 사람들이 슬기를 모아 파국을 회피하면서 남북 양쪽에서의 삶이 지금보다 고르고 화평해지며 이로써 인류 전체의 참된 평화에 결정적인 기여를 하게 되는 한결 차원 높은 평화통일을 추구할 수밖에 없는 것이다.

그러한 과정이 혼란과 갈등 없이 진행되기를 기대하는 것은 한마디로 무리요, 염치없는 일이다. 휴전 이후 끊임없이 있어온 남북간이 무력충돌이 국가연합 건설의 도중에도 지속될 공산이 크며, 국가연합에서 일보 진전한 형태로 넘어가는 과정에서도 아슬아슬한 순간이 많을 것이다. 실제로 만만찮은 규모의 충돌을 감내해야 할지도 모른다. 이런 위험부담을 못 견디겠다면 독일식 평화통일이라는 요행수를 바라거나, 분단체제의 영구화 시도로 되돌아가는 도리밖에 없겠다. 다만 행인지 불행인지 그 어느 쪽도 현실적인 대안이 못 되는 것이다.

어떤 의미로는 바로 독일이 그런 식으로 통일되었기 때문에 한반도에서 그 씨나리오가 재연될 가능성이 더욱 희박해졌다고 할 수 있다. 그러면서 분단의 영구화 또한 더 어렵게 만들어놓은 것이다. 그러므로 이제는 한반도의 주민들뿐 아니라 해외의 한민족, 그리고 한반도 분단체제의 반인간성과 위험성을 의식하는 모든 사람들이 독일에서 이룩되지 못한 참다운 의미의 평화통일을 이번에야말로 이룩하도록 지혜와 용기를 모아볼 일이다.

〈1999〉

6·15선언 이후의 분단체제 극복작업

통일시대와 분단시대

이번 남북정상회담과 6·15 평양선언으로 분단시대가 끝났다는 말도 나오고 있다. 이는 물론 정확한 표현이 아니다. 최소한 국가연합의 형태라도 성립하기까지는 분단시대가 지속된다고 봐야 할 것이다.

다른 한편 통일국가 선포라는 일회성 사건보다 분단체제를 좀더 나은 체제로 만들어가는 '지속적 과정으로서의 통일'을 중시할 경우, 그러한 통일작업은 정상회담 전에 이미 진행중이었고 회담 이후에는 '통일시대'라는 표현이 더욱이나 어울리게 되었다고 말할 수 있다. 이는 위에 '분단시대'를 말했을 때와는 다른 기준을 적용한 말이므로 앞서의 명제와 상충하지 않는다.

혼란의 위험을 무릅쓰고 현시기를 이렇게 '통일시대' 겸 '분단시대'로 특징짓는 것은, 한반도 분단체제의 극복이라는 과제가 그만큼 특이함을 강조하기 위해서다. 작년말에 쓴 글에서 나는, "한반도의 대다수 주민이 지금의 분단체제보다 나은 체제 아래 살게 되는 과정이 통일작업의 핵심이고, 그 과정이 어느정도 지속된다면 단일형 국민국가의 선포 여부는 하나의 부수적인 문제일 수도 있다"(「한반도 평화통일을 위한 새 발상」, 『통일시론』 1999년 겨울호 107면; 이 책 77면)고 주장하기도 했지만, 실은 단일형이 아닌 복합형(예컨대 연방제나 국가연합)의 선포일지라도 그것이 어떤 과정의 일부로 실현되느냐가 더 중요한 것이다. 정상회담의 결과로 통일작업이 본격화하는 시기일수록 우리는 촛점을 분단체제를 실질적으로 극복해가는 과정에 두고, 분단시대 속에 무르익어가는 통일시대, 통일시대 속에 잔존하는 분단시대를 지혜롭게 살아가야 할 것이다.

민중이 참여하는 통일작업과 국가연합 단계

분단체제극복이라는 목표에서 베트남식 통일과 독일식 통일이 모두 배제되는 것은, 어느 경우든 한반도 주민에게 지금보다도 오히려 못한 삶을 안겨줄 확률이 압도적이기 때문이다. 즉 무력통일이나 흡수통일 시도는 첫째 전쟁의 재발로 민족의 파멸마저 초래할 위험이 지대하고, 만의 하나 전면전을 피하고 '독일식 통일'이 이뤄진다 해도 통일독일과는 달리 수습불능의 경제파탄과 사회혼란으로 귀결하기 십상인 것이다. 민중이 좀더 나은 삶을 위해 창의력과 주도성을 발휘할 가능성은 원천적으로 봉쇄되는 것이다.

그런 점에서 남북의 최고권력자들이 만나 협상과 협력으로 통일을 이룩하기로 합의한 것은 민중의 통일작업참여를 위한 최소한의 필요조건을 마련한 셈이다. 여기에 6·15선언은 제1항에서 "나라의 통일문제를 그 주인인 우리 민족끼리 서로 힘을 합쳐 자주적으로 해나가기로 했다"고 명시함으로써 외세보다 남북 당사자의 주도력을 최대한 행사하려는 의지를 밝혔다.

하지만 당국자들간의 '자주적 협상'이 곧 민중이 실질적으로 참여하는 통일작업을 보장하지는 않는다. 베트남과 독일에 이어 또하나의 통일 사례로 남북 예멘의 경우가 있다. 저들의 협상통일은 당국자간의 '담합통일'이었는바, 그렇기 때문에 나중에 담합이 깨지면서 일시적으로 전투가 벌어졌다. 그러나 어쨌든 통일의 성공사례로 남은 것이 사실이다.

남북한의 경우 그런 식의 담합 자체가 쉽지 않겠지만, 담합했다가 깨질 때 일어나는 충돌도 전혀 다른 규모일 것이다. '협상통일'이라도 관·민이 함께하는 지속적인 작업을 통해 형성된 현실을 당국자들이 추인하는 모양의 협상통일이라야 할 까닭이 여기 있다. 그 점에서, "남측의 연합제 안과 북측의 낮은 단계의 연방제 안이 서로 공통점이 있다고 인정"한 선언문 제2항을 나 역시 높이 평가한다. 남북 정상이 차이점에도 불구하고 공통점을 찾아냈다는 사실도 획기적이지만, 너무 성급히 완전 합의를 이루지 않음으로써 민중들 스스로 앞일을 검토하고 준비할 공간을 남겨놓았다는 사실이 진정 값진 성과인 것이다.

이 공간을 제대로 활용할 때 남북은 김대중 대통령의 '3단계 통일론' 중 첫 단계에 해당하는 '남북연합'을 공식적으로 거치든 안 거치든, 조만간 '국가연합' 단계로 나아가리라고 추측해본다. 그 필요성과 가능성에 대한 나의 종전 주장을 되풀이하건대, "구체적으로는 남북 현 정권의 일정한 안정성을 보장하고 남북간 주민이동의 적당한 통제를 인정하는 국가연합 형태말고는 다른 합의의 가능성이 없다고 본다. 물론 이 정도의 변화에 대해서도 남북한 기득권세력들의 엄청난 저항을 각오해야 한다. (…) 그러나 분단체제의 영구화 시도나 그 급격한 붕괴가 모두 위험천만이라는 현실인식이 확산될수록 이런 국가연합이야말로 남북한의 다수 민중과 기득권층 내 합리적 인사들이 두루 수긍할 수 있는 유일한 방안으로 떠오르리라 본다. 그것은 통일사업에 대한 민중의 참여를 보장할 수 있는 최선의 길인 동시에, 흡수통일 저지를 일차 목표로 삼는 북의 기득권층이나 흡수통일의 비용을 염려하는 남의 기득권층에도 차선의 방안이 될 것이기 때문이다." (같은 글 109면; 이 책 79~80면)

세계경제와 '민족경제'

공동선언문 중 해석하기에 따라 2항 못지않게 의미심장한 것이 "남과 북은 경제협력을 통하여 민족경제를 균형적으로 발전"시킨다는 제4항이다.

아마도 북쪽 당국은 북의 현체제를 기본적으로 유지한 채 남북경협 및 미·일과의 교류확대를 통해 남북간의 경제력 불균형을 시정하는 데—그리하여 남한과 대등하거나 가능하면 남한을 능가하는 경제를 건설하는 데—주안점을 둘 것이다. 반면에 남의 대기업이나 정부측에서는 주된 기준을 남한 자본의 국제경쟁력에 두고, 이를 위해 북의 우수한 노동력과 저렴한 공장부지 등을 활용함으로써 지금보다 '상대적으로 균형적인' 상태를 만들어주는 정도로 해석하려 할 듯하다.

어느 경우건 '민족경제'라는 낱말을 가령 고 박현채(朴玄埰) 교수를 비롯한 일군의 논자들이 1970~80년대에 주장하던 '민족경제론'과 일치하는 뜻으로 쓰고 있지 않음은 분명하다. 그리고 오늘날 세계경제의 현실을 볼 때 '내포적 민족경제' 개념은 세계화의 폐단을 인식하는 하나의 방편은 될지언정 그 자체로 현실성있는 목표가 될 수 없음이 명백하다.

그 점을 인정한다 해도 '민족경제의 균형적 발전'이라는 조항은 이론과 실천 면에서 모두 중요한 도전을 함축하고 있다. 가령 남북 당국의 서로 다른 속셈만 하더라도, 각자의 취지는 비교적 간명하지만 그것이 '협력'으로 나타날 경우, 더구나 통일정부가 없는 상태에서의 '협력'으로 나타나야 하는 경우, 어떤 결실이 가능할까? 세계시장의 대세를 생각할 때 북측 통제경제체제의 엄격한 고수는 불가능하리라 보아야 옳다. 하지만 북쪽 정권의 일정한 안정을 전제한 '협력'을 추진하는 한, 남한(및 외국) 자본의 일방적인 주도 또한 어렵기 마련이다.

바로 이러한 길항상태에서──국가구조의 경우에서와 마찬가지로── 남북의 민중이 '민족경제의 균형적 발전'에 관해 개입하고 창의력을 발휘할 틈새가 생긴다. '국민경제'도 실질적으로 없어지고 전일화된 세계시장만 남았다는 것이 주류담론을 이룬 현싯점에서, '민족경제'에 새로운 의미를 부여하는 일이 과연 가능할 것인가?

두 개의 국가지만 하나의 민족이 거주하는 한반도지역의 경제를 통칭하는 데 편리한 단어가 '민족경제'일 뿐이라고 간단히 답할 수도 있다. 그러나 남북의 경제협력이 원활하게 진행되는 '한반도지역의 경제'란 그리 간단한 물건이 아니다. 남북 어느 쪽의 주민도 아닌 수많은 한인들도 참여하는 영역이 될 것이 분명할뿐더러, 미·일·중·러와의 경제협력, 동아시아 내지 동북아시아의 지역협력 또한 획기적으로 진전되는 현장의 일부가 되게 마련인 것이다. 이는 실천면에서도 일국양제(一國兩制)를 이미 택한 홍콩과 중국 간의 경제협력이라든가 일국양제 채택 여부와 관계없이 진행중인 타이완과 본토의 '양안(兩岸)교류'하고도 또다른 모형을 창안할 것을 요구한다. 동시에 세계화의 대세 속에서 '민족경제' 및 '국민경제' '지역경제' 들이 갖는 의미를 이론적으로 새로 정리할 필요성을 안겨주기도 하는 것이다.

한반도의 분단체제극복은 진작에 끝장난 냉전체제의 잔재를 뒤늦게 청산하고 근대국가의 체통을 갖추는 '남의 뒤 따라가기'만이 아니고, 현단계 세계사에서 전인미답(前人未踏)의 경지를 개척하는 일임을 여기서도 실감할 수 있다.

'도둑같이' 찾아올 통일

정상회담 직전의 어느 간담회에서 나는 기독교 복음서의 표현을 원용하여 통일은 도둑같이 오리라고 말한 바 있다. 이것이 8·15가 대다수 우리 민족에게 하나의 '깜짝쇼'처럼 찾아왔듯이 통일도 그런 뜻밖의 사건으로 오리라는 말이 아님은 물론이다. 그때는 정녕코 우리가 잠든 사이에 '해방'이 도둑같이 왔고, 그랬기 때문에 우리는 참된 해방을 놓치고 통일국가건설을 놓쳤으며 뒤이어 평화적 생존마저 도둑맞고 말았던 것이다.

통일이 도둑같이 온다는 것은, 통일이 일제의 항복과 같은 일회성 사건이 아니라 지속적인 분단체제극복의 과정임을 전제한 말이다. 그렇기 때문에 정상들의 만남을 포함한 여러가지 작업을 통해, 남북기본합의서에 이미 명시된 바 "나라와 나라 사이의 관계가 아니라 통일을 지향하는 과정에서 잠정적으로 형성되는 특수한 관계"로서의 남북관계가 꾸준히 확대되어가다가, '자 이만하면 국가연합이라 불러도 무방하지 않겠나, 그렇게 불러버리자'라고 쌍방이 합의하는 날, 통일과정에서의 결정적인 단계가 이미 성취되었음을 문득 깨닫게 되리라는 것이다. 이러한 성취가 우리 국민, 우리 민족이 잠깨어 있음으로써만 가능한 것은 더 말할 나위 없다.

분단체제극복으로서의 통일은 원래, 남북 각각의 사회가 분단된 상태에서도 가능한 일상적인 삶의 개선을 최대한으로 추구하는 '단기 목표'와, 세계체제 전체를 좀더 나은 체제로 바꾸는 '장기 목표' 사이에 놓인 '중간 목표'의 성격을 띤다. 따라서 남한사회 내에서 통일운동과 직접적인 연관 없이 진행되어온 갖가지 개혁작업——군사독재정권의 타도에서부터 지역주의 타파, 인권신장, 부패추방, 언론개혁, 환경보호, 성차별 철폐, 빈부격차 축소 등등을 위한 수많은 싸움들——이 모두 '제대로 된 통일'의 필수적 요건이다. 동시에 이런 문제들이 분단체제가 남한사회에서 작동하는 구체적인 양상이면서 더 크게는 세계체제의 모순이 분단체제를 매개로 남한에서 구현되는 양상이기도 함을 인식하지 않고서는 이들 개혁작업이 거둘 수 있는 성과는 극히 한정되기 마련이다. 새로운 인류문명 건설이라는 원대한 기획과 한반도에서 분단체제보다 나은 체제를 건설한다는 조금 더 근접한 과제를 남한땅에 사는 개개인의 그날그날의 싸움과 동시에 수행하는 일이야말로 세계사적 위업을 수행하는 국민이자 민족으로서 우리가 잠깨어 있는 길일 것이다.

〈2000〉

다시 지혜의 시대를 위하여

1990년대 첫머리에 「지혜의 시대를 위하여」라는 글을 쓸 무렵 한국사회는 '지식의 시대'라는 말이 요즘처럼 익숙한 때는 아니었다. 서양의 몇몇 과학자들이 연구용 연락망으로 '월드와이드 웹'(worldwide web, 약칭 www)을 개발한 직후였지만, 일반인의 인터넷 활용은 구미 지역에서조차 출발단계에 불과했으며, 디지털기술이나 생명공학의 위력을 일상적으로 실감하는 면에서도 지금 돌아보면 격세지감이 든다.

당시의 '지혜'론이 과학적 지식의 성격과 한계를 문제삼고자 했던 것은 사실이다. 그러나 비판의 촛점은 그때까지도 우리의 진보적 담론에서 위세를 떨치던 '과학적 사회주의'의 지식관과 진리관에 맞춰졌으며, 그보다 훨씬 유연하면서도 위력적인 이 세계화시대의 지식 및 정보의 성격을 정면으로 다루지는 못했다. 때는 베를린장벽이 무너진 뒤였고 동구권의 변혁에 시동이 걸린 상태였으나 이른바 현실사회주의 진영의 형체는 아직 남아 있었으며, 국내에서는 6월항쟁의 성과가 군부정권의 연장과 3당합당으로 이어져서 정권교체는커녕 문민정권의 탄생조차 예견하기 힘든 현실이었다.

어쨌든 그런 상황에서 필자가 내세운 주장은 "10월유신과 5·17 유혈정변을 이겨내고 오늘에 이른 우리 민중이 90년대에 더욱 큰 힘과 지혜를 발휘하리라는 것만은 믿어 의심치 않는다"는 것이었다. 세계사적인 변화에서도 "민중의 시대이자 지혜의 시대로 우리가 들어서고 있음을 실감케 한다"는 희망적인 결론을 끌어냈었다.[1] 이런 주장과 관측이 오늘의 싯점에서도 과연 유효한가? 유효하다면 어떤 의미에서 그런가? 이 물음은 나 자신의 자기성찰을 위해서만 아니라 21세기의 초입에 선 우리 모두의 자기인식과 방향설정을 위해서도 한번 진지하게 던져봄직하다.

1

1990년대를 통해 한국의 민중이 얼마만큼의 힘과 지혜를 발휘했는지를 정확히 계량할 길은 없다. 아니, 70년대나 80년대에 비해 상대적으로 어떠했는지를 가늠하는 작업도 정확성을 담보하기는 힘들 것이다. 다만 현재 우리 사회의 여러가지 난맥상을 들어 90년대를 한마디로 실패한 시대로 규정하는 시각의 반대편에서는, 어쨌든 93년에 문민정부를 출범시켜 5·17내란에 대한 단죄를 끌어냈으며 98년에는 'DJP연합'이라는 편법

---

1 「지혜의 시대를 위하여」, 졸저 『민족문학의 새 단계』(창작과비평사 1990) 153, 135면; 원래 『창작과비평』 1990년 봄호에 발표됐던 글임.

을 통해서나마 선거에 의한 정권교체를 이룩했다는 점, IMF 구제금융체제의 난국을 일단 수습하고 2000년에 남북관계의 대전환을 성취했다는 점 등을 지적할 수 있을 것이다.

그에 비해 세계적인 차원에서의 "민중의 시대이자 지혜의 시대"는 한결 요원하게 들린다. 현 싯점의 지배적인 표어는 뭐니뭐니해도 가진 소수가 더욱 힘을 쓰는 '세계화의 시대'이며, 지혜와는 무관한 지식의 시대, 그리고 그 동의어로서의 정보화시대, 디지털시대인 것이다. 이런 불일치는 어디서 오는가? 한반도적 시간표와 세계적 시간표 사이의 낙차 때문인가, 혹은 동일한 시간대인데 피상적인 차이가 눈에 띄는 것뿐인가? 아니면 처음부터 어설픈 개념들을 끌어들여 자초한 혼란인가?

진지한 검토를 위해서는 아무래도 개념상의 혼란이 있는지부터 따져야 할 것이다. 먼저 '지식의 시대'와 관련된 일련의 개념들을 살펴보기로 한다.

인류의 역사에서 앎 또는 지식이 중요하지 않은 적이 없건만 굳이 현대를 '지식의 시대'라 일컬을 때는 정보화의 혁명적인 진전, 특히 '디지털혁명'을 거침으로써 '지식기반사회' 내지 '지식지배사회'라는 새로운 특징을 갖게 되었음을 부각시키는 의미가 있을 것이다. 사람에 따라서는 이를 '탈산업사회'(post-industrial society)와 동일시하기도 하고, 또 어떤 이들은 '근대'와 구별되는 '탈근대' 내지 '근대이후'(postmodern)의 사회로 일컫는다. 여기서 이런 논의들을 제대로 점검할 처지는 못되고, 내 나름의 인식을 간단히 제시할까 한다.

엄밀히 말하면 '디지털화'는 '정보화'나 '지식기반사회'보다 좁은 개념이다. 디지털은 정보통신기술 중에서도 그 전부가 아닌 첨단의 한 형태일 뿐이며, 더구나 정보기술(이른바 IT, information technology)도 생명과학기술(biotechnology)과 함께 지식기반사회의 두 총아 가운데 하나일지언정 첨단과학기술의 전부가 아니다. 하지만 생명공학의 발전도 내용을 보면 유전자정보의 해독 등 넓은 의미의 '정보화' 작업에 의존하는 것이다. 그리고 이러한 정보화가 수리화(數理化)에 근거하는 것이라면, 0과 1이라는 두개의 숫자로 모든 정보를 처리하는 디지털기술이야말로 현대 과학기술 전체의 표상이라 해도 무방하다. 수사학적 용어를 빌리면, '디지털'이 현대적 지식 또는 과학기술의 알맞은 제유(提喩, synecdoche)가 됨직하다.

그런데 이런 종류의 앎이 사회의 '기반'이 된다든가 사회를 '지배'한다는 것은 무슨 말인가? 단순히 과학적 지식이 공학기술의 토대가 된다는 상투적인 진술이기보다는, 기술을 포함한 특정 종류의 지식이 한 사회의 생존과 번영의 기반을 이루게 되었다는 시대인식을 내포하는 말일 것이다. '지식지배사회'라는 개념도 대동소이할 터인데, 다만 "특정 형식의 지식이 명령자의 위치에 서게 되는" 현상을 한층 강조하는 태도일 수 있겠다.[2]

'탈산업사회'의 경우, 재래식 산업활동보다 정보화로 대표되는 첨단과학기술에 의존한 활동이 이윤창출의 주된 원천이 되고 경제성장의 선도역할을 하는 사회를 뜻하는 것이라면, 이는 '지식기반사회'의 동어반복이나 다를 바 없다. 반면에 문자 그대로 농수산업, 광공업 등이 불필요해지거나 별로 중요하지 않아진 사회라고 한다면, 이는 선진자본주의사회에서조차 현실과 거리가 있으며, 세계경제 전체를 '사회'의 단위로 삼을

---

2 예컨대 김남두 「지식의 지배: 성격과 과제」, 씸포지엄 자료집 『지식지배사회의 빛과 그늘』(서울대학교 철학사상연구소, 1999. 12. 3) 참조. 인용된 구절은 14면.

경우 터무니없는 환상에 불과하다.

'탈근대사회'의 개념은 물론 '근대'를 어떻게 설정하느냐에 따라 달라지고 '탈'(post)이라는 접두사를 이해하기 따라서 달라지기도 한다. 그러나 역사상의 '근대'를 자본주의의 시대로 이해하는 한, 근대가 끝나고 '근대이후'의 시대가 이미 시작되었다는 탈근대론은 그 또한 환상이 아닐 수 없다. 다만 정보화혁명 등으로 근대가 절정에 달함으로써 근대극복에 대한 욕구와 이런저런 징후들이 드러나고 있는데 그러한 욕구와 징후를 '탈근대'의 이름으로 집약하는 입장이라면 한결 설득력을 지닌다.

아무튼 지식기반사회가 자본주의적 근대의 일부임을 확인하는 일은 어렵지 않다. 예컨대 '지식기반경제에서 개인·기업·국가를 위한 새로운 규칙들'이리는 부제가 딜린 『부(富) 만들기』[3]의 저자 레스터 서로우는 현재 진행중인 지식기반경제로의 전환을 '제3차 산업혁명'(the third industrial revolution)이라 부른다. 18세기 말엽 영국에서 시작된 본격적인 공업화가 1차 산업혁명이었다면, 19세기말 전력(電力)의 사용과 체계적인 산업연구·개발에 따른 변화가 2차 혁명이었고, 오늘날 첨단과학기술의 발전과 더불어 또 한차례의 산업혁명이 벌어지고 있다는 것이다.

자본주의로의 결정적 전환기를 18세기 산업혁명으로 보든 '자본주의적 농업'이 시작된 15~16세기로 보든,[4] 서로우의 '3차 산업혁명'이 자본

---

3 Lester C. Thurow, *Building Wealth: The New Rules for Individuals, Companies, and Nations in a Knowledge-Based Economy* (Harper Collins 1999, 국역본 『지식의 지배』, 한기찬 옮김, 생각의 나무 1999). '제3차 산업혁명'에 관해서는 5~6면과 기타 여러 곳에 언급됨.

4 후자의 예로 Immanuel Wallerstein, *The Modern World System I: Capitalist Agriculture and the Origins of the European World-Economy in the Sixteenth Century* (Academic Press 1974) 참조(국역본 『근대세계체제 1』, 나종일 외 옮김, 까치 1999).

주의적 근대의 내부에 자리잡고 있는 것은 분명하다. 따라서 책의 본제목과 부제가 함께 말해주듯이, 현대사회가 지식을 중시할 수밖에 없는 것은 지식의 경제적 가치 때문이다. 지식이 돈벌이의 최대 수단이 된 것인데, 주관적인 이해관계로부터 초연함을 자랑해온 '객관적'이고 '과학적'인 앎이 자본축적——및 그에 따른 권력창출——과 합치하는 지점에 이른 것이야말로 자본주의가 그 절정에 도달했음을 말해주는 것이 아닌가.

2

여기서 '지식의 시대'는 '세계화의 시대'와 자연스럽게 만난다. 목하 진행중인 세계화(globalization)는 일차적으로 '자본주의의 세계화' 또는 '자본주의 세계경제의 전일화' 과정이며, 현재로서는 자본측의 논리가 주도하는 세계화이기 때문이다.

현행 세계화의 주도적 논리는 흔히 신자유주의라고 불린다. 이에 대한 많은 논의 중 나는 극히 일부를 접해본 것뿐이지만, 한마디로 신자유주의는 '인간의 가면을 벗어던진 자본주의'가 아닌가 하는 것이 내 생각이다. '인간의 얼굴을 가진 자본주의'를 이룩하려던 수많은 이들의 노력을 통째로 웃어넘기려는 것이 아니다. 다만 자본주의의 인간화를 위한 노력이 결국은 단편적이고 한시적인 것일 수밖에 없음을 어쩌면 솔직하게 고백하고 나온 것이 신자유주의가 아니겠느냐는 것이다.

'신'자유주의라고 하지만 실상 그 내용은 '구'자유주의보다 더욱 오래됐다. 17세기 영국의 로크(John Locke) 등으로 대표되는 자유주의가 프랑스혁명기 이래 거세어진 민주주의의 물결과 점차 합류하면서 적어도 선진국 내부에서는 다수 대중의 권익을 어느정도 인정해준 자유민주주의로, 더러는 사회민주주의로까지 발전해온 데 반해, '자유방임'(laissez-faire)의 구호 아래 기업가의 자유를 주창할 뿐 민주주의에는 반대했던 원래의 자유주의 이념으로 되돌아가고 있는 것이 신자유주의인 것이다.[5]

이러한 회귀는 당연히 원래의 자유주의보다 더욱 나쁜 것으로의 반동을 뜻하기 마련이다. 예컨대 애초의 자유주의는 비록 자본가계급의 특권 확립에 주력할지언정 자신보다 더욱 폐쇄적이고 부패한 구체제의 특권들을 철폐하는 진보성을 자랑할 수 있었던 데 비해, 오늘의 '새로운 자유주의'는 시민 대중에게 그나마 할당됐던 혜택을 앗아가면서 초국적화된 소수 기대기업들(이른바 TNCs, transnational corporations)과 금융자본의 특권을 옹호하기에 급급한 것이다.

물론 전근대적 특권구조의 폐해가 워낙 심한 곳에서는 신자유주의도 원래의 자유주의가 지녔던 것과 같은 개혁성을 일정하게 발휘할 수 있다. 예컨대 구제금융을 계기로 IMF가 한국의 금융시장에 대해 요구한 변화 가운데는 실제로 한국 민중의 이익에 합치되는 조치들도 전혀 없었달 수는 없다. 그러나 크게 보면 복지비용 삭감을 골자로 하는 긴축재정, 고금리정책, 자본시장 개방, 그리고 대량해고가 수반되는 기업구조조정 등 IMF의 단골 처방들은 다수의 희생을 토대로 한 유동성회복 처방——그나마 일시적인 것이기 쉬운——이며, 못사는 나라에 빚 줬다가 떼일 위기에

---

5 요즘 한국사회에 친숙한 용어로 말한다면 '민주주의와 시장경제'가 아닌, '민주주의**보다** 시장경제'인 셈이다. 구호로만 본다면 전자는 구자유주의적이며 거기에 '생산적 복지'까지 더하면 사회민주주의적인 성격마저 가미된다. 물론 구호와 실체가 일치하는가는 별개 문제다.

놓인 세계적 큰손들을 건져주는 구제금융에 다름아닌 것이다.

그렇다고 신자유주의에 대한 도덕적 규탄만으로 대세가 달라질 수는 없다. 바로 '대안이 없다'(There Is No Alternative)는 것이 신자유주의자들의 당당한 주장이기도 하다. 대안을 찾아 제시하는 것이야말로 이런 신자유주의에 대한 이중의 타격이 되는 것이며, 대안이 정말 없을 경우 과연 어떻게 될 것인지도 사실에 입각해 분석해볼 필요가 있을 것이다.

신자유주의자들이 '대안이 없다'고 외칠 때는 ①대안이 없어서 이대로 간다고 인류 자체가 멸망하거나 대대적인 문명붕괴를 겪는 일은 없을 것이며, ②개별 자본가의 운명에는 변동이 있을지라도 자본가계급의 특권적 위치는 유지되리라는 두가지 전제를 깔고 있다. 이때 ①만 맞고 ②가 틀렸다면 '대안이 없다'가 아니라 '있다'가 될 테니 논외의 일이지만, 문제는 ①이 틀렸을 경우이다. 그때는 종말론자가 아닌한 '대안이 없다'는 말을 함부로 꺼낼 수가 없게 되며, 대안을 찾는 데까지 찾아볼 의무가 우리 모두에게 부과된다.

인류의 멸망이니 문명의 붕괴니 하는 이야기는 공허한 거대담론으로 들릴 수도 있다. 그러나 예컨대 월러스틴(Immanuel Wallerstein)처럼 자본주의라는 역사적인 체제가 이미 5백년 이상 지속되어왔다고 본다면, 6백년 이내의 체제 수명을 설정한 거대규모의 시간대에 관한 담론과 향후 50년, 아니 그보다도 짧은 기간에 일어날 수 있는 변화에 대한 중간규모의 담론은 결과적으로 겹치게 된다. 이는 당장에 한반도 '통일시대'의 시간표에 대한 전망과 그에 따른 단기적 실천의 과제를 좌우하는 문제이기도 하다.[6]

---

6 '시간대'와 '시간표'가 모두 어느정도의 길이를 갖는 시간을 나타내지만 '시간표'라고 했을 때 인간활동의 계획이 좀더 분명히 포함되는 셈이다.

예컨대 남북이 통일되는 데는 20년, 30년이 걸릴 것이라는 대통령의 발언이 보도된 바 있다. 이 경우 물론 통일을 어떻게 규정하는가라는 문제도 있고 정치지도자의 발언을 학술적인 명제처럼 다룰 필요가 있겠느냐는 점도 감안할 일이기는 하다. 그러나 비슷한 발언들이 학계에서도 심심찮게 들리는데, 그런 전망을 할 때 향후 2,30년에 걸친 세계 전체의 궤적을 어떤 식으로 그리고 있는지를 밝히지 않고서는 그야말로 공허한 담론이 된다. 신자유주의자의 주장처럼 대안이 없지만 세계 차원의 파국도 없는 맥락에서 실현되는 통일인지, 자본주의의 내부 모순이나 지구환경에 대한 부담이 너무 커서 대안적 체제가 성립하거나 태동하고야 마는 과정 속의 통일인지, 아니면 적절한 대안을 못 찾아 전세계가 혼란의 도가니에 휩쓸린 가운데 유독 한반도에서만 새로운 질서가 성립할 수 있다는 것인지 — 한반도라는 제한된 구역에서의 비교적 단기간의 시간표를 제대로 짜기 위해서도 우리가 세계사의 어떤 시간대에 처해 있는지가 절박한 문제로 떠오르지 않을 수 없다.

3

21세기초 2,30년의 세계는 어떤 세상이 될 것인가?

이 거대한 주제에 대한 연구가 부족한 나는 월러스틴 등의 '세계체제 분석'(world-systems analysis)에 크게 의존하고 있음을 고백하면서 논의를 진행코자 한다. 월러스틴의 저서는 우리나라에도 여러 권이 번역되었는데, 그중 향후 수십년 즉 그가 생각하는 자본주의 세계체제의 최종 국면에 대해 간명하게 논술한 책으로 '21세기의 역사적 선택들'이라는 부제를 단 『유토피스틱스』[7]가 있으며, 홉킨스 등과 공저한 『이행의 시대: 세계체제의 궤적, 1945~2025』[8]에 실린 개별연구들도 참고함직하다.

21세기 초엽의 세계체제를 전망하는 월러스틴의 논의 중에서 '꼰드라 띠예프 주기(장기적인 경기순환주기)'설이라든가 특정 국가의 '헤게모니(패권)'설, 또는 미국의 헤게모니가 쇠퇴기에 들었다는 진단 등은 세계체제론자들 사이에서도 논란의 대상인 것으로 안다. 이에 대해 나는 어떤 판단을 내릴 형편이 못되는데, 본고의 맥락에서 중요한 것은 월러스틴 자신이 그간의 자본주의 세계체제의 역사에서 관찰되어온 장기주기나 패권국의 교체가 더이상 정상적으로 되풀이되지 않을 것임을 주된 논지로 삼고 있다는 점이다. 자본주의가 그 자신의 성공과 자기논리 전일화의 결과로 멸망하게 마련이라는 전통적인 학설이 드디어 실현될 때가 왔다는 것이 그의 진단이다. 이제까지의 많은 예측들은 세계경제 전체가 아닌 일국 또는 지구상의 일부 지역을 분석대상으로 삼았기 때문에 빗나갔던 것이며, 자본주의의 멸망이 필연적으로 사회주의를 탄생시킨다는 안이한 진보론 때문에 올바른 대응을 낳지도 못했다는 것이다.

여기서 새삼스럽게 『유토피스틱스』의 내용을 소개하기보다 그와 매우 다른 성격의 저서를 언급하는 방식으로 진행할까 한다. 『루가노 보고서』라는 책인데 아쉽게도 아직 국내에 번역되지 않았다.[9] 저자(부록과

---

7 이매뉴얼 월러스틴 지음, 백영경 옮김 『유토피스틱스: 또는 21세기의 역사적 선택들』(창작과비평사 1999). 원저는 Immanuel Wallerstein, *Utopistics: Or, Historical Choices of the Twenty-first Century* (The New Press 1998).

8 이매뉴얼 월러스틴, 테렌스 K. 홉킨스 외 지음, 백승욱·김영아 옮김, 창작과비평사 1999. 원저는 Terence K. Hopkins, Immanuel Wallerstein et al., *The Age of Transition: Trajectory of the World-System, 1945~2025* (Zed Books 1996).

9 *The Lugano Report: On Preserving Capitalism in the Twenty-first Century*, with an Annexe and Afterword by Susan George (Pluto Press 1999).

후기의 저자로 되어 있지만 실제로 책 전체의 저자인 쑤잔 죠지)의 기본 논지는 월러스틴이나 마찬가지로 자본주의 세계체제가 야기한 범인류적 위기를 맞아 민중적인 대안을 찾자는 것이지만, 학계보다 실천활동의 세계에 자리잡은 저자에 걸맞게 그 표현방식이 특이하다. 즉, 20세기말 세계의 현실을 볼 때 자본주의 세계체제의 '주인들'에 해당하는 기득권층 지도자들도 심각한 위기의식을 느끼고 있으리라는 가정 아래, 그들이 당대 최고수준의 친체제적 지식인들에게 주문해서 아무런 환상이나 가식이 없는 대책을 건의받는다면 어떤 내용이 담길지를 상상해본 것이다. ('루가노 보고서'라는 명칭은 인류학자·생물학자·인구학자·경제학자·철학자·역사학자·정치학자·사회학자·생태과학자 각 1명으로 구성된 이 가상의 연구팀이 ─당연히 최고급의 예우를 받으면서─ 스위스의 명승지 루가노 호숫가에서 작업하여 만들면서 그렇게 붙인 것으로 되어 있다.) 그러나 가상적인 보고서라 해서 스위프트(Jonathan Swift)의「겸허한 제안」(A Modest Proposal)식의 풍자문학은 아니다. '부록'에서 기본전제를 달리하는 사고의 필요성을 제기한 것말고도 실제로 체제측의 관점을 택했을 때 나오리라 예상되는 가장 합리적인 진단과 처방을 아무런 과장 없이 탐구해보았다는 것이다.[10]

21세기 자본주의의 실상에 대한 '보고서'의 진단은 월러스틴이 말하는 '어려운 이행기, 또는 지상의 생지옥?'(『유토피스틱스』 2장의 제목)과 너무도

---

10 저자는 '후기'에 가서야 보고서의 실체를 밝히면서 이렇게 말한다. "『루가노 보고서』는 진지한 연구조사가 이루어낼 수 있는 최고의 정확하고 냉철하며 객관적인 평가이다. 이것은 공상과학소설도 아니고 다른 어떤 픽션도 아니다. 기본적인 착상을 빼고는 아무것도 꾸며낸 것이 없으며, 비슷한 문건이 실재하는 '연구팀'에 의해 실제로 산출된 바 있다 하더라도 나는 전혀 놀라지 않을 것이다."(193면)

흡사하다. 생태계의 파괴는 거의 파국적인 규모에 근접하고 성장의 내용은 온갖 반사회적 활동으로 채워지며, 빈부격차가 극대화되고 그에 따른 극단적 갈등으로 사회혼란이 가중되는 가운데 금융시장 파탄의 위험도 날로 증대한다. 이런 상황에서 국민국가 등 종래의 통제기구들은 사태를 감당할 능력이 없고 세계무역기구(WTO), 국제통화기금(IMF) 등 초국적 장치들의 권력은 훨씬 강화되어야 할 상황이다. 그러나 무엇보다 중요한 것은 세계 인구를 대폭 감축하는 일이다. 지금도 이미 그렇지만 유엔의 통계에 의하면 2020년에 80억까지 늘어나리라 예상되는 인구를 갖고서는 생태계의 파괴와 체제불안요소의 폭발적인 증가를 막을 길이 없다는 것이다.

'보고서' 작성자들의 대전제는 '시장경제' 외에 다른 대안이 없다는 것이므로 결론은 명료하다. **"만약에 21세기 자본주의가 예상가능한 인구 조건 아래 최적의 상태로—어쩌면 전혀—작동할 수 없다면, 그러한 조건은 바뀌어야 한다."**(62~3면, 강조는 원저자) 그리하여 이들이 제시하는 목표는 2020년까지 현존 60억의 3분의 2에 해당하며 유엔 예상치 80억의 절반인 40억 정도로 인구를 줄인다는 것이다.

이 목표의 달성을 위한 전략들, '인구감축전략'(Population Reduction Strategies)을 약자화해서 그들 스스로 PRS라 부르는데 이들 대책 중 '치유적 PRS'에 해당하는 것들은 한마디로 끔찍한 내용이다. 하지만 나찌의 유대인학살 같은 '종족근절'(genocide)과는 다르다. 그런 것들은 합리적 계산을 떠난 몽매하고 비효율적인 대응이었던 반면, '보고서'의 작성자들은 어느 누구도 미워함이 없고 다만 자본주의의 생존에 필요한 인구감축의 가장 효과적이고 능률적인 방안을 찾고 있을 뿐인 것이다.

그 내용을 작성자들은 「요한계시록」 6장의 네명의 말탄 자가 표상하는 '정복, 전쟁, 기근, 역병'으로 정리한다. 그러나 전통적인 정복이 아니라 무엇보다 인간의 정신에 대한 정복이며, 전쟁도 세계대전이 아닌 주로 제3세계 내부의 전쟁과 상호학살을 뜻한다. 기근의 경우, 세계의 식량 생산을 전인류에 평등하게 분배한다는 씨나리오는 가능하지도 않고 바람직하지도 않은만큼, 적정한 영양섭취를 할 구매력을 지닌 인구를 상정할 때 대규모 기근은 불가피하며, 인구조절을 위해 선택적으로 조장할 필요도 있다. '역병'(「계시록」에는 '죽음'으로 나옴)의 경우도 결핵·말라리아 등 한때 자취를 감춰가던 전통적인 질병들이나 후천성면역결핍증(AIDS) 같은 신종 역병의 만연이 현대의학——적어도 현존 의료체제——의 한계를 드러내주는데, 복지예산의 감축과 의료써비스의 사기업화 등을 통해 인구감소 효과가 지금보다도 너욱 제3세계와 빈곤층에 집중되노록 해야 한다는 것이다.

'보고서'가 적시하는 많은 현상들은 월러스틴의 논의에서도 자본주의 세계체제 위기의 징후로 지적되고 있다. 다만 '보고서'는 그런 현상들이 현재의 인구수준에서 불가피함을 인식하는 데 그치지 않고 인구감축의 적극적인 정책으로 활용할 것까지 건의하고 있는바, 르완다 내전이나 아프리카대륙에서의 에이즈 확산에 대한 선진국들의 무관심, 상습적 기근지역에 대해 실질적인 도움은 안되고 현지민의 구제불능상태를 바깥세계 사람들의 뇌리에 심어주는 데나 알맞은 전시용 구호활동 등을 보노라면, 그야말로 누군가가 '루가노 보고서' 비슷한 것을 이미 써서 세계체제의 주인들에게 돌렸는지 모른다는 생각이 들 법도 하다.

인구감축을 위해 '보고서'가 산 사람을 줄여가는 '치유책'만 제시하는 것은 아니다. 낙태·불임시술·피임 등을 통한 '예방적 PRS'도 내놓는데, 이들 가족계획 방안의 효과적인 보급과 저들 '치유책'이 실현되는 상황은 양립하기 힘든 모순관계를 이루는 게 아닌지에 대해서는 본격적인 검토를 하지 않는다. 다만 "비록 현존 여건에서는 실현가능한 대안이 아니지만 최선의 '피임' 방책은 여성들의 대대적인 교육일 것이다"(158면)라고 말함으로써, 자본주의의 존속을 전제할 때 '치유책'의 비중이 한정될 수밖에 없음을 암시하고 있다.[11]

아무튼 위기의 징후로서든 '치유책'의 일부로서든 각종 억압과 수많은 국지전 및 내전, 대량 기근과 신·구 질병들의 위세가 20세기말 21세기초의 지구현실을 특징짓고 있는 것은 어김없는 사실이다. 그리고 이들 중 어느 것도 정보화의 진전 자체로 시정되리라고는 믿기 힘들다. 아직도 많은 사람들간에 지식의 발전과 시간의 흐름이 무언가 나은 세월을 가져오리라는 막연한 기대가 습관화되어 있을 따름이다. 이것이야말로 '신자유주의'에 와서 드디어 무너지기 시작한 자유주의 이데올로기이자 『루가노 보고서』가 건의한 '정신적 정복'의 결과가 아닐까.

4

이 정도의 논의로 세계체제의 앞날을 논증했다는 것은 물론 아니다. 단지 그러한 시간표도 있을 수 있음을 진지하게 감안하자는 것이다.

이런 시간표의 개연성을 인정하더라도 범세계적인 시간대 속의 다양한 지역에서는 다양한 국지적 시간표가 가능하다. 다만 후자가 어떤 식

---

11 월러스틴 역시 성차별주의(sexism)를 자본주의체제 작동의 필수적 메커니즘 가운데 하나로 설정함으로써(『유토피스틱스』 40~2면) 대대적인 여성교육이 기존질서의 보존과 양립하기 어렵다는 데 동조한다.

으로든 전자의 제약을 받을 것은 물론이며, 예컨대 한반도 '통일시대'의 일정을 잡는 데도 세계체제가 그리는 커다란 궤적을 무시하고는 현실적인 구상이 불가능할 것이다.

먼저 자본주의 세계체제가 본질적인 변화 없이 지속되리라는 가정에서 출발하는 길이 있다. 남한뿐 아니라 국제 학계에서도 그 주류는 이런 전제로 한반도 통일을 논하고 있지 않은가 싶은데,[12] 그럴 경우 『루가노 보고서』가 제시한 정도의 냉철한 신자유주의적 구상이 없이도 현실적인 통일논의가 가능한지 자문해볼 필요가 있다. 이 전제에 따른 통일은 시기의 빠르고 늦은 차이는 있을지언정 결국 자본주의 남쪽에 의한 흡수통일일 것이며, 그것도 대다수 흡수통일론자들의 달콤한 꿈대로 '독일식' (적어도 준독일식) 합병이 아니라, 내규모 기근과 질병 및 유혈사태를 동반하며 대대적인 '정신적 정복'이 수반되는 강압적 통일이기 십상이다. 아니, 강대국(들)의 자본력뿐 아니라 무력까지 동원되는 비자주적 통일이 되고 그 결과 한반도 전역이 '치유적 PRS'가 집중되는 현장으로 전락할 확률이 높다.

반면에 세계체제분석과 무관한 반자본주의 혁명의 시간표도 생각해볼 수 있다. 지금은 워낙 도도한 자본주의적 세계화의 물결에 밀린 느낌이지만, 1980년대 급진운동권의 '민족해방'론이나 '민주혁명'론이 모두 여기에 해당했던 셈이다. 북에서 이미 이룩된 민족해방이 남에까지 미칠

---

12 가령 작년(2000년) 12월 29일 고려대 아세아문제연구소 주최로 열린 '냉전해체와 평화: 유럽의 경험·동아시아의 과제·한반도의 선택' 국제학술회의에서 주제발표 또는 약정토론을 한 10여명의 국내외 학자 중 자본주의 세계경제의 비교적 단기간내(예컨대 반세기 이내) 몰락을 전제로 동아시아 또는 한반도의 미래를 전망한 예는 하나도 없었다. 당일 배포한 한·영문 자료집 *Post-Cold War and Peace: Experiences, Conditions and Choices* (Asia Research Center, Korea University 2000) 참조.

때 나머지 세계에서 자본주의가 존속하건 않건—물론 세계자본주의가 심대한 타격을 입을 것은 분명하지만—한반도에서는 전혀 다른 시간대가 자리잡으리라거나, 남한사회 자체가 사회주의혁명에 성공하여 자본주의 세계체제로부터 이탈함으로써 이미 '근대'가 아닌 '현대'에 들어서 있는 '사회주의진영'의 일부가 되어 북과의 통일도 무난히 이뤄내리라는 발상들이 모두 세계체제적 시간표의 구속력을 도외시 또는 과소평가한 것이었다.

한반도에서는 큰 세력이 아니지만 자본주의 세계체제로부터의 일방적인 이탈을 더욱 분명하게 주장하는 원리주의적 종교집단의 시간표도 있다. 이슬람 원리주의의 선례에서 보듯 이러한 '이탈'이 과연 자본주의 세계체제의 바깥을 형성하는 데 성공한 것인지는 의문의 여지가 크다. 아무튼 우리의 경우 이런 전략은 통일의 시간표라기보다 분단체제가 장기화될 때 동시다발적으로 자리잡을 시간대들이기 쉽다. 남쪽에서는 신자유주의적 개편에 대항하여 독자적 경제모델을 창출하는 통일작업에 실패함으로써 각종 미신적 종교집단이 더욱더 창궐하게 될 터이고, 북쪽은 농성체제가 항구화함에 따라 사회 전체가 유사종교적 특성을 강화하게 되는 사태도 예견해볼 수 있는 것이다.

자본주의 세계경제의 궤적에 대한 세계체제론자들의 분석을 대체로 공유하면서 그 틀 안에서 분단체제극복을 내다보는 시간표는 위의 어느 것과도 다르다. 자본주의적 근대가 지속되는 동안은 분단체제의 일익으로서든 통합된 단위로서든 탈근대로의 진입—또는 근대로부터의 독자적 이탈—이 불가능하지만, 분단체제극복의 시간표가 세계체제의 최종 국면과 일부 겹침으로써 반드시 근대의 틀에만 얽매이지 않으면서 세계 차원의 '근대이후'를 향한 중대한 진전이 한반도에서 일어날 수 있다는 것이 분단체제론의 시대인식인 것이다. 경제모델을 예로 들면, 통일과정에 투입되는 민중적 동력이 아무리 커지더라도 통일 한반도가 세계시장의 논리를 외면한 경제체제를 형성할 방도는 없어 보이지만, 신자유주의가 모든 개발도상국들에 강요하는 비자주적·반민중적 제도들의 수용을 극소화함으로써 세계시장 안에서의 경쟁력도 높이고 신자유주의가 적나라하게 노출시킨 시장논리의 궁극적 극복에도 뜻있는 기여를 할 수 있다는 것이다. 바로 근대에 적응하면서 근대를 극복해가는 이중과제의 수행이다.[13]

　신자유주의적 세계화의 시대가 한반도에서 '지혜의 시대, 민중의 시대'가 무르익어가는 시간과 겹칠 수 있는 것도 그때문이다. 분단체제극복작업은 힌편으로 세계화의 물결을 탄 움직임이면서, 다른 한편 세계체제의 위기가 열어놓은 틈새를 활용하는 움직임이라는 양면성을 지닌다. 이런 양면성이 없이 세계적인 대세에 대한 일방적인 거부만을 뜻하는 작업이라면 세계체제의 붕괴현상이 한층 가시화한 싯점이 아닌 바에야 성공하기 어렵다. 그러나 동서냉전이 뒷받침하던 한반도 및 동북아시아의 분단 내지 분열은 자본주의의 전일화라는 대세에 의해 약화되고 있는 동시에, 냉전종식이 자본주의 세계체제의 안정화라기보다 도리어 결정적인 불안정화의 시작이라는 점에서 그 하위체제인 분단체제에도 변혁의 가능성이 열리고 있다. 말하자면 이중의 현실성이 따르는 작업인 것이다.

13 더러 오해하는 독자들을 위해 부연하면 '이중과제'는 '두개의 동시적 과제들'이 아닌 '양면적 성격을 지닌 단일 과제'를 뜻한다. (영어로 쓴 글에서는 'a double project'라 표현한 바 있는데, 단수명사임이 명시되기 때문에 이 점이 더 뚜렷해지는 면이 있었다.) 따라서 '적응' 과 '극복' 간의 선·후도 없다. 극복작업의 성격이 결여된 적응은—세계체제 변방에서 우선 그렇지만 실은 중심부에서도 장기적으로는 마찬가지인데—적응으로서도 실패하기 마련이고, 적응의 작업이 못되는 극복이 성사될 수 없음은 너무나 뻔한 일이다.

5

근대 세계체제가 그토록 오래 지속한 데에는 근대 과학과 그것이 대표하는 근대적 지식이 큰 몫을 해왔음은 이미 여러 사람이 지적한 바다. 자본주의 사회가 과학과 기술을 통해 엄청난 생산력을 발전시키고 그 어느 때보다 많은 정보를 소유하게 되었다는 뜻만이 아니라, 이 사회에서 근대적 지식이라고 인정하는 형태의 앎에 배타적인 객관성과 절대성을 부여하는 근대 특유의 진리관이 체제의 정당성을 강화해주었다는 뜻이다.[14]

오늘날 이러한 진리관·지식관에 대한 의문은 곳곳에서 제기되고 있다. 철학 등 인문학 분야에서 제기되는 해체론적 비판은 물론이고, 자연과학 내부에서도 실증주의적·결정론적 과학에 대한 도전이 거세진 지 오래다. 아니, '지식기반사회'라거나 '정보화사회'라는 표현 자체에 이미 '지식'은 경제활동의 수단으로서의 '정보'이지 절대적이고 자발적인 인정을 끌어내는 '진리'와는 무관한 것이라는 사고가 배어 있다. 경제가 절대시되는 세상이기 때문에 지식과 정보도 절대시되는 것뿐인데, 앞서도 지적했듯이 자본주의 경제가 야기하는 심각한 문제들은 정보화만으로 해결될 수 없는 성질임도 점점 분명해지고 있는 것이다.

---

14 "이처럼 과학에 대한 신념은 인식론적인 문제를 넘어서는 것이었다. 그것은 정치적인 현상이었다. 자유주의적 개량주의는 과학이 보증한 기술적 진보의 확실성을 바탕으로 자신에 대한 믿음을 정당화했다. 19세기의 선구적인 반자유주의적 사상가인 칼 맑스조차 자신이 세운 기획의 공적을 '과학적 사회주의'를 구성한 것이라고 주장한 것도 결코 우연이 아니었다. 따라서 과학주의는 세속주의의 경우처럼, 국가주의의 필수적인 이데올로기적 버팀목이었다."(월러스틴 「전지구적 구도, 1945~90」, 월러스틴 외 『이행의 시대』 276면)

하지만 근대적 '진리'를 효과적으로 대체할 다른 차원의 진리가 과연 있는 것인지, 있다면 어떤 것인지의 물음이 남는다. 예컨대 데리다 (Jacques Derrida) 등의 해체론적 사유는 '진리'에 대한 해체 내지 탈구축(脫構築)에 주력한 나머지 새로운 진리관의 수립에는 소홀한 듯하며, '사회과학의 개방'을 주장한 일군의 학자들이 내놓은 '다원주의적 보편주의'(pluralistic universalism)[15]도 '진리'로서는 미흡하다. 일부 여성주의 철학자들이 추구하는 '강한 객관성'(strong objectivity) 개념은 포스트모더니즘 여성론에서의 진리해체와 달리 새로운 진리관을 지향하고 있으나, 이 또한 '좀더 강한' 객관성에 해당하는 상대적 차이에 불과한 것은 아닌지 의문이다.[16]

그렇다면 '지혜의 시대'론이 이런 의문에 대한 답을 제공할 수 있는가? 통상적인 의미의 '지혜'는 진리와는 다소 거리를 둔 개념이다. 예컨대 '동양적 지혜'라고 할 때 대개는 과학적 인식의 객관성 내지 진실성을 그대로 인정하면서 이를 보완하거나 현명하게 활용하는 능력을 뜻하는 정도다. 영어로도 *wisdom*이라 하면 주로 진리보다 한 차원 낮은 실용적인 슬기, 이른바 '삶의 지혜'를 연상케 한다.

---

15 Immanuel Wallerstein et al., *Open the Social Sciences: Report of the Gulbenkian Commission of the Restructuring of the Social Sciences* (Stanford University Press 1996) 59~60면.

16 "이처럼 진리라는 틀이 더이상 유효하지 않다는 발언은 새로운 객관성을 추구하는 논자들에게서도 쉽게 나오며, 포스트모더니즘적 사유의 유행을 따르는 한 이들도 상대주의로부터 아주 먼 지점에 있는 것만은 아니다."(김영희 「페미니즘과 학문의 객관성」, 김남두 외 지음 『현대 학문의 성격』, 민음사 2000, 246면) 이어서 이 글은 "진리의 문제와 정면으로 씨름하면서 가치중립적 객관성을 다시 생각해보는 작업을 수행한 흔치 않은 예"(같은 곳)로 달미야(Vrinda Dalmiya)와 앨코프(Linda Alcoff)를 거론하지만 실천적·경험적 인식의 복권을 시도한 그 노력이 원만한 진리 개념에 이르렀는지에 대해서는 유보적인 입장을 취한다.

이런 현상 자체가 근대적 진리관의 이데올로기적 위력을 말해주는 것일 수 있다. 실제로 동서양을 막론하고 근대 이전에는 사실인식으로서의 '지식'과 정당한 삶을 위한 '지혜'가 완전히 분리된 적은 없었던 듯하다. '실천적 지혜'(phronesis)를 엄밀한 앎으로서의 '지식'(episteme)과 구별한 아리스토텔레스 철학에서도 '실천적 지식'(praktike episteme)과 '제작적 지식'(poetike episteme) 등 '이론적 지식'(theoretike episteme)과는 다른 성격의 앎을 인정하고는 있었다.[17]

물론 베이컨과 데까르뜨로 대표되는 근대적 지식관으로의 발전이 여기서 이미 시작되었다고 말할 수는 있다. 실제로 좀더 거슬러올라가면, 비록 올바른 앎을 위한 전인적 훈련을 강조했다는 점에서는 아리스토텔레스보다 한층 지혜를 중시한 셈이지만, '드러난 것의 올바른 인식의 근거로서의 진리(＝이데아)'로 진리관의 일대전환을 이룩했던 플라톤과 만나게 된다.[18]

동아시아에서는 유교의 전통이 지행합일(知行合一)을 전제하긴 하면서도 엄격하고 방대한 앎의 축적을 강조해온 편이다. 유교문화권이 인문학은 물론 자연에 대한 지식과 이를 응용한 기술에서도 때로는 서양을 능가하는 성취를 보여준 것도 우연이 아닌 것이다. 그에 비해 도가(道家)나 불가(佛家)에서는 양생(養生)에 불리하고 깨달음에 장애가 되는 것으로 지식을 경계해왔다. 하지만 불교는 또한 진리(또는 진여眞如)를 깨침

---

17 김남두 「서양 학문의 형성과 학문 분류의 기본 원칙」, 소광희 외 지음 『현대의 학문 체계』 (민음사 1994) 60~2면.

18 플라톤 『공화국』의 '동굴의 비유'를 다룬 Martin Heidegger, "Platons Lehre von der Wahrheit," *Wegmarken* (V. Kostermann 1967) 및 이를 원용한 졸고 「세계시장의 논리와 인문교육의 이념」(『현대의 학문 체계』 310면 주13; 『분단체제 변혁의 공부길』, 창작과비평사 1994, 246면) 참조.

으로써 도달하는 지극한 밝음으로서의 지혜, 곧 분별지(分別智)를 넘어선 해탈지견(解脫知見)을 설파하기도 했다. 여기서 대상적 지식과는 다른 차원의 진리 체험이 분별지의 자유자재한 활용을 포함하는 새로운 '앎'으로 발전할 가능성이 엿보인다.

문제는 과학과 기술이 이제 현실세계의 주도원리로까지 떠오른 시대에 그러한 가능성이 어떻게 구체화할 수 있느냐는 것일 테다. 나 자신이 막연히 '지혜'가 아니라 '지혜의 시대'를 말했던 취지도 그런 것이다.[19] 지혜의 시대는 총칼이 주도하던 시대와 돈이 지배하던 시대라는 인류역사상 두 단계의 강압시대에 이어 지혜로운 민중이 스스로 다스리는 민중해방의 시대라는 특정한 역사적 시대인 것이며, 이는 과학기술의 지혜로운 활용을 떠나서는 생각할 수 없는 기획이다. 불교의 진리에 대한 설법만으로 이런 기획이 성취될 리는 없다. 다만, 지식이 스스로 진리임을 주장하는 예조차 드물어진 지식기반사회, 삼라만상이 '정보'로 환원되는 정보화사회야말로[20] 현상세계의 모든 대상을 무수한 인과적 요소가 일시적으로 모인 허상으로 파악하는 불교적 연기론(緣起論)에 역설적으로 접근해 있는 것이 사실이다.

---

19 "과학을 떠난 지혜가 있을 수 없게 된 것이야말로 지혜의 시대 도래의 한 징표다. 지혜는 이제 강압의 시대 틈바구니에서 숨쉬며 먼 훗날을 기약하는 단편적 지혜가 아니라, 전인류의 삶을 슬기롭게 이끌고 갈 실력의 지혜가 될 때인 것이다."(「지혜의 시대를 위하여」 131면)

20 예컨대 『현대 학문의 성격』에 실린 소흥렬의 「인공지능과 지식의 본질」은 '참 정보'와 '거짓 정보'의 구별을 시도한다는 점에서 특정한—이 경우 근대적—진리기준에 대한 관심을 방기한 것은 아니지만, "인간의 인식에 상관없이 객관적으로 존재하는 물질의 세계 또는 자연의 세계" 자체를 "동력과 정보로서의 세계"로 규정하는 데서 보듯이, 정보 중에는 지식이 못 되는 거짓 정보가 있다는 정도가 아니고 '정보'가 참과 거짓 이전의 현실로 설정된 느낌이다(200~201면).

6

어쨌든 지혜의 시대가 지금 우리가 살고 있는 지식의 시대, 자본주의적 세계화의 시대를 대신할 역사적 현실이 되려면 기존 세계체제의 변혁을 위한 실천이 따라야 한다. 그것도 '민중의 시대'답게 대중적 실천이어야 할 것이다.

자본주의 극복의 고전적인 방안은 노동자계급 또는 무산자계급의 각성에 의한 혁명이다. 요즘은 그 호소력이 많이 떨어진 방안이지만, 본고의 논지를 따른다면 자본주의 세계체제의 대안이 불필요하다거나 노동자와 무산자를 포함한 대중의 각성 없이 변화가 가능하기 때문에 호소력을 상실한 것은 아니다. 80년대에 사용했던 '각성한 노동자의 눈'이라는 표현을 2000년의 싯점에서 필자가 다시 들고 나왔던 것도 그런 인식에서다.[21] 그렇다면 이때의 각성은 어떤 것이며 노동자는 누구인가?

맑스주의에서 계급적 각성은 '과학적 인식으로 무장'함을 뜻했다. 물론 이는 실천과 통합된 인식이므로 과학주의적 과학과는 거리가 있다. 하지만 과학의 과학성에 대한 본질적인 물음, 하이데거가 말하는 '기술의 본질(또는 본성)'에 대한 물음을 거친 각성은 역시 '과학'이 아닌 '지혜' 또는 '해탈지견'으로 표현되어 마땅하다. 여기에 미달하는 실천은 기술시대를 기술주의적으로 극복하려는 자기모순에서 벗어나기 힘든 것

---

21 졸고 「2000년대의 한국문학을 위한 단상」, 『창작과비평』 2000년 봄호 226~30면(졸저 『통일시대 한국문학의 보람』, 창비 2006, 200~205면) 참조. 그런데 이 글에서도 말했듯이 "'눈'이라는 특정 기관에 치우쳤다는 문제점"(229면)은 바로잡아 마땅하다. 좀더 정확히 표현하면 '각성한 노동자의 몸'이 될 것이다.

이다.[22]

그렇다고 민주적 권리와 평등한 소유를 향한 투쟁을 방기하고 기술시대가 다른 무엇으로 저절로 바뀌어주기를 기다리는 것은 각성 이전의 낯익은 순응주의에 불과하다. 하이데거가 곧잘 이런 정적주의(靜寂主義)의 혐의를 받을 발언을 하는 데는 현실사회주의에 대한 비판의식뿐 아니라 자신의 나찌즘 경력에 대한 반성도 작용했으리라 생각되지만, 어쨌든 기술적인 것 자체에 집착하기보다 기술을 통해 드러나며 이룩되는 진리를 향해 마음을 열어야 한다는 그의 주장이 민중적 실천을 배제할 필요는 없다. 기술과 사람의 관계가 본질적으로 달라져야 한다는 것일 텐데, 이를 위해 소유관계의 변화는 충분조건은 아닐지언정 필요조건이다. 다만 평등한 소유 자체가 목적이 아니라 소유에 대한 집착으로부터의 해방이 목적인 것이다.

이는 곧 노동자 하나하나가 도인(道人)이 되기를 요구하는 셈으로서 그야말로 환상이라는 비판이 나올 수 있다. 그러나 고전적인 계급투쟁론도 실은 궁핍의 극한상황에서 인류를 위한 보편적 투쟁에 떨쳐일어서는 다중의 혁명적 각성을 상정했다. 오늘날 환경운동가들이 요구하는, 자연과 합일하는 마음을 갖고 살면서 개인적으로 넉넉하더라도 지구를 위해 물자를 아껴쓸 줄 아는 대중의 존재도 실은 도인—적어도 수도인—의 경지와 다를 바 없다.

더구나 '지식의 시대'에 오면 노동하는 도인 내지 수도인 집단의 현실

---

22 하이데거의 기술시대론에 관해서는 『창작과비평』 2000년 봄호에 함께 실리는 김상환 「테크놀로지 시대의 동도서기론」 참조. 나 자신은 로런스의 장편 『연애하는 연인들』과 관련하여 이 문제를 논한 바 있는데(「로렌스문학과 기술시대의 문제」, 한국영어영문학회 편 『20세기 영국소설 연구』, 민음사 1981), 지금 보면 교정과 보완을 요하는 대목이 많다.

적 가능성이 한결 높아진다. 물론 이때의 '노동자계급'은 자본주의의 전일화와 세계화가 미진했던 싯점의 개념과는 다르다. 「2000년대의 한국문학을 위한 단상」을 다시 인용하면—

온전한 의미의 '노동자계급'은 세계경제를 단위로 해서만 논할 수 있고 그 차원에서는 아직도 형성중인 계급인만큼, 촛점을 좀더 광범위한 '민중'에 두는 운동노선이야말로 각성한 노동자의 당연한 선택이다. (⋯) 그렇다고 이것을 일시적인 연합전선으로만 볼 일도 아니다. 정보화가 진행될수록 노동자와 지식기술자를 겸한 인구가 늘어나게 마련이며, 자본의 규모가 커질수록 진정한 노동계급은 항산(恒産)이 없어 항심(恒心)도 결한 적빈자집단이 아니라 가진 것이 아주 없지 않으면서 항심을 잃을 정도로 많지도 않은—동시에 궁핍화의 위협을 무엇보다 항심에 대한 위협으로 인식하고 저항하는—층으로 구성된다. 다시 말해 계급운동론자들에 의해 흔히 전략상의 연합체로만 인식되는 '민중'이 실은 목하 형성중인 전지구적 노동계급의 실체인 것이며, 이들의 전면적 산업노동자화나 절대빈곤화가 아니라 오히려 노동하는 인간으로서의 자기인식을 수반하는 지식화와 실력양성이 해방의 관건이 되는 것이다. (228~9면; 『통일시대 한국문학의 보람』 202~3면)

'민중'과 거의 중복되면서 '각성한 지식인집단'의 성격도 띠게 될 이런 미래 노동자계급의 성격을 좀더 구체화하는 하나의 방편으로 항산과 항심의 관계를 부연해볼까 한다.*

---

* 이하 4개의 단락은 『통일시대 한국문학의 보람』에 수록된 「'단상' 후기」 214~5면의 내용

전통적인 항산론은 자급자족이 가능한 농지소유——또는 실제로 이 담론의 주체였던 사대부층 위주로 생각한다면 최소한의 봉제사(奉祭祀) 접빈객(接賓客)을 허용하는 수준의 재산소유——를 항심 지키기에 필요한 물질적 토대로 본 듯하다. 반면에 대다수의 전통적 맑스주의자들은——맑스 자신의 입장이 바로 그랬는지는 모르겠지만——사유재산이 없어야 항심, 즉 보편계급으로서의 프롤레타리아 계급의식이 가능해진다는 주장이었다.

이처럼 항심을 지키는 데 필요한 항산의 적정량은 세계관에 따라 달리 설정될 뿐 아니라 시대상황에 따라 달라진다. 현대사회에서는 생산수단의 소유라는 기준으로 보면 자작농지의 소유는 가장 항심이 없다고 알려진 소부르주아 계급의 조건이나. 그러면 대기업의 지배자들이 더 나은 위치인가? 이들이야말로 '항심을 잃을 정도로 재산이 많은' 사람의 표본일 것이다. '사유재산' 일반이라기보다 '사회적 생산수단의 사적 소유'가 항심에 방해된다는 명제가 바야흐로 타당성을 주장할 수 있는 시대가 도래한 셈이다.

그러나 생산수단으로부터 소외되는 데 그치지 않고 적빈에 떨어진 사람, 특히나 지식이라는 무형의 재산마저 완전히 빈털터리인 사람이 항심을 갖기도 그 어느 때보다 힘든 세상이 현대사회가 아닐까 싶다. 동시에 생산력의 발달 및 지식유통의 증대와 더불어 일정정도의 생활근거를 확보하기가——처음부터 무지와 빈곤에서 출발하지 않는다면——비교적 쉬워진 세상이기도 하다.

과 상당부분 중복된다. 이 글 집필 당시에는 「후기」가 인터넷 비공개게시판에만 올라 있었기에 자유롭게 원용했던 것이다.

중요한 점은 항심에 필요한 항산이 꼭 법률상의 사유재산이어야 하는 건 아니라는 것이다. 사회보장제도에 따른 청구권, 공공재산 이용에 대한 민주적 권리, 사유재산의 자의적 사용에 대한 정치적 규제, 이런 것들이 확대될수록 개인의 실질적 재산은 늘어나는 셈이다. '보편계급'으로서의 사명을 다할 수 있는 '무산계급'은 바로 이런 의미로 최소한의 개인재산과 적잖은 자동적 권리, 그리고 독점권을 주장하지 않는 최대한의 무형재산──지식과 교양──을 지닌 집단일 것이다.

항산의 규모를 측정하는 데 작용하는 또하나의 변수는 개인의 수양 정도이다. 걸식행으로 자족하는 수도인이 있는가 하면, 자신이 일용할 양식이 충분한데도 옆사람이 더 많이 가진 것을 보면 마음이 흔들리는 사람도 있다. 그런가 하면 백만장자로 살면서도 도인의 심법을 간직한 이도 없는 것은 아니다. 하지만 특별한 개인의 특별한 수행은 다수 민중에게 요구할 덕목이 아니며, 실질적 재산이 대체로 균등해진 상태에서 누구나 해낼 수 있는 마음공부를 전제로 세상살이를 꾸리도록 해야 할 것이다.

신자유주의의 경쟁논리와 그에 따른 빈곤층의 '폐품화'가 이런 목표에 배치됨은 물론이다. 그러므로 우리가 빈부격차의 확대에 맞서 싸워야 하는 것은 추상적인 사회정의론이나 감상적인 인도주의 때문이 아니다. '사회안정에 필요한 중산층 보호'라는 구자유주의적 목표와는 단기적으로 일치하는 바 있지만, 길게 보아 인간해방의 변혁사업을 위한 싸움의 핵심에 해당하는 작업이기 때문이다.

물론 그 실행은 각자가 처한 상황에 맞춰야 한다. 한반도의 경우는 앞서도 말했듯이 세계체제의 불안정화가 곧바로 우리가 극복하려는 분단체제의 흔들림으로 이어지는 행복한 위치에 있다. 자칫 전쟁이나 그에 버금가는 파국의 현장으로 바뀔 위험이 상존하기는 하지만, 한반도 단위 그리고 민족 단위의 비교적 대규모의 집중된 '국지적 행동'이 가능한 현장인 것이다. 이런 행동은 지혜의 시대, 민중의 시대를 위한 선도집단의 형성 및 선구적 거점의 건설과 결코 별개의 작업이 아니기도 하다.

7

끝으로 한반도와 세계체제의 중간항에 해당하는 동아시아(또는 동북아시아)의 '시간표'에 대해 잠시 살펴보는 것으로써 결론에 대신할까 한다.

먼저 분명한 것은, 동아시아가 공간적으로 중간항을 이룬다고 해서 시간적으로도 반드시 '중기적'인 단위를 대표하지는 않는다는 점이다. 이러한 오해는 분단체제론이 한반도 분단체제와 그 상위체제인 세계체제 사이에 '동아시아 지역체제'라는 중간항을 설정하고 있다는 일부의 착각과도 통한다. 실제로는 아무리 '체제'라는 말을 신축성있게 사용한다 해도 세계체제와 분단체제를 매개하는 중간규모의 체제가 동아시아에 존재한다고는 보기 힘들다.

앞으로 존재할 수 있으며 존재하는 것이 바람직한지는 물론 별개 문제다. 그러나 유럽연합이나 북미자유무역협정 수준의 지역통합의 전제조건들이 동아시아에는 결여되었다는 많은 학자들의 지적을 감안할 때, 세계체제분석이 전망하는 30년 안팎 남은 자본주의 세계경제의 잔여기간 내에 그러한 '지역체제'가 형성될 확률은 적어 보인다. 반면에 자본주의가 훨씬 오래 훨씬 안정적으로 지속된다고 하면, 그런 역사 속에서 일본과 중국 및 남북한(또는 통일한국)을 포괄하는 동아시아 내지 동북아시아 지역경제블록은──그것이 가능하다고 가정할 때──유럽이나 북미대륙의 지역체제와 비교가 안될 초대형 공룡이 될 것이며, 세계민중(특히 동남아 민중)과 지구환경을 위해 엄청난 재앙을 뜻할 것이다.

다른 한편, 동아시아문명의 유산이 알게모르게 집결된 지역으로서의 동아시아라고 하면──'동아시아문명'이라는 것이 아직 독자적인 문명으로 존속하는지는 논란거리겠지만──그것이 대표하는 시간대는 근대 세계체제의 6백년(?) 역사보다 훨씬 장구하다고 봐야 한다. 이 문명적 유산을 활용하여 서양이 주도해온 근대를 넘어설 새로운 문명의 건설을 이 지역에서 선도한다는 미래의 기획에 한정하더라도, 그 시간표는 최소한 현존 세계체제의 남은 기간과 맞먹는 길이가 되며 그보다 더 길어질 가능성도 있다.

그러므로 우리는 막연히 동아시아적 시간표를 말할 것이 아니라 아시아 또는 아시아·태평양 지역에서 구체적으로 어떤 나라와 지방들 간에 어떤 성격을 위주로 어떤 역사적 기획을 추진할지를 선택할 필요가 있다. 각각의 기획에 해당하는 수많은 상이한 시간표들이 있게 마련이며, 그중 어느 하나만을 선택할 이유도 없다. 아니, 단 하나만을 선택하는 일은 현실적으로도 불가능하려니와 바람직하지도 않을 것이다. 예컨대 자본주의말고 '대안이 없다'는 맥락에서의 동아시아 지역경제블록 형성의 시간표는 배격해 마땅하다고 했지만, 근대극복에 필수적인 근대적응을 위해 현존하는 다양한 지역적 경제협력 단위들마저 배제할 필요는 없으며, 이것이 '근대의 시간'보다 더욱 길어질지 모르는 '동아시아 문명유산 활용'의 시간표와 양립 못할 이유 또한 없는 것이다.

그러한 장기적 과제와 단기적 적응책 사이의 '동아시아적 중간항'에 좀더 방불한 구상도 각자가 해봄직하다. 세계체제와 분단체제의 앞날에 관한 내 나름의 전망을 근거로 떠오르는 한가지 구상은 동아시아판 유럽연합이라기보다 오히려 헬싱키선언처럼 정식 조약 이전에 자발적인 협조를 촉구하는 '신사협정' 같은 것이다. 지금은 이것조차 어려운 실정이지만, 분단체제 극복작업이 어느정도 진행된 상태에서는 가능한 일일 듯싶다. 동아시아 국가들간의 협력을 가로막는 주된 원인으로는 첫째 남북의 대결상황이요, 이어서 일본에 대한 타국 민중들의 불신과 중·일 간의 주도권 다툼 가능성을 들 수 있겠는데, 이 가운데 남북대결은 더 말할 것 없고 나머지 문제들도 한반도의 민중이 제대로 된 통일을 이룩하느냐 마느냐에 좌우되는 바 크다. 한반도에 분단체제보다 나은 사회가 성립되었을 때 비로소 일본국민이 진지한 반성을 더는 피할 수 없게 될 것이고, 중·일 두 대국 사이에도 도덕적 권위와 실질적 교섭력을 겸비한 중재자가 처음으로 출현할 것이기 때문이다.

이것이 일부에서 말하듯 20년, 30년씩 걸릴 통일 이후로 미뤄져야 한다면 공허한 이야기에 그친다. 그런데 통일의 시간표를 그처럼 늘여잡는 데는—너무 서두르지 않겠다는 정치적 메씨지가 주안점인 경우도 있지만—'통일'을 단일형 국민국가를 전제로 생각하는 타성도 작용하는 듯하다. 그러나 한반도의 분단체제극복은 어느 정치학 교과서에도 없는 창의적 작업이며, 실제로 세계경제가 어느 경제학 교과서에도 안 나오는 과정에 진입한 시기에 벌어지는 사태이다. 따라서 남북민중이 통일작업에 활발히 참여하는 가운데 느슨한 형태의 국가연합이라도 선포된다면 이는 분단체제극복의 과정에서 불퇴전의 지점을 통과한 것이라 볼 수 있을 것이다. 20년보다 훨씬 가까운 장래에 우리가 거기까지 못 간다면 통일시대의 시간표 자체가 엉망이 되어버린 상황에 다름아닐 게다. 반면에

5년 또는 10년 안에 유사한 성취가 이루어졌을 경우, 동아시아의 실정에 맞는 '안보와 협력에 관한 회의'가 너끈히 가능할 것이며, 헬싱키선언처럼 인권조항을 담은 범동아시아(또는 동북아시아)적 신사협정의 존재는 지역 차원의 시민연대를 촉진하면서 분단체제극복의 나머지 일정에도 큰 힘을 실어줄 것이다.

기술시대를 넘어설 동아시아인의 지혜를 모아가기 위해서도 이런 '중간 단위'의 시간대를 확보하는 일이 필수적일지 모른다.

〈2001〉

8

통일작업과 개혁작업

1

6·15공동선언 1주년을 넘기면서 여러 사람이 주목한 점은 그때의 감격과 열기가 그사이 많이 식었다는 사실이다. 이렇게 된 원인이 무엇인지를 살펴보는 일은 그 자체로서 중대한 지적 과제이자 현실에 대한 우리의 올바른 대응을 위해서도 필요한 일일 것이다.

상식적으로 생각할 수 있는 해답은 김대중 대통령과 현정권이 남북관

■ 이 글은 2001년 6월 21일에 있었던 '화해와 전진을 위한 포럼'의 주제발표문으로, 포럼에서의 발표 이후 네티즌을 위해 창비 홈페이지에 올려놓은 바 있다. 이수훈 교수(경남대 북한대학원)는 이 글을 읽고 창비 홈페이지 자유게시판에 3회(2001년 9월 11~13일)에 걸쳐 「백낙청 교수의 '통일작업과 개혁작업'에 대한 논평」이란 글을 실어 비판했는데, 그에 대한 답변의 형식으로 같은 게시판에 쓴 것이 덧글 형태로 붙인 「이수훈 교수의 분단체제론 비판에 답함」이다. 이수훈 교수의 비판에 대한 답변은 당시 분량상 3회에 걸쳐 분재했지만, 여기서는 분재 횟수를 본문 중에 번호로만 표시했다.

계에는 탁월한 능력을 발휘했지만 내치에 실패해서 대북정책에 대한 국민의 지지마저 잃게 되었다는 것이다. 수구적인 언론이나 보수야당의 주류인사들은 여기서 한걸음 더 나아가, 정부가 내치를 잘못했을뿐더러 대북정책 자체도 원칙없이 끌려다니기, 일방적인 퍼주기에 치우쳤기 때문에 처음부터 기대할 게 적었다고 주장하기도 한다. 반면에 재야운동권이나 진보적인 학계 일각에서는 미국의 방해공작과 이를 과감히 떨쳐버리지 못하는 우리 정부의 자주성 부족을 나무란다.

정부의 대북정책추진에 부족함이 없었달 수는 없지만 6·15로 상징되는 그 획기적인 업적 자체를 폄하하는 입장은 그야말로 수구세력의 논리에 불과하다. 반면에 현정부의 내정 실적이 대북정책이나 외교 면에서의 성과에 못 미친다는 지적은 정부 스스로도 인정하지 않을까 싶다. 또한 '자주성 부족' 문제도, 그것이 정권의 책임이든 불가피한 현실이든, 남북관계 진전에 일정한 장애를 주고 있는 것이 틀림없는 사실이다.

하지만 이러한 상식적이고 단편적인 지적을 넘어 현실을 좀더 체계적이고 복합적으로 인식할 필요가 있다는 것이 발제의 취지이다.

2

그러한 취지에 따라 다음 세개의 명제를 제시해본다.

1) 분단된 남북 어느 한쪽에서의 통일작업과 개혁작업은 분단현실의 구조적 특성에 따른 불가분의 관계로 얽혀 있다.

2) 따라서 남북관계의 진전에 반대하는 집단은 단순한 '냉전세력'이 아니며 분단에 따른 기득권을 유지하는 데 다양한 이념을 복합적으로 동

원하는 세력이다.

　3) 그러므로 통일작업과 개혁작업 모두 한반도 전역에 걸쳐 작동하는 분단체제의 극복작업이라는 성격을 띰으로써만 실효를 거둘 수 있다.

　이들 명제가 진실이라면 김대중정부의 업적과 실패 또한 분단체제극복과정에서의 그 공로와 한계로 설명될 수 있을 것이다.

　한국에서 통일작업과 개혁작업의 상호연관성은 민주화운동에서의 오랜 상식이다. 독재정권은 항상 '분단현실의 특수성'을 탄압의 명분으로 이용해온 것이다. 그러나 이런 사실에 대한 피상적 관찰을 넘어, 분단의 유지뿐 아니라 통일의 명분조차 국내 반개혁세력에 유용한 빌미가 되며 북쪽의 기득권세력도 알게모르게 이들과 일종의 공조관계에 있다는 인식이 널리 퍼진 것은 훨씬 근년의 일이다. 예컨대 김영삼 대통령이 반북정책으로 돌아섬으로써 문민정부 개혁정책의 자기 발등을 찍은 현상이라든가, 1997년 대통령선거에서의 '총풍' 개입 파문 등은 남북관계가 국내정치에 미치는 직접적인 영향을 좀더 심도있게 깨닫도록 만들었다. 다른 한편, 남북정상회담이 가능하기까지는 정권교체가 있어야 했고 6·15의 후속성과에 현정권에 의한 개혁의 성공여부가 결정적인 변수로 떠오른 현실은 국내정치가 남북관계에 미치는 지대한 영향을 실감케 한다.

　나는 이러한 현상들을 한반도 남북을 아우르는—동시에 해외의 세력들도 이런저런 방식으로 연루된—'분단체제'라는 맥락에서 파악할 것을 주장해왔다. 즉 남북 각기의 분단국가는 하나의 '정상적인' 국민국가로서가 아니라 분단체제의 매개작용을 거치는 특수한 조건 아래 세계체제에 참여하는 사회이기 때문에, 그 내부에서 일어나는 사회현상·정치현상도 분단체제와의 관련을 떠나서는 제대로 파악할 수 없다는 것이다. 그리고 분단체제의 기득권세력은 남북으로 갈리고 이념을 달리하며 서로 적대시하지만 분단체제의 재생산이라는 공통의 이해관계를 갖고 있기 때문에 남북 각기의 개혁작업은 '정상적인' 국가의 내부개혁보다 훨씬 복잡한 양상을 띠고 있다는 것이다.

6·15 이후의 한국 현실을 예로 들어보자. 평양공동선언은 한반도의 평화와 남북간의 협력을 위한 결정적인 계기를 마련했다. 동시에 평화와 협력을 바탕으로 점진적인 통일작업을 추진할 가능성을 열었다. 두가지 모두 전쟁위협이나 일방적인 통일의 가능성을 빌미로 기득권을 지켜내던 국내세력에 심대한 타격을 주는 것이었다.

하지만 타격을 입었다고 순순히 자리를 내주는 기득권세력은 역사에 없다. 바야흐로 개혁과 수구의 다툼이 본격화되는 싯점에 이르렀는데, 현재의 판도는 지난날에 비할 적에 뭐니뭐니해도 개혁세력에 훨씬 유리해졌음이 분명하다.

그런데 정부의 처지는 조금 다르다. 정부 또한 분단체제의 일익에 참여하고 있는 세력으로서 남북화해의 진전을 주도한다고 해서 그 과정의 일방적인 수혜자로 남을 수만은 없는 것이다. (분단체제의 일익을 맡은 특정 정권이 분단체제 기득권세력의 전유물이냐 아니냐는 그때그때 민주화의 정도에 달려 있는데 87년의 6월항쟁, 93년의 문민정부 출범, 98년의 정권교체 등을 거치면서 한국 정부는 기득권세력과 개혁세력 간의 각축장으로서의 성격이 더 커지게 되었다.)

무엇보다도 전쟁위협의 제거 또는 축소는 정권에 의한 강압통치의 가장 큰 명분을 앗아가고 있다. 오늘날 우리 사회의 혼란상 가운데 많은 부분은 정부의 정책실패 탓도 분명히 있기는 하지만, 국민들의 누적된 불만을 옛날처럼 '국가안보 차원'으로 다루기가 어려워진 사정과도 무관하지 않다. 그런 정도만큼은 세상이 좋아진 셈인데, 통치하기는 그만큼 더 힘들어진 세월이기도 하다. 그렇다고 국민의 입장에서도 마냥 좋아할 수만은 없는 것이, 자칫하면 일시적인 혼란에 그치지 않고 궁극적으로 더욱 나빠질 가능성을 배제할 수 없기 때문이다.

3

이런 혼란에 대한 정부측의 분석은 다분히 피상적이고 때로는 혼란스럽기조차 하다. 남북화해에 반대하는 사람은 '냉전세력'으로, 국내개혁에 반대하는 측은 '수구세력'으로 치부하는 것이 상례이며, 그러다가도 예컨대 경제의 구조조정에 반대하여 일자리를 지키려는 노조측의 시위나 파업에 대해서는 '극렬세력'을 들먹이곤 한다.

이러한 다양한 명칭은 물론 정부를 반대하는 세력들의 다양성에서 일정한 근거를 찾을 수 있다. 하지만 일관된 대응을 못하고 흔들리는 정책당국의 모습이 엿보이기도 한다.

혼란의 바탕에는 우리의 분단현실을 너무 간단히 '냉전체제'의 일부로 규정하는 시각이 깔려 있다는 것이 분단체제론의 주장이다. 한반도의 분단은 동서냉전의 과정에서 강요되고 지탱되어온 것이 사실이지만, 냉전체제의 전형적인 일부였던 동서독의 분단과는 이질적인 특성을 많이 지니고 있다. 처음부터 제3세계 특유의 내부요인들이 가세해서 시작되었고, 냉전이 아닌 실제 전쟁을 거치면서 굳어졌으며, 반세기 넘어 지속되는 가운데 남북 양쪽에 걸쳐 분단체제의 재생산에 복무하는 상당히 복잡하고 유연한 구조를 갖게 된 것이다. 동서냉전이 끝나고도 한반도에서 냉전이 지속되는 것은 분단체제의 이러한 특성 때문이지 결코 한민족이 특별히 못나서 그런 게 아닌 것이다.

따라서 6·15선언 이후 분단체제가 크게 흔들리자 위협을 느끼고 남북화해에 제동을 거는 세력은 엄밀한 의미의 냉전주의자들만이 아니다. 그전까지는 제법 개혁적이고 진취적이던 정치인이나 지식인이 오히려 6·15 이전보다 더욱 반북적인 언동을 서슴지 않는 모습을 우리는 자주 목격한다. 이를 두고 냉전주의자의 숨은 본색이 드러났다고 말할 수도 있고, 냉전의식을 정략적으로 이용한다고 비난할 수도 있다. 다만 그러한 개인 차원의 비판이나 비난으로는 효과적인 대응이 어려운 실정이다.

사실 냉전이데올로기 해소를 위한 노력으로 말하면 김대중 대통령은 오랜 경력과 일관된 자세를 자랑할 만하다. 그러나 분단체제가 냉전적인 요소에 국한되지 않는 복합체이듯이, 분단을 지탱하는 이데올로기 역시 여러가지 다른 이념들을 아우르며 그때그때 상황에 따라 작동하는 복합적인 성격이다. 냉전주의가 분단이데올로기의 단골 메뉴인 것은 사실이다. 국제적으로나 국내 당사자들간에 공식 국경선으로 인정받지 못하는 경계선으로 나뉜 분단국가는 자동적으로 냉전상태에 놓인다고 볼 수 있는 것이다.

하지만 이런 휴전이라는 불안한 상태를 견디며──어쩌면 바로 그런 불안 덕분에──반세기 넘게 지속된 분단체제는 냉전주의에 국한되지 않는 다양한 이데올로기를 조성하고 활용하게 되었다. 남쪽의 경우 그 두드러진 예가 지역주의인데, 특히 1987년 이래의 한국에서는 반공극우이념이 한풀 꺾이면서 지역주의가 기득권세력의 자기보호수단으로 그 비중을 확대해왔다. 하지만 성차별을 포함하는 우리 사회의 온갖 억압적 권력관계들 또한 분단체제 유지의 중요수단으로 작용하고 있음을 놓쳐서는 안된다.

6·15의 감격이 수그러들자마자 골수 냉전주의자들뿐이 아닌 다양한 기득권세력들이 냉전의식의 '정략적 이용'을 포함해서 지역주의, 권위주의적인 정당운영, 거대언론의 전횡, 학계와 문화계의 패거리주의 등 이 사회의 온갖 낡은 타성을 이용하여 남북화해와 민중교류의 진전을 가로막으려 드는 현상은, 새로운 국면에 맞춘 분단이데올로기의 자기적응 및 자기발전 과정에 다름아닙니다. 이들 세력을 단순히 냉전세력으로 몰아붙이다 보면 그 자체가 남북관계를 내세워 내정의 실패를 호도하려는 정략적 대응이라는 반론을 피하기 어려워지는 것이다.

　그렇다면 어떤 대응이 가능한가?

　분단이데올로기가 그처럼 복합적이고 우리 사회의 내부적 개혁과제와 직결된 문제라고 한다면 이에 맞서는 노력도 못지않게 복합적이고 개혁적이라야 할 것이다. 따라서 여당 스스로가 당내민주주의를 진전시키지 않고서는 야당의 냉전주의적 발목잡기를 비판해도 설득력이 떨어지게 마련이며, 지역연합세력으로서의 태생적 문제점을 지닌 정권이 지역주의극복의 구체적인 경륜을 제시하지 못하는한 지역감정까지 동원하는 냉전세력을 이겨내기도 힘들게 되어 있다. 앞서 나는 한국에서 민주화의 진전 덕분에 정부(또는 국가기구)가 분단체제 기득권세력의 전유물이기보다 그들과 개혁세력 간의 각축장의 성격이 한층 두드러지게 되었다고 했는데, 이 다툼의 장이 분단체제극복세력이 좀더 확실한 우위를 지니는 마당으로 발전하기 전에는 정부가 남북관계를 정치적으로 이용한다는 비판에 효과적으로 대응할 수 없는 국면에 우리 사회가 진입한 것이다.

4

끝으로 우리의 일상적 개혁작업이 분단체제극복이라는 좀더 긴 안목에 따라 조정될 필요를 강조하고자 한다. 이는, 통일작업이 아무런 통일이나 다 좋다는 통일지상주의가 아니라 분단체제보다 나은 체제를 한반도에 건설하겠다는 것이라면 남북 각각의 생활현장에서 수행되는 구체적인 개혁작업을 겸해야 한다는 논리의 다른 일면이기도 하다. 그리고 이것은 단순한 논리의 문제가 아니고 실천상의 성패를 좌우하는 무게를 지닌다.

한국사회의 성공적인 개혁을 위해 필요한 조건은 한편으로 통일과정에 걸맞은 중도적 성격을 견지하는 일이요, 다른 한편으로 중도주의가 무원칙한 절충이나 편의주의로 떨어지지 않도록 하는 장기적 비전과 일관된 자세이다. 중도적인 성격이 강조되는 것은 분단체제극복의 과정이야말로 진정한 의미의 새로운 건국과정이며, 따라서 건국을 달성한 뒤에나 벌일 싸움은 잠시 유보하는 지혜가 필요하기 때문이다. 물론 수구와 개혁, 보수와 진보의 싸움 자체가 유보될 수 있다는 말은 아니다. 다만 분단되지 않은 사회의 기준으로 개혁성·진보성을 따질 수는 없다는 것이다.

예컨대 6·15선언은 그것이 남북 기득권세력들의 혹은 상반되고 혹은 공통된 이해관계까지도 감안한 '중도주의적' 문헌이지만, 분단체제 아래서는 그 극복을 위한 획기적인 계기를 마련했다는 점에서 최고의 진보성과 개혁성을 지닌다고 평가해야 한다. 동시에 이 선언을 분단체제의 극복으로 연결시키는 작업을 저해하는 행위는, 정권에 의한 남북관계의 정치적 이용과 보수야당에 의한 정략적 발목잡기뿐 아니라 성급한 통일지상주의나 분단현실을 무시한 단선적 진보주의까지 포함해서, 분단체제의 자기재생산에 기여하는 '수구성'을 발휘하는 것으로 비판받아야 옳다.

남북관계 개선에 따른 분단체제 완화의 국면에 분출하는 온갖 욕구를 모두 만족시키거나 화해시키는 일은 누가 나서더라도 해낼 수 없는 일이다. 그러나 한반도에서의 통일작업은 곧 분단체제극복작업이고 개혁작업 또한 그렇다는 인식을 가질 때 우리 사회의 화해와 전진이 한결 수월해지리라 믿는다.

〈2001〉

덧글 | 이수훈 교수의 분단체제론 비판에 답함

1

이수훈(李洙勳) 교수님, 그리고 네티즌 여러분, 뜻깊은 한가위 보내셨는지요? 편안한 연휴를 즐기고 계시기 바랍니다.

이교수님께서 지난 9월 11일, 12일, 13일 3회에 걸쳐 저의 강연원고 '통일작업과 개혁작업'(자유게시판 2001/6/21)을 비판해주신 글을 잘 읽은 지 한참이 지났습니다. 곧 답을 드리는 것이 도리였고 또 그러고 싶었습니다만, 그때가 바로 미국의 테러사태로 온세상이 뒤숭숭한 때였지요. 저 자신도 그 일에 생각이 쏠릴 수밖에 없는데다가, 이 판국에 분단체제

논의—그것도 나 개인의 입론을 두고 왈가왈부하는 논의—를 내놓는 일 자체가 다분히 염치없이 느껴지더군요. 그러잖아도 바쁜 일이 산적한 참에 좋은 핑계가 되었는지도 모릅니다.

핑계였다는 소리 듣기가 꼭 좋은 것이, 정작 테러사태에 대해서 무슨 발언을 한 것도 아니거든요. 무고한 인명의 손실을 애도하고 개탄한다는 것, 테러가 문제의 해결책이 될 수 없다는 것, 그러나 미국 정부와 국민도 사태의 근본원인을 성찰해야지 목표조차 뚜렷치 않은 보복전쟁이라는 새로운 살상행위로 나가서는 안된다는 것—이런 정도는 저도 말할 수 있었고 어쨌건 진작에 말했어야 하는지 모르겠습니다.

그러나 사태가 엄청난 만큼이나, 무슨 옳은 말을 하더라도 그 말의 후과(後果)마저 책임질 태세가 돼야 한다는 생각이 특히 강하게 들었습니다. 무고한 인명손실을 개탄하는 말의 경우에도, 한편으로 미국민의 무분별한 분노와 복수욕에 가세하는 결과가 될 수 있는가 하면, 다른 한편 인명살상에는 무심한 채 서둘러 미국규탄으로 나가기 위한 말치레에 동참하는 꼴일 수도 있는 것이었지요. 그리고 테러가 결코 해결책일 수 없고 더구나 민간항공기를 몰고 수많은 일반 시민들이 근무하는 대형건물로 돌진하는 일이 재발해서는 안되겠다는 건 분명하지만, 그렇다고 저항운동의 초기단계에서 곧잘 벌어지는 한정된 테러행위조차 거부하고 전면적인 비폭력주의를 선택할 것인가라는 물음 또한 답하기 쉬운 것은 아니었습니다.

다만 미국이 아프가니스탄 또는 다른 어느 국가에 대해 걸프전 당시와 비슷한 대규모 폭격과 인명살상을 감행한다면 그것이 규탄받아 마땅하다는 점은 명백합니다. 또한, 명백치는 않지만 저로서 골똘히 생각케 되는 문제는, 이제 미국도 결코 안전지대가 아님이 새삼 입증된 이 천하대란(天下大亂)의 시대에 한반도를 평화의 땅으로 만드는 일이 가능할까라는 질문입니다. 저는 『창작과비평』 지난(2001년) 봄호에 「다시 지혜의 시대를 위하여」라는 글을 쓰면서, 세계체제의 시간표는 월러스틴이 말하는 '암흑의 시대'로 들어섰지만 우리가 하기에 따라 한반도는 오히려 평화적이고 민주적인 통일 즉 분단체제극복을 성취하는 예외적인 지대가 될 수 있겠다는 주장을 내놓았지요. 나아가, 세계 전체가 암흑시대를 넘어 새로운 문명사회를 건설하는 과정에서 하나의 거점 역할을 맡을 수도 있겠다는 것이었습니다.

저는 지금도 그 희망을 버리지 않고 있습니다만, 이는 다른 계제에 좀 더 면밀히 검토해볼 문제입니다.

분단체제론에 대한 이수훈 교수의 문제제기도 물론 이러한 검토 과제와 무관하지 않습니다. 그런 점에서 비록 분단체제론의 '용도폐기'를 제의하는 맥락에서지만 성의있는 비판을 써서 자유게시판에까지 올려주신 이교수께 진심으로 감사드립니다. 다행히 6월 21일치 저의 강연원고나 이교수의 3회에 걸친 연재가 모두 '자게 추천글방'에 올랐으니 해당 본문들을 새로 퍼올 필요는 없겠고, 비판에 대한 저나름의 답변을 적어보겠습니다. (그러나 되도록 많은 원문을 인용합니다. 글이 좀 길어지는 폐단은 있지만 아무래도 독자들이 읽기에는 그게 나을 것 같아서요.)

이교수 스스로 말씀하시듯이 비판의 요지는 나의 논의가 '과잉분단론'이라는 것입니다.

"이 글에 대해 내가 제기하고픈 문제는 요약해서 말하자면 '과잉 분단책임론' 혹은 '과잉 분단귀착론'이다. 분단이 너무 강조되어 있을 뿐더러, 거의 모든 문제가 분단으로 귀착된다는 논지가 깔려 있다. 급기야 분단체제는 하나의 구조를 넘어, '분단체제는 냉전주의에 국한되지 않는 다양한 이데올로기를 조성하고 활용하게 되었다'는 표현에서 나타나듯이 행위자의 지위마저 획득한다는 인상을 주고 있다."(「백낙청 교수의 '통일작업과 개혁작업'에 대한 논평 ①」, 2001/9/11 ─ 이하 연재 번호만 밝힘)

'과잉분단론'에 해당하는 비판은 전에 다른 분들에 의해서도 여러 차례 제기되었던 것입니다. 실제로 '화해와 전진을 위한 포럼'의 현장에서도 서동만 교수가 '분단환원론'이라는 좀더 친숙한 용어로 그런 혐의를 물어왔었지요. 아무튼 이수훈 교수는 '과잉분단론'을 비판하는 요지의 내용을 세 토막으로 나누어 서술하셨는데, 편의상 그 순서를 따라 답해볼까 합니다.

1절은 '용어와 진술의 문제'라는 제목이 붙어 있습니다. 더 세분하면, '용어'에 관해 두가지, '진술'에 관해 네가지를 지적하셨지요.

문제된 용어 중에 하나는 개혁세력/수구세력이라는 구분입니다.

"이 글에는 '개혁세력'이라는 용어가 자주 등장한다. 그 반대편을 지칭하는 용어로 '기득권세력'이라는 말 역시 자주 등장한다. 두 용어는 우리가 흔히 사용하는 말이다. 그런데 왜 이 글에서는 이 말들이 구체성을 결여한 채, 마치 싸움꾼들이 상대방을 몰아붙이기 위해 사용하는 방식과 크게 다르지 않다는 인상을 주는 것일까 의아스럽다."(①)

단순도식에 의한 몰아붙이기야말로 제가 비판하고자 했던 것인데 바로 그런 인상을 주었다니 문제는 문제로군요. 하지만 개혁세력/수구세력(또는 반개혁세력)의 구분을 아예 안한다면 모를까, 하기로 치면 오해와 단순화의 위험은 얼마간 불가피한 것일지도 모릅니다. 또한 싸움을 안한다면 모를까, 하기로 치면 '마치 싸움꾼들이 상대방을 몰아붙이기 위해 사용하는 방식과 크게 다르지 않다는 인상'을 전혀 안 줄 수는 없을 거예요.

다만 분단체제론에서의 이 구분은 '분단체제극복을 위한 개혁' 대 '분단체제 내의 기득권수호'라는 내용을 지니므로 분단이 안된 사회에서 흔히 통용되는 개혁/수구의 단순도식이 통하기 어렵다는 것이 저의 논지였지요. 따라서 저의 강연원고 2절에서, "분단체제의 기득권세력은 남북으로 갈리고 이념을 달리하며 서로 적대시하지만 분단체제의 재생산이라는 공통의 이해관계를 갖고 있기 때문에 남북 각기의 개혁작업은 '정상적인' 국가의 내부개혁보다 훨씬 복잡한 양상을 띠고 있다"라고 썼던 것입니다.

물론 이교수는 '분단국가'라는 개념 자체에 대해서도 의문을 표합니다. 이것이 '용어'에 대한 그의 두번째 의문이지요.

"사소한 문제이지만, '분단국가'라는 용어도 평소 적확성을 따지는 백교수의 글쓰기를 감안할 때 엄격한 의미에서는 문제의 소지가 있다. 국토의 분단과 민족의 분단은 엄연하게 있었지만 한반도에서 국가의 분단은 없었다. 한반도의 남북에 각기 성립된 두개의 국가가 존재한다는 점은 상식이다. 이 상식을 모를 리 없는 백교수가 이 용어를 사용한 것은 '분단체제'를 통해 두개의 '분단국가'가 존재·작동한다는 의미일 것이다."

이 지적은 '진술'에 관한 문제제기에서 부연됩니다.

"진술 4)는 앞서 '분단국가'라는 표현 자체에 대해 문제제기를 한 바 있지만, 남한국가가 세계체제에 참여하는 데 분단체제라는 특수한 조건을 거친다는 말을 어떻게 받아들여야 할지 모르겠다."(①)

사실이 이러하다면 '분단국가'라는 용어 문제는 '사소한' 것이랄 수만도 없겠습니다. 한반도는 식민지에서 바로 분단으로 갔기 때문에 그런 의미에서 '국가의 분단은 없었다'는 말은 맞습니다. 하지만 분단이 안된

'정상적인' 국가가 아니라 두개의 '분단국가'가 있다는 말이야말로 상식이 아니겠습니까? 남북한은 그 접경선이 국제법상으로뿐 아니라 민족 내부(및 남북 각기의 헌법)에서도 공인된 국경선이 아니라는 점만으로도 극히 비정상적인 국가입니다. 이에 관해 이교수는 "남한이 열국체제에 참여하는 데 북쪽을 의식하지 않을 수 없다는 정도의 의미라면, 그것은 이해 못할 바도 아니다. 그런데 가령 남한이 세계시장에 참여하는 데 일일이 북한을 의식하고, 배려하고, 소통하면서 한다는 의미라면 누구도 설득시키기 힘들 것이다. 과잉 분단체제론의 징후들이 바로 이런 언명들을 통해서 나타난다"라고 하셨는데, 도대체 '체제'의 문제를 정책당국자의 '의식' 차원으로 변환시키는 발상 자체가 저로서는 납득하기 어렵군요. 더구나 "가령 남한이 세계시장에 참여하는 데 일일이 북한을 의식하고, 배려하고, 소통하면서 한다는 의미라면" 저는 그런 주장을 한 바가 없고 할 리도 없음을 강조하고 싶습니다.

그러나 촛점은 아무래도, 제가 "분단국가는 하나의 '정상적인' 국민국가로서가 아니라 분단체제의 매개작용을 거치는 특수한 조건 아래 세계체제에 참여하는 사회"(2절)라고 했을 때 '분단체제의 매개작용'을 어떤 정도로 설정하느냐는 문제일 겁니다.

만약에 '분단체제'도 '세계체제'와 마찬가지로 ─ 또는 그에 버금가게 ─ 자기완결적인 사회체제로 설정한 것이라면 이는 분명히 '과잉분단론'이지요. 그러나 세계체제, 분단체제, 남북한 각기의 체제에 모두 '체제'라는 이름을 달더라도 그 체계적 완결성이 제각각이라는 저의 거듭된 주장(예컨대 졸저 『흔들리는 분단체제』 제1장 「분단체제극복운동의 일상화를 위해」 19~22면 '세가지 다른 차원의 "체제"' 참조)을 읽어보셨다면 ─ 이교수께서 저의 단행본도 비교적 충실하게 읽어오셨다고 먼저 말씀하셨기에 하는 말입니다만—분단체제는 셋 중에서도 자기완결성이 가장 덜한 체제로 인식되고 있음을 아실 겁니다.

물론 그 '매개작용'이 실제로 어떤 내용이고 어느 정도인지는 그야말로 과학적으로 규명할 문제인데, 이런 대목에서 저는 사회과학 전공자들이 '과잉'이다, '환원'이다라고 너무 쉽게 넘어가지 말고 사회과학도다운 전문성을 발휘해주기를 갈구하고 있지요.

2

다음은 '진술'에 관한 문제제기입니다. 이교수는 다음 네가시를 지적합니다.

"2절에 국한시켜 보더라도, 1) '김영삼 대통령이 반북정책으로 돌아섬으로써 문민정부 개혁정책의 자기 발등을 찍은 현상', 2) '남북정상회담이 가능하기까지는 정권교체가 있어야 했고', 3) '6·15의 후속성과에 현정권에 의한 개혁의 성공여부가 결정적인 변수로 떠오른 현실', 4) '남북 각기의 분단국가는 (…) 분단체제의 매개를 거치는 특수한 조건으로 세계체제에 참여하는 사회' 등의 언명을 꼽을 수 있다."(①)

그중 네번째는 '분단국가'라는 용어와 관련해서 이미 논했습니다만, 나머지 1) 2) 3) 모두가 이론적 쟁점이라기보다 일종의 정세판단에 관한 문제로서 설혹 제가 틀렸더라도 논리상 그것 자체로써 분단체제론의 '용도폐기'를 주장할 충분한 근거는 못되지요. 하기야 정세판단에서 번번이 오판을 유도하는 이론체계라면 일단 폐기하고 다른 틀을 찾아봄직도 하지만요.

그런데 가령 김영삼 대통령이 취임초에 과감한 내부개혁 추진과 함께 대북관계에서도 매우 전향적인 자세로 나가다가, 남북문제에서 먼저 선회(또는 굴복?)하고 뒤이어 개혁정책에서도 동력을 상실하게 되었다는 진술 자체가 심각한 사실왜곡은 아닐 테지요. 다만 전자에서의 선회가 후자에서의 동력상실을 초래하는 인과관계를 이루었는지는 단정하기 힘든데, 그래도 얼마큼 개연성이 있는 진단이 아닐지요?

진술 2)에 대해 이교수는 "이 언명은 정권교체와 2000년 남북정상회담을 무리하게 연결지우고 있다. 쉽사리 이런 질문을 던질 수 있을 것 같다. 한나라당이 집권했으면, 남북정상회담이 아예 불가능했을까? 지미 카터 전대통령이 주선한 1994년 여름 김영삼-김일성 정상회담은 김일성 주석이 사망하지 않았더라도 불발되었을까?"라고 의문을 제기합니다.

둘다 가상적인 씨나리오를 묻는 질문이지만, 1994년의 일은 매우 구체적인 일정이 실행 직전에 특정인의 급사(急死)라는 돌발적인 사건으로 무산된 경우이기 때문에 비교적 설득력있는 추측이 가능합니다. 김주석의 사망이 아니었다면 정상회담이 그때 성사되었으리라 보는 것이 일단 상식이겠지요. 그런 점에서 '남북정상회담이 가능하기까지는 정권교체가 있어야 했고'라는 저의 진술은 '일종의 결과론적 해석'인 것이 사실입니다.

그러나 미국의 대북공격 위협이라는 절박한 상황에서 외국의 전직 대통령이 중재해서 급작스레 마련된 정상회담이 6·15 평양선언에 견줄 '역사적 성과'가 될 수 있었으리라고는——이 또한 가정법에 근거한 진술이긴 하지만——상식적으로 추측하기 어렵습니다. 회담 도중의 결렬 가능성은 차치하고도, 도저히 지켜질 수 없는 합의문서를 작성했을 가능성, 김주석 사망 후의 '조문파동'에 버금가는 반작용이 뒤따랐을 가능성 들도, 기왕에 가정법으로 진술할라치면 생각해보고 넘어가야 할 것입니다.

아니, 어법을 바꾸어, 정권교체를 이룩한 뒤에 남북문제에 관한한 오랜 준비와 확고한 신념을 지닌 대통령이 나섰는데도 6·15 이후의 온갖 반작용이 따랐건만 하물며 김영삼·김일성 회담 뒤의 혼란과 반동은 과연 어떠했을까라는 식으로 추리를 진행시켜봄직도 합니다. 어쨌건 만났다는 사실 자체의 역사적 의미는 있었을 터이고, 그에 따라 분단체제의 현실은 또다른 양상으로 전개되었겠지요. 하지만 비록 미흡한 형태로나마 정권교체가 이루어지고 그것이 대표하는 국민적 역량의 증대가 없이도 6·15의 성과가 가능했으리라는 주장은 그야말로 비현실적입니다. 그리고 6·15가 없었다면 얼마 전의 '8·15 평양민족대축전'도 없었을 것이고 이에 따른 (이교수도 언급하신) 후속 소동도 없었겠지만, 그 떠들썩한 소동에도 불구하고 공안정국으로의 본격적인 복귀는 일어나지 않은 것은 역시 정권교체를 이룩한 우리 사회의 저력을 다시 한번 과시한 사례이자 6·15가 획기적인 사건이었음을 확인해준 것이 아니겠습니까?

진술 3)에 관한 이교수의 반론은 그가 연재 2회분에서 '2. 김대중정부 대북정책과 '6·15'의 문제'라고 따로 한 절을 만들어 논한 대목으로 이어집니다. 따라서 그 논의로 바로 넘어가는 것이 나을 듯싶습니다. 다만 "'6·15'의 후속 사업인 경의선 복구사업이 남한사회의 쇄신에 어떤 측면에서 결정적 변수가 될 수 있는가를 물을 수 있다"(①)는 식의 문제제기는 무리한 논법이지요. 어느 수준 이상이라야 이교수가 '결정적'이라 인정할지는 모를 일이지만, '결정적'이라는 (나 자신이 쓰지도 않은) 말 대신에 '커다란 변수' 정도로 만족한다면, 경의선 복원이 완수될 경우 남한사회의 쇄신에 그런 변수가 되고도 남지 않을는지요? '과잉분단론'도 문제지만 이런 뻔한 전망조차 외면하게 만드는 '분단체제론 과잉경계'도 문제인 것 같아요.

그러나 김대중정권의 대북정책에 대한 전반적인 평가로 돌아갑니다. 이에 관해 이교수와 저는 다행히도 많은 점을 공유하고 있는 것으로 보입니다. 김대중 대통령의 '대북포용정책'이 여러 면에서 노태우정권 때 작성된 기본합의서의 연장선상에 있다는 점, 어쨌든 그것 외에 다른 현실적 대안이 없다는 점, "그러나 동시에 그 정책을 추진해온 방식과 과정에는 지나칠 수 없는 문제가 있었다"(②)는 점 등에 대해 저도 물론 동의하고 있으니까요.

하지만 그 추진과정의 문제점에 대한 이교수의 분석은 매우 단편적이며 피상적이기까지 하다고 생각됩니다. 예컨대 다음 대목은 6·15 당시의 감격과 열기가 쉽사리 수그러든 과정과 원인을 분석하기보다 '우리 국민의 비이성적 대응'이라는 현상을 지적하는 데 그친 느낌이에요.

"정작 내가 상당히 부정적 느낌을 갖고 바라보는 추진 과정의 문제는 바로 지난해 6월 정상회담과 관련되어 있다. 당연히 그 성과인 '남북공동선언'마저도 백교수처럼 심대한 의미를 부여하는 데 대해 유보적일 수밖에 없다. 필자가 이런 입장을 갖게 된 데는 불과 1년도 지나지 않아 남북관계가 급냉 상태로 간 현실이 중요한 역할을 했다. 우리가 흔히 제시하는 이유들(부시행정부 등장, 남한 경제사정 악화, 지지도 하락, 북한내부 추스르기 등등)이 대단히 중요하다고 생각하지도 않는다. 어쩌면 백교수의 표현대로 '감격'과 '열기'였기 때문에 식은 것이 아닌가 하는 생각도 든다. 그 정도의 사건이면 감격하고 열기를 뽑기에 족하다. 그러나 나는 그것이 거의 열광이 아니었는가 의문이 들며, 그렇다면 찬성이건 반대이건 우리 국민이 이성적으로 그 사건을 대하지 못했을 것이라는 결론이 나온다."(②)

일시적인 감격이 앞섰을 뿐 어째서 충분한 이성적 대응이 불가능했는가를 분석해보려는 하나의 시도가 분단체제론입니다. 동시에 정부의 대응 또한 '냉전해소'의 의지는 있을지언정 '분단체제극복'이라는 인식은 부족했기 때문에, 반대세력을 무조건 냉전세력으로 단순화하거나 냉전해소에 앞장선 정권 자체의 이해관계가 마치 분단체제극복의 대의를 독점한 듯이 행동하는 '전략적 작태'를 드러내기 마련이라는 것이지요.

그렇다고 이교수처럼 "대북정책 추진이 한창 고조되었을 때, 그것에 대해 이런저런 문제제기를 하면 일방적으로 반통일, 수구, 기득권, 냉전이라 해서 몰아친 분위기가 지배적이었다. 이것은 결국 작금의 노골적 반대와 남북관계 답보상태의 결정적 요인으로 작동했다는 점에서 참으로 교훈적이다"리고 말하는 깃은 그야밀로 '결정적'이라는 말의 남용입니다. '중대한 요인 가운데 하나' 정도로 표현하는 것이 좀더 정확했겠지요.

이는 잠시 표현상으로 '오버'한 데 불과했을 수 있지만, 요는 분단체제가 워낙 복합적인 현실이라 '반통일'과 '냉전' 세력뿐 아니라—이 양자도 엄밀히 따지면 동일한 게 아니지요—여러 다른 차원의 '수구', 여러 다른 종류의 '기득권' 들이 뒤얽혀서 남북관계의 답보상태를 가져왔다는 인식이 긴요하다는 것입니다. 동시에 6·15 이후의 '답보'는 남북기본합의서 이후의 오랜 정체나 후퇴와는 질적으로 다르며 7·4공동성명 직후의 반전(反轉)과는 더욱이나 다르다는 인식이 따라야지요.

그러므로 저는 6·15 관련대목을 정리한 이교수의 결론(2회분 끝단락)에 대해 동의하기 어려운 점이 너무나 많습니다. 가령, "정권이 바뀌고, 분단체제가 흔들리고, 분단해소 분위기가 무르익고, '햇볕정책의 성과'로 지난해 평양정상회담이 가능했을까? 국민적 역량과 사회정치적 분위기와 동떨어진 채 지난해 일이 일어난 것은 아닐까?"라는 물음에 대해, 우선 '정권교체' '분단체제의 흔들림' '햇볕정책의 성과' 등 조금씩 차원이 다른 사항이 뒤범벅이 돼 있어 어떻게 답해야 할지도 난감하지만, 여하튼 국민적 역량과의 일치가 비록 부족했고 국민적 역량 자체가 미흡한 면이 있었다 해도 6·15공동선언에는 대통령 개인의 극적인 돌파에 대해 '냄비 근성'이 강한 국민이 열광한 사태만은 아닌 역사적 의미가 있다는 말을 되풀이할 수밖에 없겠습니다.

또한, "저변에 산적한 미세한 문제들은 대충 제껴두고 거대한 두 자본분파가 합치는 이른바 '빅딜'에 유추하는 것은 지나친 짓일까?"라는 물음에 대해서는, 1) 앞으로 남북협상이 이런 결과로 끝날 가능성을 말한 것이라면 나 자신 이를 '예멘식' 또는 '3당합당식' 통일이라는 표현을 써가며 경계해왔다는 점과, 2) 그렇지만 예멘보다 훨씬 복잡하고 민중역량도 만만찮은 한반도의 실정에 비출 때 그 성공의 가능성이 높다고는 생각지 않는다는 점을 말하고 싶습니다.

뒤이은 다음 질문들에 대해서는 어떻게 생각해야 할지요?

"더 나아가 지난해 일은 과거 박정희정권 때, 혹은 노태우정권 때와 얼마나 다른가? (특히 후자가 추진한 북방정책과의 변별성은 어떤지 따져볼 만하다.) 박지원은 이후락이나 박철언과 어떤 점에서 다르며, '6·15공동선언'은 '7·4공동성명'이나 '남북기본합의서'와 어떻게 얼마나 다른 의의를 갖는가?"

앞의 질문들이 그러했듯이 이들 질문 또한 '질문'으로서는 값지다고 생각합니다. 과연 어떤 점에서 비슷하고 어떤 점에서 다른지 우리 각자가 실사구시(實事求是)의 정신으로 따져볼 일이지요. (7·4공동성명과 기본합의서의 차이에 대해서는 졸저 『분단체제 변혁의 공부길』에 수록한 「남북 합의서 이후의 통일운동」에서 논한 바 있으며, 기본합의서와도 또다른 6·15공동선언의 독특한 의의에 대해서는『창작과비평』2000년 봄호의 좌담「통일시대를 어떻게 살아갈 것인가」에서의 여러 사람—강만길(姜萬吉) 교수나 저뿐만 아니라 김경원(金瓊元) 교수도 포함한—의 지적이 아직도 대부분 유효하다고 믿습니다.) 문제는 이교수의 물음은 이미 일정한 답을 전제한 수사적 질문 같다는 거지요.

"이런 일련의 질문들에 대해 쉽사리 긍정적 대답이 나오지 않는 것이 필자의 입장이다"라는 그의 결론은 너무도 '쉽사리' 부정적 대답 쪽으로 기울었다고 봅니다.

3

마지막으로 '3. 분단체제론의 문제'(2002/9/13, 3회분)에서 이교수는 분단체제론 자체를 문제삼고 있습니다. 그러나 내용을 보면 여기서도 정세판단의 적절성에 대한 의문이 큰 비중을 차지하는데, 구체적인 현실을 읽는 눈이 저하고는 참 다르다는 점을 새삼 느끼게 되더군요.

가령 이런 대목이 있습니다.

"내가 분단체제론에 서서히 회의를 품기 시작한 것은 그것이 문제제기로서, 하나의 대안적 사유로서가 아니라 상당히 폭넓은 대중적 개념으로 자리잡아가고 있다는 것을 알고부터였다. 물론 '분단체제'라는 용어를 백교수의 개념화와는 거리가 먼 쪽으로 오·남용하는 사례가 많지만, 아직 정신도 차리지 못하고 질적으로 변하지도 않은 통일부 같은 데서 발행한 공식 문건에 이 용어가 등장하는 것을 보고 적잖이 놀라기도 했다. 용도가 다한 것이 아닌가 하는 생각은 이런 상황들과 무관하지 않다.

즉, 70, 80년대 민주화운동의 시대적 맥락에서 그 적실성을 갖는 것이 분단체제론이 아닌가 하는 생각이 강하게 든다."(③)

이는 이수훈 교수 개인이 회의하게 된 계기를 술회한 것이므로 굳이 이론적인 쟁점으로 삼을 일은 아니겠지요. 분단체제의 개념에 무관심한 사람들이 용어만 채용하는 현상에 대해서는 저 자신도 착잡한 심경일 때가 적지 않습니다. 하지만 대중적인 전파가 진행된다는 사실 자체는 이 개념의 현실적용을 위한 '담론투쟁'의 새 국면을 뜻하지 개념의 용도폐기를 재촉하는 신호일 필요는 없다고 봐요. 더욱이나 "70, 80년대 민주화운동의 시대적 맥락에서 그 적실성을 갖는 것이 분단체제론"이라는 언급은, 1980년대 중반에야 등장한 이 개념에 대한 부정확한 사실파악을 보여줄뿐더러, 반독재운동의 도구로서가 아니라 민주화운동이 일차적 성과를 거둔 싯점에서의 새로운 문제제기라는 분단체제론의 취지를 오해하고 있습니다.

87년의 6월항쟁 전까지만 해도 '민족해방'이나 '민주변혁' 같은 단순논리가 반독재 민주화에 기여한다는 그 나름의 역사적 의의를 지녔지만, 6월항쟁의 성취 이후로는 통일이든 개혁이든 세계체제와 분단체제의 맥락 속에서 인식하고 대응하는 좀더 복합적이고 유연한 사고가 필요하다는 주장이었으니까요. 그리고 동서냉전이 끝난 뒤에도 한반도의 분단이 끈질기게 지속된 90년대에 들어서는 단순히 동서냉전체제의 일부가 아닌 훨씬 복합적인 성격의 분단체제에 대한 탐구가 더욱 절실해졌던 것입니다.

이교수의 비판이 주로 정세파악의 차원에서 전개되고 있긴 합니다만, "나는 남한사회 특정 분야의 개혁 지체가 분단과 관련이 있다는 정도의 언명에는 동의할 수 있어도, 이렇게 잡아늘여진 '분단론'은 과잉이라 보

는 것이다"(③)라는 대목에서 보듯이 '과잉분단론'이라는 일관된 입장에
서 있는 건 사실입니다. 그리고 '과잉'의 구체적인 사례로 바로, 분단이데
올로기가 단순한 냉전주의가 아니라는 저의 주장을 들고 있습니다. "6·
15의 감격이 수그러들자마자 골수 냉전주의자들뿐이 아닌 다양한 기득
권세력들이 냉전의식의 '정략적 이용'을 포함해서 지역주의, 권위주의적
인 정당운영, 거대언론의 전횡, 학계와 문화계의 패거리주의 등 이 사회
의 온갖 낡은 타성을 이용하여 남북화해와 민중교류의 진전을 가로막으
려 드는 현상은, 새로운 국면에 맞춘 분단이데올로기의 자기적응 및 자
기발전 과정에 다름아니다"라는 강연원고 3절의 한 대목을 (발췌)인용하
기도 했지요.

　강연에서 이런저런 '낡은 타성'을 나열하는 데 그쳤기 때문에 지나친
단순화라는 비판은 면하기 어렵습니다. 그러나 이교수께서 정말 나의 단
행본들도 '비교적 충실하게' 읽어오셨다면, 한반도의 분단체제가 동서독
과는 달리 동서냉전체제의 한 핵심적 부분 이상의 특이성을 지닌다는 거
듭된 주장을 모르실 리 없겠지요. (이런 주장 자체에 처음부터 동의하지
않으셨다면 '용도폐기론'은 진작에 나왔어야 할 일이고요.)

　분단과 지역주의의 상관관계에 대해서는 저 나름의 탐구가 단편적이
긴 해도 여러 곳에 나와 있지요. 분단으로 성차별이데올로기가 강화되어
온 현실에 대해서도 (『흔들리는 분단체제』 제1장 같은 데서) 약간의 고
찰이 있었습니다. 그 내용이 부실했다면 어디가 부실했는지를 지적하는
비판이 '과잉분단론'이라는 일갈(一喝)보다 도움이 되었을 거예요. 더구
나, "김대중씨가 집권하면 호남사람들의 한이 풀리고, 따라서 영호남 지
역갈등을 요체로 하는 지역주의가 완화될 것이라는 기대와는 크게 달리
이 정부하에서 지역주의는 돌이킬 수 없는 지경으로 심화되었다"는 주장

이 분단이데올로기의 한 구성요소로서 지역주의가 갖는 위력—어떤 면에서는 냉전주의가 약화될수록 더욱 그 용도가 높아지는 위력—에 대해 도대체 무슨 반론이 될 수 있는지요?

엄밀히 말하면 '과잉분단론'은 분단을 온갖 모순의 뿌리로 본다는 '분단환원론'과는 달리, 분단체제의 매개작용에 대한 평가가 상대적으로 과도하다는 비판일 수 있습니다. 이교수는 '세계체제분석'을 전문적으로 연구하셨으니까 잘 아시겠지만, 분단체제론이 세계체제론의 기본 통찰을 수용하는한 분단을 만악의 근원으로 환원하는 논법은 불가능하지요.

다만 세계체제 전체를 대상으로 높은 추상의 차원에서 거시적으로 규정된 세계자본주의의 '모순'들로부터 구체적 당면현실의 의제들을 연역해낼 수는 없기 때문에, 여러 국지적 하위체제들에 대한 구체적인 파악이 필요해집니다. 그런데 한반도의 경우 남북 각기의 현상과 더불어 범한반도적 분단체제의 '매개작용'도 간과하지 말자는 것이며, 그 실상에 대해서는 앞으로 함께 토론하고 연구해야 할 겁니다. 이를 위해 분단체제론은 아직 쓸모가 남았다고 감히 주장하고 싶습니다.

그런데 이교수께서는 과잉분단론을 경계하던 나머지, 세계체제분석의 정신에도 어긋나는 속단을 남발하고 있지 않나 싶을 때가 있어요.

"예컨대 분단이 되어 있기 때문에 군사비에 많은 자원을 배분할 수밖에 없고, 그런 뒤틀린 자원분배가 남한사회의 제반 개혁과제에 부정적 요인으로 작동한다고 생각할 수 있다. 그러나 현재 국제정치의 지정학으로 볼 때, 한반도의 군사비용은 분단을 극복하더라도 그 규모를 줄이기가 어려울 것이라는 점이 나의 견해다. 이것이 바로 세계자본주의에 대해 세계체제분석이 주는 통찰력이다."(③)

통일이 되더라도 군비는 필요하리라는 주장과 달리, "분단을 극복하더라도 그 규모를 줄이기가 어려울 것"이라는 견해가 과연 사회과학적인 검증을 거친 견해일까요? 더구나 그것이 어떤 의미로 "세계자본주의에 대해 세계체제분석이 주는 통찰력"인지 저로서는 알 수 없습니다.

다소 결례가 될지 모르나, 제가 보기에 아무래도 성급한 이교수님의 분단체제론 용도폐기 제의에는, 6·15 이후의 상황에서 느꼈다고 스스로 밝히신 어떤 불편한 감정도 작용하지 않았나 하는 추측을 해봅니다.

"굳이 기득권세력이 아니라 분단문제에 큰 관심이 없는 계층이나 안 정희구집단이더라도 급진전되는 (그리고 고도의 정치성을 띠고 전개된 다는 혐의를 지우기 힘든) 남북관계에 대해 일말의 불안감이 없지도 않 았을 것이다. 백교수의 글에는 일종의 이분법에 의해 기득권 대 개혁 세 력으로 구도가 잡혀 있기 때문에 이들이 설 자리를 남겨두지 않는다. 중 도적 입장에 선 사람으로서는 이 점이 불편하기 그지없다."(②)

이는 솔직한 술회로 다가오는데, "굳이 기득권세력이 아니라 분단문 제에 큰 관심이 없는 계층이나 안정희구집단"이라는 표현은 좀 따져볼 필요가 있겠어요. '분단문제에 큰 관심이 없는 안정희구집단' 가운데는 분명 '기득권세력'에 못 드는 대중도 다수 포함되지만, 전문지식을 포함 한 유형·무형의 기득권을 소유하고서도 '분단문제에 큰 관심'이 없이 '안정을 희구'하고 있는 집단은 별도로 구분해야 하지 않겠습니까? 이들 은 당연히 개혁 내지 자기개혁의 대상이 되어야 할 테고, 그 때문에 불편 함이 따른다면 감내해야 마땅할 터입니다.

진지한 사회과학도라면 '안정희구집단' 자체에 대한 이런 식의 사회과 학적 분석을 생략한 채 '침묵하는 다수'로 통틀어 옹호해서는 안되리라 믿습니다. 그리고 분단시대를 사는 한국 사회과학도의 학문적 분석에는 우리 사회의 온갖 사회현상이 분단에 어떻게, 얼마만큼 연결되어 있는

지, 사안별로 정확히 규명해보려는 열정이 한시도 식지 말아야 한다는 저 나름의 제의를 드리고 싶습니다.

중도적인 대중을 적으로 돌리는 문제는 전혀 별개입니다. 이에 대해 저는 강연원고 4절에서, "한국사회의 성공적인 개혁을 위해 필요한 조건은 한편으로 통일과정에 걸맞은 중도적 성격을 견지하는 일이요, 다른 한편으로 중도주의가 무원칙한 절충이나 편의주의로 떨어지지 않도록 하는 장기적 비전과 일관된 자세이다"라고 주장했습니다. 이 정권이 주력해온 것과 같은 DJP연합식 보수층 껴안기라든가 이론적 근거조차 부실한 중산층육성론이 아니라, 분단체제극복이라는 중·장기적 변혁을 지향하는 과제가 요구하는 독특한 중도노선을 개발해야겠다는 것이지요.

이 또한 아직은 충분한 구체성을 갖추지 못했다는 비판이라면 당연히 수긍하지요. 그 지난한 작업에 여러 뜻있는 분들의 열정적인 동참을 기대할 따름입니다.

여러모로 미흡한 답변입니다만 게시판에 쓰는 글로는 이미 너무나 길어졌으니 서둘러 마치겠습니다. 이수훈 교수님과 여러 네티즌들의 관심에 거듭 감사드립니다.

2001. 10. 2
백낙청 드림

9
한반도의 2002년

상대적 안전지대로서의 한반도

작년(2001년) 9월 11일 미국에서 벌어진 동시다발 테러의 여파는 금세 한반도에도 다가왔다. 한반도와 미국이 다같이 전지구적인 동일 시간대에 속해 있음을 실감하는 또하나의 계기였다. 다른 한편, 크게 보아 동일한 시간대를 공유하면서도 지역에 따라 상이한 정세가 벌어지고 특히 한반도에서는 좀 색다른 시간표가 가능함을 확인해준 것 또한 9·11 이후의 세계가 아닌가 한다.[1]

한마디로 미국을 비롯하여 세계 전체가 한결 어지럽고 살벌한 세월로 접어든 반면, 한반도는 상대적으로 안전하고 활기찬 지대로 떠오른 느낌

---

[1] 이런 의미의 '시간대'와 '시간표'에 관해서는 졸고 「다시 지혜의 시대를 위하여」, 『창작과비평』 2001년 봄호 18면 및 23~5면(이 책 106, 107면 및 112~5면) 참조.

이다. 물론 상대적으로 그렇다는 것이지 절대적인 안전도가 특별히 높은 지역이라는 말은 아니다. 다만 두 차례의 세계대전 동안에도 본토가 공격받은 일이 전혀 없던 미국이 뉴욕과 워싱턴에서 일거에 수많은 인명의 손실과 막대한 재산상의 피해를 겪었고 뒤이어 아프가니스탄에 대한 대대적인 보복전쟁을 수행했으며 그 전쟁에 승리하고도 '전쟁의 해'를 선포하며 후속 테러를 염려하고 있는 데 비한다면, 20세기 중반에 참혹한 전쟁을 겪은 이래 아직도 '준전시상태'가 지속되고 있는 한반도는 오히려 혼란과 위험이 덜한 상황임이 눈에 띄는 것이다.

물론 한반도에서 전쟁이 터질 위험은 엄연히 존재한다. 북한을 '불량배국가'(rogue state), 더 나아가 부시 대통령이 의회연설에서 쓴 표현대로 '악의 축'(axis of evil)의 일원으로 지목한 미국정부의 자세가 북에 대한 군사공격으로 이어질 경우, 한반도 전체가 아프가니스탄보다도 훨씬 엄청난 전쟁의 참화에 휘말릴 것이 뻔하다. 그리고 미 정부의 이런 자세가 북한 자체의 테러지원 행위 때문이라기보다 미국이라는 나라 또는 그 정부, 또는 그 정부를 장악한 일부 인사들의 독자적인 계산이나 필요에서 비롯되었다고 한다면, 전세계가 하나의 시간대를 공유하고 있으며 특히 분단체제의 작동에는 세계체제의 패권세력이 깊이 개입해 있다는 진실을 새삼 되새기게 된다.

이는 부시의 최근 발언 전에도 분명한 진실이었다. 9·11로 인해 북미접촉이 한결 힘들어졌음은 물론, 아프간전쟁으로 한국이 경계태세에 돌입한 것이 이유가 되어 남북고위급회담이 결렬되었고 이산가족상봉 합의마저 이행되지 못했다. 2001년 상반기에는 남북 및 북미 관계의 '답보' 상태가 부시행정부 출범에 따른 당사자들의 숨고르기 성격이 짙었다면, 9·11 이후의 정황은 확실히 세계적 규모의 역풍에 휩쓸린 면이 적지 않았다고 하겠다.

그러나 어쨌든 한반도에서는 아직껏 전쟁이나 대규모 무력충돌이 일어나지 않았다. 더 따져볼 일이지만 앞으로도 일어날 확률이 높지는 않다고 본다. 남한의 경제 또한 큰 동요 없이 9·11의 충격을 이겨냈다. 민주주의와 인권이라는 면에서도 한국은, 애국자법(Patriot Act)의 제정 등 '전쟁의 시대'에 준하는 심각한 후퇴를 겪은 미국이나, 아프간전쟁을 계기로 평화헌법 8조의 위반을 결정적으로 공인해버린 일본에 비할 때 꾸준한 진전을 이룩하고 있는 실정이다.

이러한 대조적인 상황이 일시적인 것이 아니라면 그 원인이 어디에 있는가? 이에 대한 해답의 실마리는 역시 세계체제와 분단체제의 실상을 살피는 데서 찾아야 하리라 본다.

9·11 이전 세계와의 연속성

이미 여러 곳에서 되풀이해온 말이지만[2] 나 자신은 5백년 이상 지속되어온 자본주의 세계체제가 수십년 안에 어떤 식으로든 그 수명을 다하게 되어 있으며 동서냉전의 종말은 자본주의의 승리라기보다 그 최종 단계의 시작으로 보아야 한다는 분석에 신빙성을 두고 있다. 이럴 경우 9·11사태 자체가 세계사적 전환점이라기보다는 1989년 이래 본격화된 세계적 혼란기를 미국민을 포함한 다수 인류가 실감하게 된 계기로 인식할 수 있다. 월러스틴은 그런 관점에서 테러 직후, "머지않아 2001년 9월 11일은, 많은 사람들이 지금 하는 말들과는 반대로, 오랫동안 지속되

---

2 예컨대 앞서 언급한 「다시 지혜의 시대를 위하여」 19면(이 책 107~8면).

며 지구상의 대다수 사람들에게 암흑의 시기가 될 장기적 투쟁에서 하나의 작은 에피소드로 보이게 될 것이다"[3]라고 주장했는데, 자기 나라 한복판에서 일어난 대참사를 두고 너무도 거시적인 관조에 치우쳤다는 비판을 받아 마땅하지만 근본취지는 유효하다고 생각된다.

미국 자체로만 본다면 '작은 에피소드'는 아무래도 지나친 표현이다. 9·11의 경험은 아마도 미국민 대다수에게 지울 수 없는 충격적 경험으로 남을 것이며, 이에 따른 사회분위기의 변화도 단순히 일시적인 현상이라 보기 어렵다. 사건 직후 부시가 말한 대로 테러가 자유와 민주주의 등 '미국적 가치'에 대한 도전이었다면, 오사마 빈 라덴과 그의 동료들은 실로 망외의 성과를 거두었는지 모른다.

미국에서 시민의 권리——외국인의 권리는 더 말할 것 없고——와 민주주의에 심각한 후퇴가 일어난 것은 다른 나라의 입장에서도 결코 반길 일이 못된다. 테러가 되풀이되어서는 안될 또하나의 이유이기도 하다. 그러나 9·11 이전까지 미국에서 자유주의자 혹은 진보주의자로 이름을 떨치던 인사들까지 열렬한 전쟁지지자로 돌변한 사례를 접할 때,[4] 애당초 자유와 진보, 그리고 인종을 초월한 인권에 대한 그들의 신념이 과연 얼마나 투철한 것이었는지 새삼 되묻게 된다. 근대 세계체제의 지도이념으로서의 자유주의가 원래 인종주의와 긴밀히 결합된 것이었지만, 자본주의가 축적의 위기를 맞으면서 신자유주의가 대두했다는 사실은 자유

---

3 빙엄턴대학 브로델쎈터 홈페이지에 실린 월러스틴의 2001년 9월 15일자 Comment No. 72, "September 11, 2001—Why?"(http://fbc.binghamton.edu/72en.htm) 참조. 『한겨레』 2001년 9월 20일자 8면에 「낡은 테러 작은 투쟁」으로 번역됐음.

4 그 일부가 『창작과비평』 2002년 봄호(115호)에 이 글과 함께 실린 죠지 캇찌아피카스(George Katsiaficas)의 「9·11과 미국인의 양심」에 적시되어 있다.

중에서 자본축적에 방해가 되는 구자유주의적 자유들을 희생할 태세가 선포된 꼴이다. 9·11 이후 수많은 미국 지식인들의 애국주의자로의 변신은 그러한 장구한 과정 속에서 — 결코 '작은 에피소드'랄 수는 없지만 — 또하나의 전환점을 통과한 데 불과하다는 해석도 가능하다.

이러한 판단이 한갓 인상의 수준을 넘는 설득력을 지니려면 인종주의·신자유주의 등에 대한 본격적인 탐구와 더불어 미국역사 특유의 일방적인 자기인식(즉 허위의식)에 대한 탐구도 따라야 할 것이다. 여기서는 '미국적 가치'로서의 자유와 민주주의에 대해 일찍이 영국의 소설가 로런스가 제기했던 근본적인 의문을 상기하는 데 그치려 한다. 로런스에 따르면, 진정으로 자유를 원한 유럽인들은 제 고장에 남아 싸웠으며 1700년의 싯점에서 영국은 미국의 청교도사회보다 훨씬 자유로운 나라가 되었다. 유럽의 초기 자유주의자들이 전근대적 압제에 맞서 싸우면서 내건 '자유'가 커다란 생명의 리듬을 탄 것인 데 반해, 신대륙에서 이를 완벽하게 달성했다고 자랑하는 미국인들의 '민주주의'는 항상 무언가 반생명적인 것이었다. 이런 논의의 연장선상에서 로런스는 에이헙(Ahab) 선장의 주도 아래 흰 고래 모비딕(Moby Dick)을 광적으로 추격하다가 침몰하는 피쿼드(Pequod)호에서 새 대륙에 뿌리내리지 못한 미국정신의 상징을 읽었는데, 아프간전쟁을 앞둔 상황에서 에이헙 선장의 비유가 나라 안팎에서 거의 동시에 제기된 것은 흥미로운 일이다.[5]

---

5 D. H. Lawrence, *Studies in Classic American Literature* (1923; Penguin Books 1971) 참조. 자유와 민주주의에 대해서는 특히 제1장과 5장, 『모비딕』론은 제11장 'Herman Melville's *Moby Dick*' 참조. 이 책에 대해서는 졸저 『민족문학과 세계문학 2』(창작과비평사 1985)에 실린 「미국의 꿈과 미국문학의 짐」에서 비교적 상세하게 소개한 바 있다(해당 대목은 213~5면과 221면, 232~4면).

눈을 미국 바깥으로 돌리면 9·11 이전과 이후 세계의 연속성은 더욱 두드러진다. 아프간전쟁에 앞서 걸프전쟁이 있었음은 물론, 세계 도처에서 미국 또는 다른 강대국에 의한 억압과 살상 행위가 근대세계의 역사를 얼룩지어왔다. 아랍세계에서 특히 문제삼는 팔레스타인 민중에 대한 이스라엘의 국가적 폭력행위만 해도 이미 수십년간 지속된 현실이다. 이런 식의 국가폭력은 미국이 주도하는 '전쟁의 시대'를 맞아 팔레스타인을 비롯한 세계 곳곳에서 더욱 거침없이 자행될 태세이다. 국가적 폭력의 결과로 비국가단체에 의한 폭력이 최소한 냉전시대 수준으로라도 한정되고 미·소가 공동으로 관리하던 시절 정도의 지구적 질서가 회복된다면 모를까, 국가폭력과 비국가폭력이 동시에 증가하면서 기근과 질병

국내에서 9·11 이후 미국정부 및 주류사회의 반응과 에이헙 선장을 처음 연결시킨 것은 한기욱의 「미국 민주주의의 위기(3): 〈모비딕〉 이야기와 타자의 불가해성」(디지털창비 http://www.changbi.com 자유게시판 2001/09/20)이었을 듯싶은데, 같은 날 finching의 댓글(「[RE] '서투른 비유'를 사용한 또 한 사람」, 2001/09/20)을 통해 싸이드가 바로 며칠 전에 동일한 비유를 사용했음을 알게 되었다. Edward Said, "Islam and the West are inadequate banners"(*The Observer*, Sunday September 16, 2001) 중 에이헙 선장과의 심상찮은 유사성을 지적한 대목은 다음과 같다. "Inevitably, then, collective passions are being funnelled into a drive for war that uncannily resembles Captain Ahab in pursuit of Moby Dick, rather than what is going on, an imperial power injured at home for the first time, pursuing its interests systematically in what has become a suddenly reconfigured geography of conflict, without clear borders, or visible actors."
물론 싸이드의 발언은 '우려 표명'의 수준이지 그가 미국의 정신사를 로런스적 시각에서 읽고 있는 것은 아니다. 한마디 덧붙인다면, 로런스적 읽기는 에이헙=부시(또는 미국정부), 모비딕=아프가니스탄(또는 이슬람세계)식의 등식화와 거리가 멀다. 마치 인종박물관처럼 가지각색인 선원들, 실무적으로 유능하지만 항로를 바꾸지는 못하는 항해사들, 남다른 위엄과 사명감마저 지녔지만 결국은 반생명적이고 병적인 집념으로 선박과 선원을 파멸로 몰고 가는 선장—이런 피쿼드호의 항해를 미대륙에 이주한 백인들이 자신 및 세계와의 진정한 화해에 도달하기 전에 겪게 마련인 하나의 역사적 운명으로 읽어내는 시각인 것이다.

으로 희생되는 인구마저 늘어난다면 그야말로 지구상의 대다수 사람들에게는 '암흑의 시기'가 아닐 수 없을 것이다.

한반도 상황이 희망적인 이유

그런데 이러한 암흑의 시기에 한반도가 비교적 예외에 해당하는 지역이 될 수 있는 근거는 무엇인가?

이 대목에서 나는 다시 한번 분단체제론의 문제의식을 환기할 필요를 느낀다. 한반도의 분단은 단순한 국토분단이나 민족분열, 이념대립에 그치지 않고 세계체제의 민중억압적인 논리가 작동하는 한 양태로서 세계체제 기득권세력의 이익에 복무해왔다. 실제로 한국전쟁은 동서냉전체제 확립에 결정적으로 기여했고, 전쟁과 냉전체제는 역으로 한반도 분단이 일종의 체제로 고착하게끔 작용했다. 이렇게 성립된 분단체제는 한반도 내에서 분단기득권세력을 살찌움과 동시에 세계 차원에서 자본주의의 호시절을 보장하는 데 긴요한 몫을 해온 것이다. 이제 동서냉전이 끝나고 자본주의 세계체제가 결정적인 불안정기에 접어든 상황에서 한반도가 분단체제의 극복을 통해 좀더 나은 세월을 내다보게 된 것은 당연한 보상이라면 보상이다.

하지만 이는 '분단체제의 극복'이라는 과제가 수행되는 한에서 가능한 것이지, 억압자들의 좋은 세월에 희생을 치렀다고 해서 억압체제가 흔들릴 때 희생자들에게 자동적으로 보상이 돌아오는 것은 아니다. 바로 그 때문에 지금이 '암흑의 시기'라고 하지 않는가! 기성체제가 위협받을수록 기득권자들은 도리어 무자비한 공세로 나오기 일쑤며, 어떤 체제──전체체제든 아니면 그 하위체제 중의 하나이든 간에──가 정작 무너지는 경우에도 일반민중의 삶은 더욱 처참해질 수 있다. 한반도 분단체제가 전쟁으로 파괴된다면 바로 후자에 해당할 것이며, 북한에 대한 미국의 위협이 이런 사태로까지 치닫는다면 그야말로 위기에 처한 기득권자의 무자비함을 과시한 본보기로 꼽힐 것이다.

이런 일들이 엄연히 가능함에도 불구하고 한반도 상황을 희망적이라 보는 이유가 있다. 첫째는, 역설적이지만, 한반도에서는 핵무기까지 동원되는 대규모 전쟁의 위협이 너무도 절실하기 때문에 산발적 국지전이나 한정된 '보복전쟁'이 벌어질 확률이 오히려 낮다는 점이다. 북쪽에서 적화통일을 위한 남침을 수행할 능력이 없어진 지 오래임은 물론, 미국이 압도적으로 우세한 무력으로 북한을 공격하려 해도 남한의 초토화와 (미국 당국자들에게는 어쩌면 그보다 더 아플) 주한미군의 상당한 피해를 감수해야 할 형편인 것이다.

우리의 희망이 이런 공포 요인에 달린 것만은 아니다. 한반도의 분단은 워낙이 명분이 약하고 대다수 주민들의 의사에 어긋난 것이었기 때문에, 비록 하나의 '체제'로서 일정한 자기재생산 능력을 확보하게 되었다고는 하지만 여전히 많은 취약점을 지닌 구조로 남아 있다. 전쟁재발의 위험과 동서냉전체제의 뒷받침으로 수많은 저항을 억누르며 지탱해왔을 뿐인데, 진영대립이라는 큰 버팀목 하나가 사라진 뒤로 분단체제의 유지는 더욱 힘들어진 것이다.

무엇보다 중요한 것은 자신의 의사에 반해 만들어진 분단과 분단체제에 대한 한반도 민중의 저항이 끊이지 않았다는 사실이다. 분단이 체제화될수록 저항 또한 단순한 통일운동이 아닌 분단체제극복운동으로서의 복합성과 창의성이 필요해졌는데, 아직까지 그런 시대적 요구에 걸맞은 실력이 확보된 것은 아니다. 그러나 한국의 민중운동이 분단체제의 흔들림에 일조하고 그 재편 또는 극복의 과정에서 일정한 발언권을 갖게 된 것만은 분명하다. 평화통일의 대의를 확인하고 이를 촉진하는 직접적인 노력들 외에도, 분단체제의 반민주적이고 비자주적인 속성에 맞서 민족의 자주력을 증대하고 사회의 민주화를 추진해온 크고작은 움직임들이 한반도에서 분단체제보다 나은 체제의 건설을 실현가능한 꿈으로 제시하고 있는 것이다.

남쪽의 사정에 국한하더라도, 2000년 6월의 남북정상회담과 6·15공동선언은 크게는 4·19를 계기로 시작된 경제건설의 일정한 성공과 1987년 6월 이래 지속된 민주화 과정이 없이는 불가능했을 터이며, 더 직접적으로는 1998년의 평화적 정권교체에 힘입은 것이었다.[6] 동시에 6·15선언 실행의 성과가 만족스럽지 못한 데에도, 부시행성부의 출범이라든가 김대중 대통령 개인의 정치행태 등의 문제를 떠나, DJP연합이라는 기형적인 형태로밖에 정권교체를 이룩하지 못했고 아직껏 분단체제극복운동에 제대로 힘을 모으지 못하고 있는 민중역량의 한계를 꼽아야 할 것이다.

이런 관점에서는 2001년 한해 동안 많은 사람들이 지적한 남북관계의 후퇴 내지 답보도 그다지 염려할 상황이 못된다. 먼저, 6·15선언의 유효성을 쌍방이 강조하고 있는 한——주로 상대방에게 그 실행을 다그치는 방식일지라도——6·15 이전으로의 '후퇴'는 사태의 진실과 동떨어진다. 정부측의 홍보가 아니더라도 6·15가 아니었던들 9·11 직후 한반도정세가 얼마나 험악했을지는 누구나 실감하는 일이다. '답보'로 말하더라도, 2000년의 성과가 워낙 눈부셨기 때문에 옛날 같으면 훨씬 눈에 띄었을

6 나의 이런 논지에 관한 이수훈 교수와의 논란은 이 책 144~5면 참조.

민간 또는 정부간 접촉들이 답보에 불과한 것으로 비춰진 면이 있는 것이다.

더불어 주목할 점은, 우리가 아무런 통일이나 다 좋다는 입장이 아니라 진정으로 **분단체제극복**에 해당하는 변화 즉 민중의 참여가 최대한으로 실현되는 통일과정을 목표로 삼고 있다면, 정부가 주도하는 남북관계의 일진일퇴는 부차적인 문제라는 것이다. 정부주도일지언정 앞으로 나아가는 일이 중요한 건 물론이다. 특히 분단체제극복의 초기단계에서는 6·15와 같은 정부 정상간의 결단과 돌파가 긴요하다. 그러나 계속되는 정상들의 '역사적 결단'에 시민들은 박수나 치고 당국이 마련해준 이산가족 상봉장면을 지켜보고 눈물 흘리며 따라만 가기보다는, 당국간의 합의가 더러 깨지는 불행한 상황을 겪으면서 민중의 몫을 늘려가는 것이 바람직한 것이다.

2001년의 성과

그런 관점에서 본다면, 남북관계가 후퇴 또는 답보했다는 2001년이야말로 중대한 전진을 이룩한 해로 기록되어야 할 것이다. 사실 6·15선언이 크게 봐서 분단체제에 저항해온 한반도 민중의 오랜 노력의 결실이라고는 하지만, 정작 분단체제극복이라는 대의를 명료하게 의식하며 광범위하게 연대한 운동은 2000년 6월 당시 남북 어디에도 없었다. 남쪽의 경우 대체로 분산되어 진행된 통일운동, 민주화운동, 노동운동, 여타 사회운동 들이 있었을 뿐이다.

물론 2001년을 지나면서도 분단체제극복운동이 거대한 규모에 달한 것은 아니다. 그러나 정부주도의 남북교류가 주춤한 데 비해, 기업활동을 포함한 민간측의 교류는 큰 중단을 겪지 않거나 오히려 확대되었다. 말썽많았던 '8·15 평양 민족대축전'의 경우만 하더라도, 정치권에서는 통일부장관 해임건의안 통과와 DJP공조 붕괴라는 역풍이 주된 결과였지만 민간 차원에서의 결과는 달리 평가해야 옳다. 첫째, 이 축전은 그때까지 대북접촉이 허가되지 않았던 부류의 통일운동가로부터 통일운동에 별로 관심이 없던 인사들까지 각계각층의 수백명 민간인이 대거 북녘 땅을 밟고 그쪽 주민들과 접촉한 미증유의 사건으로서, 남북 주민들의 의식 속에 두고두고 미칠 파급효과는 쉽사리 가늠하기 힘들다. 둘째로, 행사기간에 일어난 몇가지 사건과 그에 대한 남쪽 여론의 부정적 반응은 민간활동가들 사이에서 통일운동도 이제는 남한의 대중적 정서에 뿌리 내리며 구체적인 대안까지 제시히는 성숙성을 보여아 한다는 자각을 불러일으킨바, 이 또한 중요한 성과가 아닐 수 없다.

분단체제극복이 반드시 통일운동의 형태로만 진행되는 것은 아니라고 할 때, 다른 민간영역에서의 진전도 주목해야 한다. 상세한 점검을 시도할 계제는 아니지만, 9·11테러나 아프간전쟁의 여파가 한국 시민단체들의 활동에 큰 타격을 주지 않은 것만은 분명하다. 연이어 터져나온 각종 부패사건들만 해도, 최소한 한국정부가 야당이나 여론의 비판을 잠재우는 방향으로 9·11 덕을 본 게 별로 없음을 말해준다. (미국에서도 엔론Enron 사건이 터지기는 터졌지만, 그러잖아도 당선의 합법성을 의심받던 부시 대통령과 그 행정부가 엔론사의 도산과 그들 자신의 부패혐의에도 불구하고 아직 끄떡없는 것과는 대조적이다.) 극도의 난맥상 속에서도 한국의 민주화과정은─김대중 대통령의 민주당 총재직 사퇴라는, 1992년 노태우 대통령의 민자당 명예총재 취임과는 또다른 차원의 사건을 포함해서─꾸준히 전진해온 것이다.

정부권력과의 관계에서만이 아니다. 2001년은 특히 정부에 의한 언론사 세무조사와 민간측의 언론개혁운동으로 뜨거웠다. 그 장기적 효과는 이제부터 지켜볼 일이요 앞으로 우리가 하기 나름이기도 하지만, 『조선일보』로 상징되는 이 사회의 막강하며 무책임한 언론권력들이 스스로 호된 여론의 심판대에 오른 한 해였다. 단기적으로는 그들이 정부의 탄압에 맞서는 '비판언론'으로 행세하며 남북화해를 가로막는 일에도 더욱 사납게 나서는 폐단이 없지 않았다. 그러나 특정 신문의 사회적 의제설정 및 여론독과점 기능이 현저히 약화되었음을 실감하는 계기도 되었다. 보수야당조차 대북포용반대 일변도로 나가지 못하고 멈칫거리는 실정이며, 이른바 '조·중·동'의 일원인 『중앙일보』는 '정부예산 1% 대북지원'을 새해 '10대국가과제'의 하나로 설정한 바 있다. 이것이 경쟁사간의 차별화를 꾀하는 상술이냐 원래부터 대북관계에는 일정한 진취성을 보여온 신문다운 일관된 선택이냐는 물음을 떠나, 어쨌든 '조선일보식'으로는 영향력에 한계를 갖게 된 우리 시민사회의 변화가 반영되었다고 보아 무방할 듯싶다.

2001년의 성과로 한가지 더 꼽을 것은 한반도문제가 드디어 세계시민운동의 중요한 현안으로 부각된 점이다. 8·15민족대축전 직전에 서울에서 열린 '세계평화를 위한 한반도 화해와 통일 국제회의'(International Conference on Korean Reconciliation and Reunification for Global Peace)는 '6·15남북공동선언실천을 위한 2001민족공동행사 추진본부' 등 국내단체들과 더불어, 방콕에 본부를 둔 '남반구에 촛점'(Focus on the Global South) 운동과 미국의 노틸러스연구소(Nautilus Institute), 네덜란드의 초국가연구소(Transnational Institute) 등 세계 곳곳의 5개 시민운동단체 내지 연구단체가 공동주최한 행사였다. 발제와 토론에 이어 참석했던 학자, 활동가, 입법부의원 들 공동명의로 '한반도 화해와 세계평화 및 정의를 위한 서울선언'(The Seoul Declaration for Korean Reconciliation and Global Peace and Justice)을 발표하고 이 운동을 세계적으로 확산해나갈 것을 다짐하기도 했다.

국제회의를 발의했던 필리핀의 월든 벨로(Walden Bello) 교수 등 외국인사들이 어떤 후속구상을 추진하고 있는지는 현재 나로서 아는 바가 없다. 짐작컨대 9·11로 인한 반세계화운동의 일시적 퇴조와 반전평화운동의 긴급한 요구가 외국의 시민운동가들로 하여금 한반도문제에 집중하기 어렵게 만들었지 싶다. 그러나 최근 브라질의 뽀르뚜 알레그레에서 열린 제2차 세계사회포럼(World Social Forum)을 보면 9·11이 반세계화운동에 미친 영향은 어디까지나 일시적인 것이었음이 드러나며, 특히 부시 대통령의 강경발언으로 한반도의 평화가 다시금 중요한 관심사로 떠오르게 되었음을 확인할 수 있다.

실은 부시 발언이 아니더라도 한반도문제는 세계 시민운동의 핵심의제가 되어 마땅하다. 부시가 지목한 이란·이라크·북한이 모두 현싯점에서 미국의 일방주의가 안 먹히는 나라이면서 탈레반정권 하의 아프가니스탄처럼 만만한 상대도 아니다. 특히 북한이 미국과 동맹관계에 있는 남한과 화해하고 교류하는 가운데 한반도에 새로운 사회가 건설된다면, 이는 세계체제의 기득권자들에게 몇몇 '불량배국가'나 테러조직의 건재보다 훨씬 큰 위협이 될 것이다.

평화운동이라는 면에서도 분단체제극복운동은 하나의 전범(典範)일 수 있다. 9·11 이후 '전쟁의 시대'에 모든 시민운동은 반전평화운동을 겸할 필요성이 절실해졌다고 하겠는데, 뽀르뚜 알레그레 회의에서도 폭력시위단체의 참가를 사전에 배제하는 등의 전술적 변화가 있었다고 한다. 더 중요한 점은, 전쟁과 테러의 악순환이 훨씬 절박한 문제가 된 시대라고 해서 모든 사회운동이 평화운동으로 **변신**하는 것이 아니라 기존의 목표와 세계평화라는 의제를 **결합**하는 슬기를 보여야 한다는 것이다. 바로 이 점에서 원래부터 전쟁방지·평화통일의 대의와 당면한 사회개혁의 과제들을 결합해온 한반도의 민간주도 통일사업, 즉 분단체제극복운동이 선진적인 역할을 이미 해내고 있는 셈이다. 분단체제극복운동의 세계화는 이제 한반도 주민뿐 아니라 세계민중을 위해서도 시급한 과제가 되었다.[7]

문제는 2002년

문제는 2002년이다. 새해 벽두 미 당국자들의 잇따른 대북 강경발언은 한반도에서의 전쟁 가능성을 염려하지 않을 수 없게 한다. 전쟁은 미국에 의한 '테러국가 응징'에 북한이 반격하는 형태가 될 수도 있고, 미국의 공격이 확실시된다고 판단한 북측의 선제대응으로 터질 수도 있다. 물론 부시 등의 호전적 발언이 엔론 사태를 덮고 중간선거에서 승리하려는 국내정치용이라거나 한국에 전투기 등 무기를 더 사게 만들려는 흥정용이라는 등의 실용주의적 해석도 전혀 신빙성이 없지는 않지만, 미국의 행동에서 실무적 항해사들이 미처 제어하지 못하는 '에이협적' 성향도 무시해서는 안된다. 실제로 1994년 6월에 미국은 한반도에서 문자 그대로 전쟁개시 일보직전까지 갔던 것으로 확인된 바 있다.[8]

---

7 9·11 이전의 싯점에서이긴 하지만 이러한 색다른 '세계화'의 필요성을 나는 앞에 언급한 국제회의의 기조연설에서 제기한 바 있다. 회의자료집 『세계평화를 위한 한반도 화해와 통일 국제회의』(2001. 8) 5~9면에 실린 「분단체제극복운동의 세계화를 위해」 참조.
8 이 시기의 소름끼치는 실상에 대해서는 돈 오버도퍼의 저서(Don Oberdorfer, *The Two*

하지만 한반도가 그런 악몽의 터가 되지는 않으리라는 것이 나의 믿음이다. 두세가지 중요한 이유만 떠올려도 그렇다.

첫째, 뭐니뭐니 해도 최근의 북한은 미국을 직접 건드린 실적이 없으며, 오히려——비록 지난 정권 때이긴 하지만——미국의 국무장관을 영접하고 미국대통령의 평양방문까지 합의했던 상대이니만큼 '에이협'적 광기가 발동할 확률도 그만큼 덜하다. 둘째로, 바로 북한의 대량살상무기가 공격의 구실로 들먹여지고 있긴 하지만, 어쨌든 미국의 병력과 해외 거주 시민들을 살상할 능력으로 치면 북한은 아프가니스탄이나 구 유고연방보다 훨씬 녹록찮은 수준에 있는 것이 사실이다. 셋째, 북한에 대한 폭격만이라면 미국이 일방적으로 감행할 수 있겠지만 주한미군 및 미국 민이 피해를 줄이기 위해, 특히 공습 이싱의 장기작전을 수행하기 위해서는 한국측의 협조가 필수적인데, 그간 성장한 한국경제의 규모로 보나 정치의 민주화 수준으로 보나 한국정부가 그런 자멸적 노선에 동조하기는 어렵게 되어 있다.

열거한 세가지 중 남한시민이 가장 직접적으로 좌우할 수 있는 대목은 세번째, 즉 한국정부의 대응자세다. 지금이야말로 정부와 정치지도자들이 미국의 무모한 강경책에 결코 동조할 수 없는 풍토를 만드는 일에 박차를 가할 때인 것이다. 그리고 지금이야말로 이 작업이 자주외교를 촉구하고 평화와 민족적 대의를 주장하는 일에 그치지 않고, 남북간의 자주적 협력과 남한 내부의 제반 개혁을 함께 진행함으로써 분단체제의 근원적 비자주성과 반민주성을 극복하는 차원으로 성숙할 호기이기도 하

Koreas, Addison-Wesley 1997)가 가장 상세하다고 하는데, 나는 이 책을 읽지 못했고 브루스 커밍스 등 다른 논자들의 언급을 통해 알 뿐이다. 앞의 『세계평화를 위한 한반도 화해와 통일 국제회의』 자료집 중 Bruce Cumings, "The New Danger in Korea," 25면과 주31 참조.

다. 종전의 대미의존은 그나마 '안보'와 '경제'라는 명분을 내걸 수 있었는데, 지금은 미국정부와 그 정책에 영합하는 국내세력들이 한반도의 안전과 한국경제의 안정에 대해서도 명백한 위협임을 대중들이 실감하게 된 것이다.

북으로서도 극한적 사생결단용인 두번째 항목보다 첫번째의 비중을 키우는 것이 중요하다. 그러기 위해서라도 당연히 남한민중의 분단체제 극복 노력에 대한 훼손을 삼가야 할 것이다.

위태한 가운데도 낙관을 허용하는 한가지 구체적 사안이 2002년 FIFA 월드컵이다. 부시 대통령이 서울에 머무는 2월 19~20일 양일간이나 5월 말에 시작하는 월드컵 기간중에 미국의 대북공격이 없으리라는 것은 점쟁이가 아니더라도 예언할 수 있는 일이다. 이번 월드컵이 한국 단독이 아니라 한국보다 미국인의 눈에 한 급 높아 보이는 일본과의 공동개최라는 점에서 특히 그렇다. 다시 말해 올봄만 잘 넘기면 한반도는 일단 안전지대로 편입되리라는 것인데, 물론 월드컵 자체가 성공적으로 치러진다는 전제 아래서다.

'월드컵의 성공'은 정부와 언론매체들이 쉴새없이 강조하는 2002년도의 국가적 목표다. 무엇보다 안전하고 질서있게 치러져야겠다는 것이고, 이를 통해 당장의 경제회복과 기술발전에 박차를 가함은 물론, 한국의 국제적 이미지를 드높이고 '브랜드 가치'를 상승시켜 수출과 관광, 외국인의 투자 등에서 더욱 장기적인 이득을 올리자는 것이다. 이런 목표 자체에 특별한 이견을 달 생각은 없다. 게다가 한국팀이 16강에 진출하게 된다면—전국민이 허열에 들뜨느니 빨리 지고 빨리 끝나는 게 낫다는 이색적인 우국충정도 없지 않지만—그야말로 기분좋은 일일뿐더러 '허열'을 가라앉히는 데도 유익할 것이다.

그러나 한반도에서 분단체제를 극복하고 세계평화에 남다른 이바지를 하겠다는 국민으로서 이 정도의 목표로 만족할 것인가? 실제로 이번 월드컵은 한·일 공동개최인 동시에 '아시아 최초'라는 역사적 의의를 지녔으며, 이는 일본 단독개최가 아닌 한·일 공동개최임으로 해서만 살아나는 의미이다. 일본만의 월드컵이라면 일찍부터 서양 따라가기의 우등생인 일본이 '탈아입구(脫亞入歐)'의 과정에서 획득한 또하나의 상패에 불과했을 것이다.[9] 그런데 한·일 공동개최라 해서 '아시아 최초'의 의미가 저절로 살아나는 것은 아니다. 서양 따라가기의 명수와 일본 따라가기의 우등생이 합작한 '저들만의 잔치'가 될 가능성은 여전히 남기 때문이다.

바로 이 대목에서 한국이 분단국이라는 사실이 결정적인 변수로 등장한다. 게임의 남북한 분산실시는 이미 기대하기 어려워진 듯하나, 아직도 북한측이 축복하고 간접으로나마 동참하는 월드컵이 될 수 있는지, 된다면 어느 정도까지 그리 될지는 남·북·일 3자관계의 진행에 달린 바크다. 물론 거의 매사가 그렇듯이 이를 미국이 응원해주느냐 마느냐가 또하나의 중대변수다. 그러나 월드컵의 개최국은 어디까지나 한국과 일본이며 월드컵과 병행될 '아리랑축제'의 주최국은 조선민주주의인민공화국이라는 점에서, 당장의 이해득실이 막대한 세 당사자의 자주적 결정의 폭은 그 어느 경우보다 넓은 셈이다. 3자간의 원만한 협동이 진행된다면 이는 한반도의 긴장완화는 물론 동북아시아의 평화, 나아가서 일본의 아시아적 정체성 회복에도 결정적으로 기여할 것이다.[10]

---

9 물론 한국이 단독으로 개최한다면 그 점은 달라지지만, 단독개최는 한국민에게 감당 못할 짐이 되었으리라 본다.

10 와다 하루끼(和田春樹) 교수는 국내신문에 기고한 글에서 월드컵이 북·일 화해의 계기가 되어야 함을 강조했다. 『한겨레』 2001년 10월 29일자 해외논단 「화해의 월드컵을 위하여」 참조.

한국의 '브랜드 가치' 상승만 해도 그렇다. 88올림픽 때처럼 이번에도 월드컵 기간중 손님맞이를 잘해내는 것만으로도 한국의 이미지가 개선되고 경제적인 이득이 뒤따를 건 분명하다. 특히 공동개최국인 일본이 질서의식과 청결, 친절의 정신에서 한국보다 한발 앞선 사회라는 점에서 좋은 공부의 기회임이 분명하다. 그러나 시험 전날의 벼락공부나 바이어 접대용 응급정돈에 그친다면 88올림픽 이후 무질서사회가 고스란히 복원되었듯이 또 한번의 겉치레로 끝날 공산이 크다. 하기야, 경제적 이득을 위주로 생각한다면 그래도 상관없는지 모른다.

일본을 배우더라도 오래 남을 공부를 하고 일본과 전세계에 무언가 오래 남을 선물을 안겨주려면, 분단체제극복이라는 세계사적 과제를 수행하는 국민으로서 분단체제극복과정에서의 결정적인 한 고비에 해당하는 월드컵을 치른다는 긍지를 바탕으로 안전과 질서를 도모하고 청결과 친절을 이행해야 하지 않을까. 월드컵조직위원회더러 'Dynamic Korea' 대신 '분단체제극복'을 대회표어로 내걸라는 건 무리겠지만, 시민들은 그런 정신으로 임해봄직하다. 그럴 때 16강진출이 이루어지면 곧바로 한반도의 평화와 통일에 대한 북돋움이 될 것이요, 설혹 좌절되더라도 최선을 다한 선수와 응원단 모두에게 아낌없는 박수를 보낼 마음의 여유를 지닐 것이다.

월드컵을 마치고 나면 머지않아 부산 아시안게임이 뒤따른다. 여기에는 북한 선수들도 참여할 것이 예상된다. 체육계의 시간표로도 한반도의 2002년은 세계사의 어둠 속에서 예외적인 밝음을 기약하고 있다는 느낌이다.

〈2002〉

제3부

$$10$$

한반도에 '일류사회'를 만들기 위해

—

1

한반도는 워낙 큰 사건이 많이 벌어지는 곳이라 그런지 2002년 한·일 월드컵의 기억조차 때로는 아스라해진 느낌이 든다. 하지만 대부분의 한국인들에게는 그때의 감격이 아직 생생할 것이다. 아니, 훨씬 냉정해진 눈으로 돌이켜보더라도 이번 월드컵의 경험은 역사적 사건이라 일컬음 직한 것이었다.

그 바람에 정부와 여론주도층이 강조했던 대로 한국의 '브랜드 가치'가 높아짐으로써 경제적 이득을 얻게 된 것도 사실이다. 하기야 신자유주의가 지배하는 살벌한 세계시장에서 조금이라도 편한 위치에 서게 된 것은 민중의 처지에서도 나쁠 것이 없다. 다만 월드컵의 종요로운 열매를 한국기업들의 경쟁력 증대에서 찾는 것은 2002년 6월의 역사적 의미를 축소하고 심지어 왜곡할 우려가 크다.

최근의 한 좌담에서도 지적되었듯이, "월드컵을 계기로 굉장한 에너지를 경험했는데, (…) 다양한 세력들 사이에서 그 에너지의 성격을 규정하고 이를 흡수하려는 투쟁이 벌어지고 있고 이런 시도는 앞으로 상당히 지속될"[1] 전망이다. '브랜드 가치 상승'이라거나 더 나아가 '일류국가 건설'이라는 담론도 그런 맥락에서 재고해볼 필요가 있다.

대한민국이 일류국가를 향해 전진하는 것 자체야 대한민국 국민으로서 마다할 까닭이 없다. 그러나 붉은악마의 교훈을 '하면 된다'라는 귀에 익은 구호로 정리하는 데서도 느껴지듯이 '일류국가 건설'은 개발독재시대의 자못 뒤숭숭하고 가위눌리기조차 했던 낡은 꿈을 되풀이한다는 혐의가 짙다. 신자유주의시대의 경쟁논리에 맞춰 업그레이드했다 치더라도 바탕이 바뀐 것은 아니다. 응원에 동원된 또하나의 이름 '코리아'가 갖는 복합성을 외면한 점에서도 그렇다.

물론 축구장에서 '오, 필승 코리아'를 외칠 때의 응원대상은 '대한민국'의 대표팀이었다. 그러나 군중들 자신은 이딸리아전에서 'Again 1966'을 내세울 때나 서해교전 직후에도 '꿈★은 이루어진다'고 주장할 때 '코리아'가 대한민국만이 아님을 의식하고 있었다. 이 점은 부산 아시안게임에 북측 대표팀이 참가함으로써 더욱 명백해졌다. 남북 선수단이 동시입장하고 응원단의 상호응원이 벌어졌으며, 이때의 주된 상징은 태극기도 인공기도 아닌 한반도기였던 것이다.

실은 '코리아'의 뜻이 단순하지 않은 것이 '노스 코리아'와 '싸우스 코

---

1 정담 「월드컵 이후 한국의 문화와 문화운동」, 『창작과비평』 2002년 가을호 17면 김종엽의 발언.

리아'의 존재 때문만은 아니다. 월드컵 때 '대~한민국'을 외쳐댄 사람들 가운데는 남북 어느 쪽의 국적도 아닌 수많은 해외동포가 포함되어 있었다. (물론 '동포'가 아닌 외국계 한국민과 외국인들도 있었고 이 점 또한 잊어서는 안된다.) 이들 동포는 미국과 미주 등지에서는 대체로 한인이라 불리고, 중국에서는 조선족, 구 소련에서는 고려인, 일본에서는 조선인 등의 이름으로 통하지만, 영어로는 모두 '코리언'이다. (미국시민인 어느 교포의 술회에 따르면 한국에 도착해서 초장에 가장 거슬리는 것이 출입국관리 심의대의 '내국인' 줄에 'KOREAN'이라고 써놓은 점이라고 한다. 미국에 살면서도 코리언으로서의 정체성과 긍지를 지키려고 그토록 애써온 자신인데 말이다.)

이무튼 월드컵 이후의 일류국가 건설론은 '코리아'의 의미를 분단국 한국으로 축소할뿐더러 분단체제의 해소 없이 대한민국 단독으로 일류국가를 만들 수 있다는 환상을 조장하기 쉽다. 또하나의 코리아인 조선민주주의인민공화국이 일류는커녕 이류에도 한참 못 미치는 상태로 남아 있을 경우, 과연 한국이 안보상의 우려도 없고 심각한 경제적 불안으로부터도 면제된 일류국가가 될 수 있을 것인가. 아니면 '하면 된다'는 정신으로 경제성장에 박차를 가해서 북을 일방적으로 흡수한 '통일 대한민국'을 만들겠다는 것인가.

일류국가론자 모두를 분단고착론자 아니면 흡수통일론자로 낙인찍자는 것은 아니다. 다만 월드컵으로 결집된 힘을 제대로 간직하고 활용하기 위해서는 담론 또한 좀더 슬기롭고 사려깊어야 하리라는 것이다. 실제로 일류국가론에는 분단현실에 국한되지 않는 좀더 일반적인 문제점이 있기도 하다. 국가를 중심으로 생각하는 국가주의가 깃들였을 수 있으며, 국가주의까지는 아니더라도 여하튼 국민국가에 대한 집착이 전제되어 있음이 분명하다.

따라서 월드컵을 통해 형성된 동력, 그중에서도 특히 소중한 젊은 세대의 창의성과 개방성, 진취성을 제대로 살리는 목표는 '일류국가 대한민국'보다는――굳이 일류라는 표현을 쓰기로 한다면――'한반도의 일류사회'로 설정되어야 하리라 본다. 국가보다는 실제로 사람들이 모여 사는 현장으로서의 '사회'를 앞세우는 동시에, 한반도에서는 어느 한쪽 절반만 떼어서 일류의 삶, 세계적으로 모범이 될 만한 삶이 가능하지 않다는 인식을 전제한 것이기 때문이다. 물론 이는 한반도만 떼어내서 될 일도 아니다. 한반도의 분단체제가 현존 세계체제의 일부라는 사실을 제쳐두고라도, '코리아'가 아닌 '코리언'을 기준으로 생각하면 한반도 지역이나 한국 또는 조선의 영토와 국적을 훌쩍 넘어 지구 곳곳에 퍼져 사는 인간집단을 떠올리게 마련이다. 실제로 한반도에서의 일류사회 건설은 전지구적 한인공동체의 발전이라는 별개의 과업과 병행됨으로써만 가능하리라 본다.

2

'일류사회론'이 일류국가의 성취를 배제하지는 않는다. 정말 멋진 사회를 만들기 위해서는 국가주의를 경계해야 한다는 뜻이며, 기존의 단일형 국민국가에 집착함이 없이 한반도의 현실에 맞는 새로운 국가형태를 창안하자는 것이다. 더구나 분단체제극복의 과정에서 복합국가형의 통치기구가 한반도에 세워지더라도 그것이 현실적으로 국민국가(nation-state)의 틀을 아주 벗어날 가능성은 적다고 봐야 한다.

국민국가의 극복을 바람직한 사회 건설의 전제로 삼는 논의 가운데는 복합국가와 국민국가를 상호배타적인 개념으로 오해한 경우도 없지 않은 듯하다. 동시에 마치 일부 급진적인 변혁론자들이 분단극복을 통해 자본주의 세계시장으로부터의 즉각적인 이탈을 꿈꾸듯이, 가까운 장래에 국민국가 체제로부터의 탈피가 가능하다는 공상에 젖은 경우도 있다. 게다가 한반도에서 국가나 국민의 이름으로 자행되어온 온갖 폭력과 만행 들이 상당부분 식민지시대와 분단시대를 통틀어 한번도 **온전한 국민국가를 갖지 못한 데** 기인했음을 간과하는 경향도 보인다.

어쨌든 국가보다 사람 중심, 사람들이 모여 사는 '사회' 중심으로 한반도의 현실을 보자는 것은 일찍부터 분단체제론에서 강조해온 점이다. 통일 후의 국가형태도 단일형 국민국가를 최종목표로 미리 설정할 게 아니라, 국가연합이나 연방제 등 그때그때 단계적 현실에 알맞은 기구를 한반도 주민들 다수의 실익을 기준으로 창안하자고 주장했던 것이다.[2]

그 점에서 "'분단극복이 아닌 분단체제의 극복'이 문제라면, 통일만이 유일한 해법은 아닌 것이다. 유일한 해법으로서의 통일에 갇혀 있다면, 미래의 복합적 정치공동체에 대한 상상력의 빈곤을 초래하지 않을까 우려되는 것이다"[3]라는 주장에 나도 원칙적으로 동의한다. 그러나 '미래의 복합적 정치공동체'가 한반도에—또는 적어도 한반도를 일차적 관할구역으로 삼고—세워지는 것일 때, 그것이 국가연합이든 연방국가든, 또 동아시아 지역연합의 일원이든 아니든, 국민국가와 전혀 별개의 성격을 지닌 어떤 형태가 가능하단 말인가. 너무나 아득한 먼날의 일이라 지금

2 졸저 『흔들리는 분단체제』 제1장, 특히 26~8면.
3 임지현 「다시, 민족주의는 반역이다」, 『창작과비평』 2002년 가을호 200면.

군이 그 성격을 규정할 필요가 없다고 한다면 이는 분단체제의 극복이 한정없이 미뤄져도 무방하다는 자세요, 그렇게까지 오래지는 않은 일정 기간의 "'탈분단'(혹은 탈냉전)"[4]을 거치면 한반도 또는 동아시아에 그러한 정치공동체가 성립될 수 있다는 전망이라면 어떤 근거로 그런 주장이 나왔는지 묻지 않을 수 없다. (물론 '국민국가'를 '단일형 국민국가'로만 이해한 결과일 수도 있는데, 그랬다면 '복합국가로의 통일' 가능성을 열어놓은 통일구상에 대해서는 아무런 반론도 제기하지 못한 셈이다.)

실은 '탈분단=탈냉전'이라는 설정도 문제다. '탈분단체제'라면 모를까, '탈분단'이라고 하면 이는 상식적으로 '분단극복'이요 '통일'일 터인데, 그런 낱말을 '탈냉전'의 동의어로 쓰는 것은 언어의 남용이다. 물론 분단극복 없이 냉전종식도 없다는 주장은 가능하겠지만, '탈분단'론자의 입장은 정반대가 아닌가. 즉 분단에서 통일로 나아가지 않고도 한반도에서 평화공존체제를 구축하고 냉전에서 벗어날 길이 있다는 주장을 펼치고 있는 것이다.

이런 식의 주장은 물론 '탈분단'론자에 국한되지 않는다. 한반도에서의 **당면과제**가 통일보다 평화공존이라는 점이야 남북 정부의 입장이자 우리 사회의 폭넓은 합의사항이며 분단체제론에서도 강조된 바 있다. 그러나 여기서 한걸음 더 나아가, 평화를 위해 통일담론 자체를 청산하거나 보류할 필요성을 내세우는 논리도 곧잘 만나는데, 특히 외국의 논자들이나 국내에서도 독일의 선례를 중시하는 지식인들 가운데서 흔하다. 실제로 독일에서는 브란트(Willy Brandt) 총리가 '동방정책'을 펴면서 통일담론을 평화담론으로 전환했고 뒤이어 1972년의 동서독 기본조약을

---

4 같은 곳.

통해 분단하의 평화공존에 합의함으로써 긴장이 완화되고 교류가 크게 증대했다. 그처럼 통일목표를 제쳐놓은 덕에 오히려 1990년의 독일통일이 가능해졌다는 논리이다. 그런데 한반도에서는 아직껏 통일론에 대한 집착을 떨쳐버리지 못해서 실질적인 긴장완화와 상호신뢰구축에 실패하고 있다는 것이다.[5]

한반도에서 통일담론 자체가 분단체제의 유지·강화에 실질적으로 이바지하는 경우가 흔한 것은 사실이다. 쉬운 예로 적화통일론·북진통일론을 떠올릴 수 있지만, 평화통일을 전제할지라도 흡수통일론이라든가 단선적인 통일지상주의가 상대방의 위기의식을 조장하거나 분단체제의 실상에 대한 인식을 흐림으로써 분단을 굳혀주기 십상인 것이다. 그런 점에서 통일담론에 대한 경계와 비판은 필요하다. 하지만 정작 필요한 것은 통일담론조차 자기재생산의 기제에 편입시키는 분단체제의 복합성과 유연성을 정확히 알고 효과적으로 대응하는 일이지, 통일담론을 포기함으로써 평화정착이 가능하리라 보는 것은 또하나의 단순화요 독일과 한반도 현실의 차이를 간과한 공담(空談)에 불과하다.

한반도에서 통일담론이 분단체제를 오히려 강화할 수 있는 최대의 원인은 6·25전쟁이라는 (동서독 사이에는 없었던) 무력통일 기도와 그 참혹한 실패의 경험이다. 이 점에서 통일담론의 역기능은 분단독일에서보

---

5 이런 주장은 예컨대 나도 참여했던 지난 5월 29~30일의 중앙대 한독문화연구소 주최 '통일과 문화' 국제 심포지엄에서도 거듭되었는데, 독일에서 온 귄터 그라스가 독일의 전철을 밟지 말고 훨씬 더 서서히 그리고 상대방에 대한 존중심을 갖고 통일하도록 권유하는 데 머문 반면(심포지엄 자료집 『통일과 문화』에 실린 Günter Grass, "Die Wiedervereinigung als andauernde Aufgabe" 및 그 국역본 「통일은 계속 풀어나가야 할 과제」, 『역사비평』 2002년 가을호 참조), 아직도 통일담론에 집착하는 한국인의 미숙성에 대한 질책은 오히려 국내 지식인들 쪽에서 나왔다.

다 훨씬 심각할 수 있다. 반면에 한반도에서 평화담론만으로 평화정착이 불가능한 것은 6·25 전에 남북 모두가 북진통일과 남진해방을 공공연하게 다짐할 만큼 한반도의 분단이 아무런 명분 없이 외세에 의해 강요되었기 때문이다. 그 점에서 통일 없는 평화를 주장하는 일은 곧 이 타율적 분단을 추인하는 반민족적 범죄행위였으며, 지금도 분단체제의 질곡을 수용하면서 그 소수 기득권층으로 남으려 한다는 혐의를 벗기 힘들다. 독일의 분단이 비록 타율적인 것이었지만 나찌 독일의 범죄에 대한 응징의 성격을 지녔고 그 때문에 동서 양쪽에서 상당수 주민들(특히 진보적 인사들)의 명시적 또는 암묵적 지지를 받았던 것과는 전혀 다른 상황인 것이다.

한반도에서는 통일을 하지 말자고 쌍방이 합의함으로써 평화를 정착시키는 일은 불가능하다. 북에서는 더구나 '통일'이 체제유지의 중요한 이데올로기가 되어 있지만, 남에서도 어떤 정치지도자가 통일을 배제하고 남북이 내내 좋은 이웃나라로 살자는 제안을 하는 순간, 그가 북으로부터 규탄의 대상이 됨은 물론이요 남의 대중으로부터도 지지를 상실함으로써 이래저래 평화정착사업에서 탈락하게 마련이다. 한반도는 통일을 너무 앞세워도 통일이 안되고 평화마저 위협받지만, 통일을 하지 말자고 해도 통일이 안됨은 물론 평화조차 어려워지는, 참으로 고약하다면 고약한 지역이다.

반면에 한반도는 독일과 달리 통일담론과 평화담론을 결합하면서 분단체제극복에 임할 수밖에 없는 절호의 공부자리이기도 하다. 실제로 독일의 통일이 귄터 그라스 같은 사람에게 그토록 불만스럽게 된 이유의 하나는, 구 서독에서 보수진영을 빼고는 평화담론에만 주력하고 통일담론을 소홀히했던 점일 것이다.[6] 그리고 한반도 특유의 '공부'가 학자들의 담론에 머물지 않고 바로 남북 정상의 만남에서 공동선언의 형태로, 통일을 하기는 하되 서둘러 하지는 않는다는 절묘한 절충을 만들어내는 성과에 이미 도달한 바 있다.

반면에 '분단극복'보다 '탈냉전'을 선호하는 지식인들의 활약도 일정한 현실적인 토대를 지녔다고 봐야 옳다. 6·15선언에 대한 전국민적 환호와 이산가족상봉, 씨드니 올림픽 및 부산 아시안게임에서 남북팀의 동시입장 등 잇따른 감동적 사건에도 불구하고 우리 사회 안에 통일에 냉담한 기류가 분명히 존재하는 것이다. 이는 젊은층으로 갈수록 더하다고도 한다.

그러나 이것 자체가 분단체제에 길들여진 결과로서, 우리 삶의 온갖 반민주적이고 비지주적인 요소가 분단과 어떻게 연관되는지를 제대로 인식하지 못한 채 분단체제의 존속에 ─ 일방적인 통일담론이나 마찬가지로 ─ 실질적으로 이바지하는 담론이라는 주장도 얼마든지 가능하다. 더 중요한 것은 대중의 '통일에 대한 냉담'을 어떻게 해석할 것인가이다. 좀더 정확한 통계숫자를 요구하는 차원이 아니라, 어떤 상황에서 어떤 성격의 냉담인지를 분석해볼 필요가 있다는 것이다. 그 속에는 분단체제 극복이 아닌 '아무렇게나 하는 통일'에 대한 거부의 지혜가 담겼을 수도 있고, 월드컵 때처럼 홀연히 분출할 에너지가 때를 기다리며 잠복해 있

6 예의 국제 심포지엄에서 토론자로 나온 이우영 박사가 최정호 교수에게, 그리고 나 자신은 그라스에게 이런 질문을 던졌으나 답변을 들을 기회는 만나지 못했다. 나의 기조강연에서는 이러한 비판이, "독일은 분단 이전에 이미 선진 대국이었고 분단상황에서도 동서독 모두 남북이 갖지 못한 경제적·문화적 자산을 숱하게 지녔음을 상기한다면, 독일인들이 통일의 과정에서 세계사에 이렇다할 창조적 기여를 하지 못했다는 판정이 가능합니다"(「한반도 통일을 위한 지구적 시각을 찾아서」, 자료집 『통일과 문화』 6면; 김누리·노영돈 엮음 『통일과 문화』, 역사비평사 2003, 35면)라는 식으로 훨씬 완곡하게 제기됐었다.

을 수도 있다. 실제로 통일비용 때문에 통일을 기피하는 심정에는 자본주의 사회에 사는 인간 특유의 이기심도 작용하고 있겠지만, 대중의 통일과정 참여가 온갖 제도적 장치와 정치적 관행으로 제한되고 '통일은 정부와 기업가들이 알아서 할 테니 너희들은 세금이나 내라'고 하는 식의 반민주적이고 비자주적인 현실에 대한 젊은 세대의 **건강한 반발**도 없지 않을 터이다. 분단체제극복으로서의 통일이라는 목표가 아직껏 분명치 않고 남북화해의 진행조차 부진한 상황에서 대중의 열기와 창의력이 통일을 향해 결집되지 못하는 것은 당연한 일이지 싶다.

   3

   그런데 2002년 후반에 들어 남북의 화해와 교류는 다시금 빠른 물살을 타고 있다. 월드컵 3, 4위전이 있는 날 벌어진 서해교전 등 온갖 곡절에도 불구하고, 흩어진 가족들의 만남이 재개됐고 각종 방문단이 오갔으며 부산 아시안게임에 북측 대표단과 응원단이 참여하여 수많은 감동장면을 연출했다. 무엇보다도 남북 군당국의 직접적인 동의와 개입을 전제하는 비무장지대 관통 철로 및 도로 연결사업이 착공되어 순조롭게 진행중이기도 하다. 최근에는 핵문제로 다시금 긴장된 분위기이고 미국측에서 이런 분위기를 한껏 고조시키는 느낌도 없지 않지만, 대세가 바뀌리라고는 생각지 않는다.
   돌이켜보면 서해교전의 최대 교훈도 6·15선언의 획기적 의의와 지속적 효과에 관한 것이 아니었을까 싶다. 인명의 희생과 군함의 손실을 동반한 충격적인 사건임에도 불구하고 주식값의 폭락이나 국민들의 사재기 소동 없이 지나갔으며, 외국자본이 철수하는 기미도 보이지 않았다. 월드컵 경기장의 열기와 질서도 여전했고, 전쟁의 위험을 실감할수록 평화를 염원하며 '꿈은 이루어진다'고 다짐하는 젊은 세대의 성숙함과 자신감이 돋보이기도 했다. 어쨌든 한때 냉전의 전초기지였고 지금도 그 '외딴섬'으로 불리는 한국에서 9·11테러의 여파를 오히려 가볍게 느꼈듯이, 서해교전이라는 근거리에서의 충돌 또한 당장의 공황사태나 남북관계의 장기적인 경색 없이 넘길 수 있었던 것이다.

남북의 화해에 소극적인 미국정부의 태도 또한 그동안 꾸준히 변해온 것 같다. 핵문제 등 아직은 예측불허의 상황이지만 '악의 축'의 일원으로 몰았던 북과의 관계를 평화적으로 해결하겠다고 부시 스스로 공언하는 형국인 것이다. 물론 그 배경에는 여러가지 요인이 있을 디이다. 이라크와의 전쟁을 결행하는 것만도 벅찬 미국 패권의 한계도 그 하나일 테고, 북·일 교섭에 적극적으로 나섬으로써 부시의 대북강경책에 제동을 건 코이즈미(小泉) 수상의 지지기반이 부시 대통령의 지지기반과는 다같은 우익이면서도 이해관계를 달리한다는 지적도 가능하다.[7]

급변하는 세계 및 동아시아 정세 그리고 북쪽 내부의 사정에 대해 특별한 정보나 전문적인 훈련도 없이 길게 이야기하는 것은 어리석은 짓일 게다. 내가 강조하고 싶은 것은, 국제적 역학관계가 중요하고 특히 미국이 한반도에 미치는 힘이 아직도 엄청나지만, 한국민의 자주력도 전과는 다른 수준에 달했으며 특히 남북간에 보조가 맞았을 때 만만찮은 위력을 발휘할 수 있다는 점이다. 실제로 월드컵 전에 이미 한반도에 관한 부시

---

7 이에 대해서는 인터넷신문 『프레시안』 2002년 9월 18일자의 「북-일정상회담 이면에 숨겨진 '아시아의 대밀약'」(http://www.pressian.com/section/section_article.asp?article_num =30020918073858&s_menu=경제) 및 '동아시아 뉴딜 플랜'에 관한 후속기사들 참조.

의 태도에는 '악의 축' 발언 당시에 비해 적잖은 변화가 일어났었고, 여기에는 우리 정부의 설득뿐 아니라 부시 발언에 집중된 한국사회의 비판여론도 분명히 한몫했다. 거기다 월드컵의 성공으로 한반도는 미국이 함부로 전쟁을 벌이기에는 한층 껄끄러운 땅이 되었으며, 드높아진 국민의 기상은 대북선제공격에 대한 한국정부의 동의를 미국이 얻어낼 가능성을 거의 완전히 봉쇄하기에 이르렀다.

물론 한국사회 내부에서는 대북정책을 둘러싸고 이른바 '남남갈등'이 여전히 심각하다. 그러나 부시행정부의 압박과 서해교전 같은 저해요인에도 불구하고 정부의 '햇볕정책'은 지속되었고, 특히 부산 아시안게임을 계기로 보수야당의 대북강경자세도 얼마간 누그러진 느낌이다.

중요한 것은 '남남갈등' 및 '햇볕정책'에 대해 올바른 시각을 확보하는 일이다. 대북포용정책에 대한 국론이 지나치게 갈리고 더러 맹목적인 발목잡기가 벌어지는 것은 안타깝지만, 분단체제극복이라는 과제의 성격상 남북관계를 둘러싼 남한 내부의 갈등은 너무도 당연한 것이다. 대북정책만은 외교와 국방 문제처럼 초당적으로 대처하고 국민적 단결로 밑받침해야 마땅하다는 발상 자체가 실은 국가 위주의 사고이며, 분단체제의 본질을 남한과 북한이라는 두 국가 내지 정권의 대립구도로 오인하는 태도다.

분단체제론이라 해서 남북 국가기구간의 대립을 무시하거나 남북의 민중을 동질적인 집단으로 설정하는 것은 아니다. 그러나 분단체제에서의 근본적인 문제는 이 체제에서 특혜를 누리는 소수와 자신의 인간적 존엄과 복리를 심각하게 제약받는 다수의 대립이며, 남북의 국가기구와 집권자들의 역할은 이 틀 안에서 그때그때의 정황에 따라 평가될 종속변수로 인식된다. 따라서 특정 사안에 대해 남한의 정부와 대다수 국민이 일치된 태도를 갖는 것이 바람직한 경우도 있으나, 분단체제의 극복과정 자체는 장차 어떤 대안적 체제를 만들 것인가를 둘러싼 뭇 집단간의 끊임없는 다툼을 수반하게 마련이며, 특히 그동안 분단체제의 운영에서 소외됐던 다수대중이 새롭게 참여하면서 기득권세력과의 갈등을 야기하는 일이 불가피하다. 또 바로 그렇기 때문에 대북관계를 둘러싼 남남갈등을 '통일세력과 반통일세력의 대결'로 보는 것도 속단이다. 통일을 하더라도 어떤 통일을 누구의 주도로 해나갈지에 대한 갈등이며, 통일 또는 교류·협력의 과정에서 누가 더 많은 이득을 챙길까를 다투는 싸움이기도 한 것이다.

그렇더라도 대북포용정책만은 다른 대안이 없는만큼 책임있는 정치인이나 시민이면 누구나 밀어줘야 하는 것 아닐까? 나 또한 원칙적으로 그래야 옳다고 생각한다. 하지만 여기서도 어떤 차원의 정책을 말하는지 좀더 분명히 가려줄 필요가 있다.

먼저, '햇볕정책'은 대북포용정책 내지 교류협력정책(engagement policy)의 김대중정부판 호칭인데, 강경압박정책으로부터의 선회를 생생하게 표현해주는 잇점이 있다. 반면에 이솝 우화의 내용을 그대로 따르건대 결국은 찬바람과 마찬가지로 상대방의 옷을 벗기는 것을 목표로 삼는다는 점에서, 북에서 불쾌하게 여기는 것도 이해할 만하다. 특히 분단체제극복운동의 관점에서는 상대방만 변화시키고 자신이 변할 필요성은 도외시되어 있다는 점에서 불만스러운 표현이다.

하지만 중요한 것은 그 내용이다. 한마디로 햇볕정책(또는 포용정책)이라고 하지만 이를 세 가지 차원으로 나눠보는 것이 그 내용을 평가하는 데 도움이 될 듯하다. 첫째는 경제협력사업이나 철도연결, 스포츠 교류 등등의 구체적인 사안에 관한 '정책'을 말하는 경우다. 이러한 그때그때의 과제실행 차원에서는 어떤 조건, 어떤 방식으로 그 '정책'을 수행할지에 대해 여야간에, 그리고 여러 전문가집단과 시민들 사이에 얼마든지 논쟁이 가능하고 논쟁을 통한 검토가 바람직하다.

다른 한편, 오늘의 한반도 문제에 접근하는 기본자세가 냉전적 대결이나 북측 체제의 붕괴를 위한 개입이어야 하는지 아니면 일단은 대화와 교류·협력을 통해 전쟁의 위협을 제거하고 긴장을 완화하는 게 옳은지를 선택하는 차원에서의 '정책'이 있다. 햇볕정책말고는 대안이 없다는 주장은 바로 이 차원에 해당하며, 실제로 전쟁재발은 물론 이른바 흡수통일도 현실적인 대안이 아니라는 점에서 이 주장은 타당하다. 국제사회의 대다수 국가가—심지어 미국의 부시행정부조차—햇볕정책을 적어도 입으로는 지지하는 것도 그 때문이며, 극심한 '남남갈등'에도 불구하고 여론조사 때마다 햇볕정책 자체는 국민 절대다수의 찬성을 얻곤 하는 것도 이런 기본적 타당성 때문일 게다.

그런데 조금 더 긴 안목으로 본다면 어떤가? 가령 햇볕정책이 일정하게 성공해서 지금보다 훨씬 활발한 교류와 협력이 진행되는 상황에서 정책의 추진자가 지향할 바는 무엇인가? '정책'이란 낱말은 이렇게 좀더 장기적인 차원에도 적용될 수 있다.

물론 햇볕정책의 요체는 바로 그러한 장기적인 고려사항을 일단 접어두고 당면한 긴장완화와 상호신뢰구축 사업에 치중하자는 데 있다. 변화의 과정이 시작된 뒤에 북의 체제가 어떤 길로 갈지, 통일은 언제 어떤 방식으로 될지, 도중에 국가연합을 할지 '낮은 단계의 연방제'를 할지, 이런 문제로 부질없이 마찰을 일으킬 게 아니라 실질적인 교류와 협력 증대를 우선하자는 것이다. '정경분리의 원칙'도 그런 취지다. 이렇게 볼 때 장기적인 차원에서 햇볕정책은 '무책(無策)'을 표방하고 있으며 이것이야말로 그 최대의 미덕인 셈이다.

그런데 무책도 무책 나름이다. 아니, 자연 속에 진공이 유지될 수 없듯이 현실 속에서 문자 그대로 무책의 정책이 가능할지도 의문이다. 예컨대 통일은 2,30년 후에나 가능하리라고 하는 정부지도자의 말을 액면 그대로 받아들인다면, 햇볕정책의 정경분리원칙이나 '무책'의 노선이 꽤 장기간 지속될 수 있다는 뜻이 되는데 과연 그런가? 6·15선언 당시의 드높았던 기대가 본격적으로 실현되기 전인데도 남과 북 모두가 엄청나게 변하고 있는 실정이거늘, 이런 변화에 일단 가속도가 붙는다면 그때 제기될 도전과 야기될지 모르는 혼란을 '정경분리'와 '상호불간섭'의 원칙으로 대처할 수 있을 것인가?

이런 질문을 떠올릴 때 장기적 차원에서의 햇볕정책의 본심은 역시 일종의 흡수통일이 아닐까 의심하지 않을 수 없다. 물론 전쟁 아니면 경제파탄을 초래할 당장의 급격한 흡수 시도가 아니라, 한층 완만한 병합 구상일 터이다. 또는 북측 당국자와의 협상 및 이익배분을 포함한다는 점에서 예멘식에 가까운 통일일 수도 있다.

문제는 햇볕정책이 한동안 진행된 후의 상황이라고 해서 이런 구상이 지금보다 현실성이 커지겠느냐는 점이다. 누구도 예견할 수 없는 일이긴 하지만, 햇볕정책으로 북의 체제가 안정된다면 그때라고 북측 정권이 흡수통일에 고분고분 응할 리가 만무하다. 반면에 체제가 심각하게 흔들리는 혼란상태라면 독일식 병합 기도에 일전불사로 맞설 가능성은 오히려 커질 터이며, 쌍방의 당국자들이 예멘식 담합으로 사태를 제어할 확률은 그만큼 낮아질 것이다.[8]

---

8 덧붙이자면, 나는 남북 예멘 지도자간의 1990년 통일합의를 '담합통일'로 규정한 바 있지

그러한 사태가 벌어질 경우, 교류와 협력 외에 다른 대안이 없음에 현재 합의하고 있는 남과 북의 정부, 남북 민중 대다수, 여러 외국 정부와 집단들 등 수많은 당사자들이 각기 자신의 이해관계에 따라 햇볕정책이 초래한 변화에 어떻게 대응할지를 놓고 갈리게 될 것이다. 그중 한반도에서 분단체제를 제대로 극복한 '일류사회'를 지향하는 사람들이 햇볕정책이 장기적 차원에서 '무책'의 정책임을 환영하는 이유는 남다르다. 한반도의 긴장이 완화되고 남북간의 교류가 활발해질수록 남북 정권 모두의 통제력과 외세의 지배력이 약화되게 마련인데, 이는 그만큼 대중들 자신의 능동성과 창의력이 발휘될 공간을 넓혀주는 것이기에 이에 따른 혼란은 마땅히 감수해야 한다는 취지인 것이다. 다시 말해 외세와 한반도내 기득권층이 겨냥하는 질서정연한 체제개편을 허용하지 않을 만큼의 '혼란'을 감수하면서 민중의 참여기회를 확대하는, 미래를 향해 진정으로 열린 '무책'이어야 한다. 아무런 장기적인 설계와 경륜이 없어 외부의 제국경영자들에게 놀아나는 무정견(無定見)도 아니요, 시기만 늦춘 흡수통일을 속내로 감춘 분단체제 기득권세력의 연명책이 되어서도 안된다는 것이다.

만 90년 직후의 상황이나 4년 뒤 이 담합이 깨지면서 무력충돌을 거쳐 북예멘이 통일을 완수한 상태가 분단의 영속화보다 못하다고 주장할 생각은 없다. 다만 한반도는 그런 담합이 통하거나 담합이 깨졌을 때의 무력충돌이 그 정도의 한정된 살상으로 끝날 수 없는 전혀 다른 현실로서, 제대로 된 분단체제 극복작업이 아니고서는 평화적인 통일이 불가능하다는 점을 강조할 따름이다.

4

 그러면 이런 갈림길에 도달하기 전에는 기득권층 온건파의 대북포용정책 추진과 분단체제극복운동 사이에 별다른 차이가 없다는 말인가? 물론 아니다.

 분단체제의 극복이 아닌 단순한 분단극복이라면 정부당국이나 대기업 등 현실적으로 힘있는 세력들이 합리적인 통일정책을 펼치는한 일반시민은 이를 지지해주는 것으로 족하다. 그러나 한반도에 현재의 남과 북 어느 쪽보다 훌륭한 새 사회를 건설하는 것이 목표일 경우, 남북의 사회를 각기 지배해온 집단들에 이 과업을 내맡길 수는 없으며 두 사회가 합쳐지는 날까지 이 작업을 미뤄둘 수도 없다. 평범한 사람들이 각자 처한 삶의 현장에서 자기 자신을 바꾸고 주변을 바꾸며 나아가 세상 전체를 바꾸기 위한 노력을 진행함으로써만 분단체제보다 나은 체제가 이땅에 자리잡을 수 있는 것이다.

 예컨대 햇볕정책과 관련해서도, 앞서 말한 세 차원 가운데 중간 차원에 해당하는, 당장에 전쟁보다 평화, 급격한 통일 시도보다 점진적인 통합을 선택하는 노선에 전폭적인 지지를 보내는 것이 옳다. 그러나 이 노선에 따라 수행되는 구체적인 정책과제의 영역에서는 모든 사람이 혹은 전문적인 지식을 동원하고 혹은 시민적 양식에 의존하여 그 우선순위와 실행방법을 따져야 하며, 특히 당국자들이 외면하기 쉬운 환경보전이나 약자들의 권익옹호를 위해 때로는 강력히 개입해야 한다. 더욱이 장기적 정책이나 경륜이라는 또하나의 차원에서는, 예컨대 햇볕정책의 정경분리 원칙이 장래의 정치적 결정을 남북한 민중의 의사에 맡기는 슬기롭고 용기있는 '진짜 무책'이어야지 분단체제 기득권세력의 주도권 유지에 복무하는 '위장 무책'이 되지 말아야 함을 미리부터 강조하지 않으면 안된다.

분단체제극복을 위해 병행되어야 할 작업으로는 앞서 언급한 '코리언'의 전세계적·탈한반도적 차원에 대한 인식과 대응도 포함된다. 한반도 통일작업에 해외동포의 참여를 포함시키려는 노력은 익숙한 것이지만, 이러한 한반도중심주의는 세계 곳곳에 이미 생활의 터전을 마련하고 사는 해외 코리언들의 욕구를 충분히 반영하지 못할뿐더러, 한반도에 진정으로 선진적인 사회를 만드는 데도 도움이 안되기 쉽다. 한반도에서 새로운 유형의 통일국가와 함께 멋진 인간사회를 만드는 작업과 더불어, 여러 다른 지역과 상이한 정치공동체에 소속하면서도 하나의 문화적 실체로서의 민족을 형성하는 '한인공동체'를 발전시키는 작업이 병행될 때, 두 가지 모두 성공이 담보되고 세계사적 의의가 증대될 것이다.

이를 위해서는 남북관계나 해외동포와 직접 관련없는 온갖 분야에서도 실질적인 개혁을 위한 노력이 수행되어야 함은 물론이다. 그러나 특히 중요한 것은 남북관계와 무관한 듯이 보이는 문제들이 실제로 어떻게 분단현실의 일부를 이루고 있으며 분단체제극복의 성패에 영향을 미치는지를 깨닫는 일이다. 예컨대 언론개혁문제만 해도 그렇다. 일차적으로 이것은 남쪽의 내부문제로 인식되고 있지만, 무책임하고 편파적인 보도와 무리한 부수확장사업에 누구보다 앞장서는 신문들이 바로 남북관계에 대해 가장 퇴행적인 자세를 보인다는 점에서도 분단체제의 수구세력이 언론의 선진화를 방해하는 세력이기도 함이 분명해진다. 교류협력이나 통일도 이들을 슬기롭게 제어하고 변화시키면서 한국사회가 '일류신문' 또는 그에 근접한 매체를 갖게 되는 가운데 성취되어야 한반도에 진정한 '일류사회'가 세워질 수 있다.

비슷한 사례는 각 분야에서 얼마든지 찾아볼 수 있을 것이다. 이를 열거하거나 개관하는 것은 이 글의 몫이 아니며, 그중 하나를 골라서 심층적인 분석을 가할 준비도 나로서는 되어 있지 않다. 다만 얼마 전 '통일시대의 개혁과 진보'를 논한 글에서 '서울과 지방 간 격차의 확대' 문제가 언급된 것을 계기로 한두 마디 덧붙일까 한다.

예컨대 그간 '한국적' 세계화의 피해전가 메커니즘이 잘 드러난 한 부문이 서울과 지방 간 격차의 확대라 할 수 있는데, 이런 추세도 통일시대를 상정하면 위험성이 한층 커지기 십상이다. (…) 통일시대로 진입하면서 한반도 전체가 어느 정도 다극화의 길로 갈 수 있을지, 아니면 경제력과 교육 등의 격차나 사회·문화적 이질감 때문에 불평능이 한반도 전역으로 확대되면서 위계제가 한층 공고화될지의 갈림길에서 현 추세는 후자의 가능성을 배제할 수 없게 만든다.[9]

이는 매우 중대한 문제제기로서 저자가 더이상의 설명을 안해준 것이 아쉽다. 수도권 집중과 농어촌의 피폐, 이로 인한 전국적 불평등의 심화는 제3세계의 공통된 문제이며, 이른바 선진국에서도 제반조건이 유리해서 덜 심각하게 드러날 뿐이지 자본주의 발달의 일반적 현상이랄 수도 있다. 그렇다고 그 불가피성에 체념하며 끝내 불평등 심화의 "가능성을 배제할 수 없"다면 한반도에서 '일류사회' 건설은 헛소리로 끝날 것이 뻔하다.

실제로 흡수통일이 된다고 가정할 경우에는 기존의 서울중심 현상이

---

9 유재건 「통일시대의 개혁과 진보」, 『창작과비평』 2002년 여름호 27면.

더욱 가중될 수밖에 없다. 물론 평양이 얼마간 특수한 지위를 지닐 것이고 서울중심을 완화하기 위한 이런저런 대책들이 제시되곤 하겠지만, 수도권집중의 대세를 뒤집을 방도는 없지 싶다. 반면에 남북 당국자간의 타협을 통한 '대등통일'——나쁘게 말하면 '담합통일'——이 이뤄진다면 서울과 평양의 양극체제 비슷한 것이 성립하겠지만, 나머지 남북 도시들의 주변화와 시골의 소외 및 전반적인 불평등의 심화는 막지 못하리라 본다. (게다가 양극체제도 세월이 갈수록 서울의 단일중심체제로 기울어갈 확률이 크다.) 오로지 기존의 개발패러다임을 근본적으로 바꾸려는 노력이 남북의 통일 또는 통합 과정과 결부될 때만, 서울과 평양의 두 극을 확보함과 동시에 다양한 여러 도시들에 활력을 불어넣고 도시와 시골 사이의 새로운 유대를 꿈꿀 수 있게 해줄 것이다.

막연한 이야기 같지만 분단체제의 흔들림과 더불어 그 실현가능성의 기미가 이미 곳곳에서 보이기도 한다. 예컨대 북에서 추진하는 신의주특구만 하더라도, 그 성패는 미지수지만 평양 이외에 전혀 색다른 중심을 만들려는 시도가 아니겠는가. 남쪽에서는 자본주의화와 대외개방의 진도가 훨씬 더 나갔기 때문에 경제특구나 자유도시 설립으로 수도권중심체제에 큰 변화를 줄 여지가 오히려 작다. 그만큼 이곳에서는 더욱더 창의적이고 획기적인 발상이 요구되는데, 이 맥락에서 나는 새만금 간척사업의 슬기로운 방향전환과 마무리가 결정적인 변수가 되리라 본다. 본지 이번호(『창작과비평』 2002년 겨울호)에 발표되는 김석철 교수의 대안 구상은 앞으로 철저한 검토와 검증을 거쳐야 할 테지만, 요컨대 발상을 크게 바꾸어 기왕에 쌓은 둑을 활용하되 새만금의 갯벌도 살리고 새로운 지역개발의 모형을 만들어내는 노력이 필요한 것만은 분명하다.

만약에 그러한 노력이 열매를 맺는다면, 이는 남쪽에서의 그간의 경제

성장노력과 개발의지, 반환경적 개발에 대한 비판의식과 그 조직화를 가
능케 해준 민주화과정, 그리고 대안적 발전에 대한 지적·학문적 모색 등
등이 행복하게 합쳐진 결과일 것이다. 하지만 남한 자체의 능력이 아무
리 축적됐다 하더라도 중국의 개혁·개방에다가 근년에 남북관계의 결빙
상태가 얼마간 녹아서 '황해안공동체'와 '철의 씰크로드'를 말할 수 있는
세월이 되지 않았더라면 발상 자체가 불가능했기 쉽다. 이처럼 한반도
긴장완화의 진전이 남북 각기에서 창의적이고 획기적인 변화를 자극하
고 이들 변화가 다시 남북관계의 자주적이고 민주적인 진행에 영향을 미
치는 가운데, 분단체제를 제대로 넘어선 멋진 사회가 한반도에 자리잡을
수 있으리라 믿는다.

〈2002〉

11

새만금 생태보존과 바다도시 논의

지금도 진행중인 새만금 간척사업을 어떻게든 중단시켜서 바다와 갯벌을 살리는 일은 우리 시대의 절박한 과제이다. 그런데 이를 달성하기가 유난히 힘든 이유 중에 하나는 우리가 지금 간척사업의 장단점을 백지상태에서 검토하고 있는 것이 아니라, 이미 10여년째 진행되면서 그 나름의 막강한 추진력과 관성을 확보한 사업을 저지하려 하고 있기 때문이다.

이런 상황에서 방조제 완공 저지라는 목표를 성취하기 위해서는 생명 존중과 환경보호의 명분을 거듭 강조함과 더불어, 많은 관련 당사자들을 간척반대로 설득할 대책 내지 '대안'을 연마하는 일도 필요하다. 그러다 보니 갯벌보존의 명분에 동의하는 사람들끼리도 어느 대안이 좋은지에 관해 의견이 갈리게 되고, 도대체 대안을 말하는 것 자체가 명분을 약화시키지 않는가 하는 우려도 나오게 마련이다.

이 모든 것이 시대적 과제의 성취를 위해 불가피한 진통이지 싶다. 『녹색평론』 지난호(2003년 3~4월, 통권 제69호)에서 '새만금의 망상을 깨자'는 표어와 함께 수록한 글들도 이러한 진통의 한 표현이자 진통을 감당하려는 노력의 일환일 것이다. 다만 간척사업이 무슨 획기적인 발전을 가져다줄 것이라는 기존의 망상뿐 아니라, 간척사업을 중단시킬 대안 일체를 너무 쉽게 '망상'으로 치부하며 공격한다는 인상을 지울 수 없었다. 특히 (수록된 모든 글이 그런 건 아니지만) 김석철 교수가 제안했고 나 자신도 적지 않은 관심을 갖고 있는 '새만금 바다도시' 구상이 집중공격의 대상이 된 느낌이었다.

나 자신은 바다도시가 설혹 최선의 대안이 못될지라도 갯벌과 바다를 최대한으로 살리려는 하나의 진지한 구상으로 취급될 필요가 있다는 생각에서 바다도시에 대한 토론을 촉구해왔다. 따라서 마치 토론의 여지조차 없다는 듯한 발언들을 대할 때 『녹색평론』의 오랜 애독자의 한 사람으로서 실망한 바 없지 않다. 다행히 편집자 쪽에서 다른 의견에 대해서도 지면을 개방할 용의가 있음을 알려왔기에, 감사하는 마음으로 이 글을 내놓는다.

미리 양해를 구하건대 이것이 완전히 새로 쓴 글은 아니다. 내용의 대부분이 지난(2003년) 3월 14일 서울 서소문동 명지빌딩에서 열린 '새만금 바다도시 중간쎄미나'에서 '중간평가보고'의 형식으로 발표했던 것이며, 발제문은 인터넷신문 '프레시안'에 전문이 실리기도 했다. 그러나 발제 후 『녹색평론』의 글들뿐 아니라 『열린 전북』 2003년 4월호의 '새만금 신구상' 특집(RTV의 홈페이지 www.rtv.or.kr에서 VOD로 이 특집의 바탕이 된 '전북 도민토론회'의 실황중계를 볼 수도 있음), '디지털창비'(www.changbi.com)의 웹매거진에 발표된 전승수(全承洙) 교수의 글, 뒤이은 김석철 교수의 '답변과 배경설명' 등 토론의 진전이 있었으므로, 이번이 예의 '중간보고'를 보완할 좋은 기회라 생각된다.

글의 형식은 원래의 발표문을 대화체 그대로 옮겨 적으면서 새로운 내용을 '[ ]'표 속에 덧붙이는 방식을 택했다. 독자들 가운데는 이런 방식이 무성의하며 어수선하다고 탓하는 분도 계실지 모르겠다. 실제로 온전한 새 글을 만들지 못한 게으름은 변명의 여지가 없다. 그렇긴 해도, 나로서는 좀 성격이 다른 청중을 상대로 했던 발언의 현장감을 유지하면서──물론 그때의 발언도 전혀 첨삭 없이 문서화됐던 것은 아니고 이번 기회에 또 좀 첨삭했다──특별히『녹색평론』독자를 염두에 두고 보완한 대목을 표나게 드러내는 것이 그 나름의 의미가 있으리라 생각했다. 글쓰기 형식의 한 실험이려니 하고 양해해주시기 바란다.

1. 말머리에

오늘 쎄미나에서 제가 '중간평가보고'를 하는 것으로 돼 있습니다만 객관적인 평가를 하기에는 부적절한 인물이라는 느낌이 듭니다. 제가 대표하는 시민방송 RTV에서는 작년 9월 개국과 더불어 '새만금, 대안은 있다'라는 표어로 캠페인을 벌여왔습니다. 김석철 교수의 바다도시 구상이 곧바로 대안이라고 지목한 것은 아니고 환경운동가들의 시각에서부터 농업기반공사의 입장에 이르기까지 폭넓게 소개해왔습니다만, 김교수의 제안을 계기로 어떻게든 간척공사가 아닌 다른 대안이 있다는 확신을 갖고 바다도시안을 집중적으로 소개했습니다.

게다가 저 개인으로서는 김석철 교수의 구상에 깊은 관심을 갖고 그와

대화를 나눠온 것이 2년도 더 되었습니다. 처음에는 김교수가 아직 무르익지 않은 구상이니 보완을 한 뒤에나 발설하자고 했었지만 2001년 후반부터 제 주변에 알리기 시작했고, 작년 들어서는 환경운동가, 전북지역 인사 등을 상대로 몇차례의 비공식 설명회를 제가 주선하기도 했습니다. 김교수 자신은 좀더 많은 준비기간을 원했습니다만, RTV의 개국 캠페인에 맞추려는 타산도 있었고, 무엇보다도 간척공사가 계속 진행중인 상황이라 공론화를 제가 다그쳤던 것입니다.

그렇기는 하지만 바다도시안은 어디까지나 김석철의 안이며 제가 당사자로서 '보고'를 할 처지도 아닙니다. 오히려 일정한 거리를 두고 '평가'하는 것이 제격일지 모릅니다. 따라서 RTV나 김교수와 별개의 한 개인으로서 일종의 중간평가를 시도하면서 저간의 경위를 모르시는 분들을 위해 약간의 보고도 곁들이고자 합니다.

2. 배경: 새만금 간척사업을 둘러싼 기존의 갈등

아시다시피 새만금 간척사업은 군산반도와 변산반도를 잇는 33km의 방조제를 쌓아 4만ha의 토지(및 담수호)를 조성한다는 사상 최대의 간척사업입니다. 누가 보나 정략성이 짙은 결정에 따라 1991년 11월 착공했고, 시화호 간척사업의 폐해가 널리 알려지면서 1997년말경부터 환경단체들의 반대운동이 시작됐습니다. 그 결과 1999년 5월부터 약 2년간 일시 중단되었으나, 2001년 5월에 역시 석연치 않은 절차에 따라 정부의 재개결정이 내려져 현재 막바지 방조제공사가 진행중입니다.

환경운동가들은 간척사업으로 사라질 갯벌과 바다의 생태적 중요성,

간척지에 조성될 담수호의 수질문제 등을 강조함은 물론, 경제성 면에서도 사업의 타당성이 없음을 지적해왔습니다. 농지 또는 산업용지를 만들어봤자 전라북도의 발전에 별 실익이 없으리라는 점은 비단 환경운동가들만의 주장이 아닙니다. 애당초 정부 내에서 새만금사업의 시작 자체를 누구보다 반대했던 것이 경제부처였으니까요.

또한 새만금사업이 애초의 결정이나 일시 중단 후의 재개 과정에서 민주적 절차가 결여되었다는 점도 비판의 대상입니다.

이러한 지적들은 대부분 설득력이 강함에도 불구하고 사업이 지속되는 데는 몇가지 이유가 있을 듯합니다.

(1) 낙후된 지역경제가 활성화되기를 바라는 전라북도 도민들의 강렬한 욕구가 새만금사업에 집약되었으며, 이것이 지역수의 정치구도를 통해 정치권 전체에 거의 절대적인 위력을 발휘해온 점을 들 수 있습니다.

(2) 게다가 사업과 관련된 각종 기득권세력이 각계에 포진하여 이러한 정서를 업고 지역여론을 좌우하고 있는 상황입니다.

(3) 사업이 이미 상당부분 진척된 지점에서야 시작된 반대운동이 '백지화'를 요구했을 때, 계획단계에서 반대여론을 일으켜 성공한 동강댐의 경우와 달리, 한결 설득력이 떨어지게 마련입니다.

[사업이 권위주의 정권 아래서 워낙 불투명하게 결정되고 추진되었으므로 본격적인 반대운동을 진작에 전개하지 못한 환경단체들을 나무랄 수는 없다. 다만 동강댐 백지화운동의 성공이 일부 환경운동가들로 하여금 새만금에서도 같은 성과를 거둘 수 있다는 낙관을 심어주기도 하는 듯한데, '계획'을 백지화하는 일과 여러해에 걸쳐 엄청난 규모로 진행되어온 사업을 백지화하는 일의 현실적 차이를 강조할 필요가 있다. 또, 지나간 이야기지만, 반대운동의 활성화를 가져온 직접적인 계기가 시화호

의 대대적 오염이었기 때문에 새만금 간척사업 반대논리가 수질문제에 지나치게 집중된 점도 전략적으로 빗나간 바가 있다. 이것이 정부로 하여금 (가상적인) 수질개선을 전제로 '순차적 개발'이라는 기만책을 내세우는 데 일조한 것이 사실인데, 간척 이후의 수질보다 간척으로 인한 바다와 갯벌 생태계의 파괴 자체가 문제의 핵심이라는 점이 본의 아니게 흐려졌던 것이다.]

(4) 문자 그대로의 백지화, 즉 이미 쌓아놓은 제방마저 모두 철거하는 것이 아니라 현상태에서의 '중단'을 요구할 경우에도, 앞서 말한 지역정서를 외면하거나 너무 가볍게 봄으로써 지역주민 설득에 실패한 점입니다. 실제로 '지역정서'라는 표현 자체가 명분과는 별도로 어찌해볼 수 없는 감정상의 현실이라는 뉘앙스를 풍깁니다만, 새만금을 통해서라도 전북이 남들처럼 발전해야겠다는 '정서' 속에는 단순한 한풀이가 아니라 국토의 균형발전에 대한 정당한 요구와 차별에 반대하는 민주주의적 명분이 포함되어 있다는 점을 간과해서는 안될 것입니다.

[물론 "자꾸 무슨 새로운 개발계획을 대안으로 던져주어야 전북의 민심이 돌아설 것이라고 보는 것은, 제가 보기엔 전북 주민들을 마치 돈밖에 모르는 사람들로 멸시하는 것이나 다름없습니다"(『녹색평론』 제69호 89면)라는 주장도 일리가 있다. 아니, 그렇게 멸시하는 마음으로 내놓는 대안이라면 어떤 감언이설로 치장해도 민심을 돌리지 못할 것이다. 반면에, 전라북도가 다른 도나 시에 비해 너무 못살고 젊은이들이 안 살려는 게 싫다는 민심조차 '돈밖에 모르는' 마음으로 멸시한다면 그 또한 문제다. 이런 자세로는 민심을 돌리기가 현실적으로 어려워진다는 점을 떠나서도, 도대체 인간에 대해 어떻게 생각하는 게 옳으냐는 철학적인 문제가 제기되는 것이다. 설령 전북의 민심에 망상과 오도된 욕망이 잔뜩 섞였다 해

도, 유달리 낙후하고 따라서 차별받는 삶을 거부하려는 정당한 욕구가 함께 작용하고 있다면 좀더 공경하는 마음으로 대해야 할 것이다.]

아무튼 방조제의 남은 세 군데 틈(Gap 1, 2, 3)마저 시시각각으로 메워져가고 있는 상황에서 설득력있는 대안을 시급히 내놓지 않고서는 방조제 완공과 그에 따른 환경파괴를 막기 어렵게 된 것이 지금의 현실입니다.

3. 김석철의 바다도시 구상

간척사업을 더는 진행하지 말되 이미 시공한 방조제를 활용하여 새만금 일대에 바다도시를 건설하자는 김석철 교수의 제안은, (1) 전북 도민의 정당한 개발욕구를 충족시키면서 (2) 갯벌과 바다를 대부분 보존할 수 있는 독창적인 방안으로서, 새만금문제에 대한 획기적인 발상의 전환을 뜻하기도 합니다. 물론 획기적인 만큼이나 쉽게 이해되기 어렵고, 독창적이기 때문에 더욱 철저한 검증을 요하는 것이 사실입니다.

김석철 교수는 그의 구상을 '다섯 키워드'로 설명하고 있지요. 제가 보기에 그중 셋은 새만금과 직접 관련된 것이고 나머지는 더 큰 맥락에 대한 설명인 셈인데, 나머지 둘 중에 하나는 좀 부수적이랄까 일종의 부연설명에 해당하는 것 같습니다.

다섯개의 핵심용어 중에서 새만금과 직결된 가장 기본적인 단어는 '안바다'입니다. 어떤 의미로는 기존의 새만금 논의에 가장 친숙한 낱말이기도 하지요. 생태관광, 수상관광, 조력발전, 풍력단지 등 기존의 대안 구상들이 비록 '안바다'라는 용어를 사용하지 않았더라도 새만금 내해(內海)의 존재를 전제했던 것입니다. 그러나 현재 진행중인 간척사업과는 정면으로 반대되는 논리지요. 바다도시안에 대한 환경운동측의 반응은 아직 흔쾌한 편이 못됩니다만, 김석철 교수와 대다수 환경운동가들이 기본적으로 '안바다'라는 키워드를 공유하고 있다는 사실을 잊어서는 안될 것입니다.

그러나 기성의 둑을 활용하되 바닷물이 드나드는 상태를 '안바다'라는 말로 표현한 것 자체가 김석철 교수의 독창성입니다. 이 표현이 베네찌아의 라구나(Laguna)를 떠올리는 데서도 짐작되듯이 김석철 구상에서 '안바다'는 '바다도시'라는 또하나의 키워드로 연결됩니다. 즉 그간의 방조제공사로 만들어진 새만금의 내해를 천혜의 인프라로 삼는 수상도시(aquapolis)를 건설하자는 것입니다. 물론 그중에서 '항만도시'의 외항이나 '해상관광도시'의 일부는 바깥바다에 위치하게 되지만, 어쨌든 안바다를 살려놓고 이미 쌓은 방조제와 일부 갯벌 위에다 다섯개의 소도시('중간도시' 포함)를 짓는다는 것이지요.

이에 대해서는 오늘 김교수 자신이 그간의 구상을 좀더 다듬어서 발표할 예정이므로 제가 길게 설명할 필요가 없겠습니다.

[이날 그가 발표한 '2차 마스터플랜'은 유감스럽게도 당일의 자료집 외에는 활자화된 바 없다. 다만 최근 창비 웹매거진에 실린 「새만금 바다도시: 반론에 대한 답변과 배경설명」에서 그 내용의 일부가 언급되어 있을 뿐이다. 반면에 베네찌아를 들먹임으로써 자초했던 흔한 오해, 즉 새만금과 베네찌아가 전혀 다른 입지인데 새만금을 베네찌아처럼 만들려 한다는 오해에 대해서는 설득력있는 해명을 이번 글에서 제시했다고 믿는다.]

'바다도시'는 또하나의 키워드 '도시연합'과 불가분의 관계에 있습니다. 인근의 군산·익산·전주·김제·정읍은 새만금 바다도시의 존재를 통해서만 상호연계와 경쟁력 확보가 가능해지고, 새만금 바다도시 또한 이들 도시와 연합을 이룸으로써만 환황해권(環黃海圈)의 거점지역으로 성립할 수 있는 것입니다. 이 점 또한 김교수 자신으로부터 좀더 자세한 설명을 들어볼 일입니다.

[이에 대한 당일의 설명이 아직 충분한 수준이 아님은 김교수 스스로 인정하고 있다. 그러나 새만금 바다도시의 성패가 이러한 도시연합(urban union) 내지 어반 클러스터(urban cluster, 都市群)의 존립 여부에 달렸다는 사실은 그 자신이 강조하는 점이며, 다음 단계 연구의 핵심과제로 삼고 있는 것으로 안다.]

새만금에 대한 이러한 구상은 환황해권(김석철의 첫째 키워드인 '황해도시공동체')의 역사적·경제지리적 변화에 대한 인식을 전제합니다. 수백년 동안 침체해 있던, 특히 냉전시대에 거의 죽어 있던 황해가 교역과 교류의 중심지로 되살아나면서 새만금을 포함한 한반도의 서해안 일대에 전에 없던 기회와 도전을 던져주고 있다는 것이지요. 여기에는 개혁·개방 이래 중국의 급속한 성장뿐 아니라 한반도의 화해교류 기운도 작용하고 있는데, 어쨌든 기존의 간척사업 찬반논쟁과는 전혀 다른 차원의 사고를 요구하는 대목입니다.

나머지 하나의 키워드는 때로는 '서해안 어반 클러스터', 때로는 '메가씨티'로 규정되곤 합니다만, 어느 경우든 '황해도시공동체'를 부연설명하면서 새만금과 연결시키는 보조적인 역할을 하는 것 같습니다.

4. 바다도시에 대한 그간의 반응들

앞서 말씀드렸듯이 바다도시 제안은 한편으로 그것이 매우 독창적이어서 검증할 여지가 너무도 많기 때문에, 다른 한편 발상이 획기적이어서 기존의 사고방식으로는 접근이 어렵기 때문에, 여러모로 엇갈린 반응을 낳고 있습니다.

먼저 간척사업을 지지해온 쪽의 반응을 정리한다면 대략 세가지로 나눌 수 있을 듯합니다.

(1) 현실적으로 가능만 하다면 전라북도를 위해서나 한국을 위해서나 더이상 좋을 수 없겠다고 환영하는 입장. 그러나 아직은 이것이 과연 가능하겠냐는 선의의 의문이 많은 상태입니다.

(2) 처음부터 현실성이 없는 안이 오로지 간척사업 중단을 위한 구실로 제시되었다고 의심하는 경향.

(3) 간척사업을 고집하는 입장에서는 바다도시가 설혹 실현가능하더라도, 어쩌면 실현가능하면 할수록 끝까지 반대하게 마련이겠지요.

환경운동측의 반응도 다양합니다.

(1) 현실적으로 가능만 하다면 절묘한 해법이라는 조건부 환영론을 여기서도 만날 수 있는데, 역시 선의의 의문이 지배적입니다. 개중에는 도올 김용옥(金容沃)과 같은 소신있는 적극지지 선언(『문화일보』 2003. 1. 27 및 2. 12)에 내심으로 공감하는 이도 있을지 모르겠으나, 환경단체들의 전반적인 정서에 비추어 공개적인 환영발언 자체가 드문 편입니다.

[적어도 이름난 환경운동가의 공개적 지지는 아직 없는 것으로 안다. 그러나 바다도시안을 비판하면서도 더러 상통점을 보여준 전북대 오창환(吳昌桓) 교수의 대안 같은 것은 일종의 조건부 환영론에 해당한다 할 것이다. 오교수는 기존의 사업추진자들이 거론하는 '친환경산업복합단지'를 대폭 축소하여 군산 남쪽(대략 김석철 교수의 '해양생명과학단지'에 해당하는 지역)에 배치하고, 신시도 일대에 신항만을 건설하며, 김교

수의 항만도시와 박람도시에 해당하는 지역을 갯벌이 보존된 '생태관광특구'로 만들자고 제의한다. 이 제안의 타당성은 따로 검토할 일이나 "비록 완전치는 못하지만 환경을 최대한 보존하며 전라북도 발전에 진정한 지원이 될 수 있는 새만금 개발 중재안"(『열린 전북』 2003년 3월호 72면)을 찾자는 발상에서는 김석철 교수와 일치하고 있다.

"바다도시가 아닌 바다공원"을 제의하는 전승수 교수도, "많은 사람이 살고, 많은 일자리가 있고, 지방발전의 모범이 되는 힘이 존재하고, 진정으로 환경친화적으로 계획된 그런 '사람이 살고 있는 복합공원도시'가 되어야만 한다. 이곳은 할아버지―아버지―손자가 함께 사는 그러한 우리의 행복한 공원마을이고, 공원도시이며 해양도시이어야만 할 것이다"(「신성 우리가 바라는 새만금의 미래는?」, 창비 웹매거진)라는 대목에 이르면, 바다도시 구상에 적잖이 근접해 있음이 눈에 띈다. 실제로 전교수는, "여기에서 '새만금 바다도시'를 이런저런 완성되지 않은 계획의 문제점을 들어서 반대해야 할 이유도 없다. 우리가 김교수의 새만금 바다도시 구상에서 얻을 것은 분명히 얻어내야 한다. 분명한 것은 새만금 하구가 완전히 막히지 않는다면, 새만금 갯벌이 완전히 죽지만 않는다면 우리는 이상적인 발전방향을 새만금의 넓은 바다와 갯벌 위에 그릴 수 있다는 것이다"라고 하여, 김교수 제안에 대해 일정한 공감을 표하고 있다.

내가 보기에 전교수의 글이 갖는 특별한 의미는 간척사업 반대운동에 실천적으로 간여해온 자연과학자로서 새만금 갯벌은 이미 죽었고 이를 되살리려면 쌓아놓은 둑을 허는 길밖에 없다는 자포자기(自暴自棄)의 태도를 간곡히 반박하며, 방조제를 헌다는 것이 설혹 정치적으로 실현가능할지라도 오히려 환경보호 차원에서 바람직한 답이 아니라는 사실을 밝힌 점이다.

"방조제의 철거는 바로 새만금 하구갯벌은 물론 인근의 광범위한 해안을 즉시 죽이는 역할을 할 것이며 갯벌이 다시 살아날 때까지 우리는 족히 20년은 기다려야 할 것이다. 그것도 완벽한 철거를 달성했을 때의 얘기이다. 분명 해수가 유통되는 한 다시 살아날 것은 틀림없지만 과연 그렇게 할 수 있는 것인가? 또 걷어낸 바위덩어리를 다시 원래의 고향으로 보내도록 해보자. 이제 이들은 단순한 암체가 아니므로 어느 곳에 쌓아도 2~3배의 부피로 늘어난 형편없는 몰골의 돌덩어리의 산이 될 수밖에 없다. 이들을 그 어느 곳의 육지에 갖다놓아도 엄청난 환경피해를 주는 것은 불을 보듯 뻔한 것이다. 이러한 모습이 진정으로 새만금 갯벌을 사랑하는 판단일까? 아니 부안군과 인근 바다를 사랑하는 판단일 수 있을까?"

이제 와서 방조제를 허물자는 주장은 그런 말을 하는 사람들의 신념과는 무관하게 또하나의 거대한 환경재앙을 촉구하는 주장인 셈이며, 현실적으로는 새만금 개발에 대안은 없고 필요치도 않다는 간척사업 추진자들에게 힘을 보태주는 말이 되기 십상인 것이다.]

(2) 바다도시 자체는 실현가능할지라도 또다른 환경파괴를 초래할 것이라는 우려와 반대를 들 수 있습니다.

(3) 같은 반대론이면서 바다도시 건설이라는 발상 자체가 '개발논리'의 연장이라는 좀더 원칙적인 주장이 있습니다. 실제로 2와 3은 겹치기 일쑤며, 특히 현지 어민측의 반대운동은 이 두 논리를 동시에 동원하는 듯합니다.

[이 가운데서 『녹색평론』 편집진의 기본입장은 3으로 분류해서 무리가 없을 듯싶다. 물론 이것이 2의 입장, 즉 바다도시로 인한 현실적 환경파괴 가능성에 대한 비판과 양립할 수 없는 것은 아니나, 『녹색평론』의

경우 이 점은 부수적인 문제인 듯하다. '새만금을 반대하는 부안사람들'도 최소한 『녹색평론』에 등장한 두 분의 경우에는 3의 원칙론에 크게 의존하고 있다. 동시에 부안의 현장에 관해서는 '환경관리주의' 차원의 논의도 많다. 이는 주민운동으로서 당연한 것이며, 생태주의니 환경관리주의니 하는 문자를 쓸 것 없이 현지주민들의 절실한 발언은 경청해 마땅하다. 그러나 방조제를 터버리는 것이 유일한 대안이라는 주장(『녹색평론』제69호 102면)은 현지 어민의 절규일 수는 있을지언정 어민을 대변하여 생명의 논리를 펼치겠다는 지식인으로서는 책임성의 한도를 벗어난 것이며, 자신의 특이한 자녀교육법을 끌어댄 새만금 해법의 제시(같은 책 81~2면) 또한 주민운동의 대표성을 지닌 발언으로 받아들이기 힘들다.]

5. '전주발언' 이후의 새 국면

이런 상황은 노무현 대통령당선자(당시)의 2003년 2월 11일 전주 국정토론회에서의 발언으로 새 국면을 맞았다고 하겠습니다. 그 발언에 대한 해석 또한 분분합니다.

(1) 전북도 당국(및 간척사업 추진주체들)은 '새만금사업 계속'에 대한 당선자의 약속이 '방조제 완공'을 뜻하며 조성된 간척지를 농지로 써야 한다는 제약마저 풀어준 것으로 해석하고 크게 환영했습니다. 대다수 환경단체도 같은 취지로 이해하여 당선자의 발언을 비판하며 규탄했습니다.

(2) 다른 한편 일부 환경운동가들은 달리 해석하기도 합니다. "노무현 대통령은 2월 11일 토론회에서 '간척지를 얼마나 간척, 개발하며, 어떻게

활용하느냐를 새롭게 검토해야 한다(『조선일보』 2.12)'고 발언하였다. 간척의 정도나 활용방법을 전면 재검토해야 하는 것으로 해석되는 대목이다. 우리는 이 발언의 중요성에 주목하고 있다."(이시재 「새만금사업의 결정과정과 문제점」, 2003년 3월 4일 환경운동연합 시민환경연구소 주최 '새만금 지역을 살리기 위한 한·독 공동심포지움' 자료집 34면) 이 해석을 따른다면 바다도시 건설에 필요한 만큼만의 간척을 하고 안바다를 살리는 길도 열린 셈입니다.

발언자의 의도와 무관하게 그 발언으로 인해 새로운 국면이 전개된 점도 무시할 수 없습니다.

첫째, 농지확보라는 그간의 간척사업 명분을 국정의 최고책임자 스스로가 부인한 꼴이므로 결과적으로 반대운동의 명분과 입지를 크게 강화한 것이 사실입니다. 농림당국은 여전히 간척사업을 고집하면서 새만금사업을 주도할 의지를 굳히고 있으나, 정부의 공식 입장이 '농지 이외의 대안'으로 정리될 경우 당장에 공유수면 매립허가의 취소를 청구할 법적인 근거가 생기지요.

둘째로 '친환경적 개발'이라는 용어를 설혹 발언자 자신이 큰 무게를 두지 않고 사용했다 하더라도, 지금은 간척사업 재개결정 당시의 '친환경적 순차개발' 같은 기만적인 어법으로 넘어가기는 어려운 시대입니다. 새로운 사업계획을 세울 경우 새로이 환경영향평가를 해야 하는데, '참여정부'의 명분으로 보나 국제연대를 포함한 간척사업 반대운동이 다시 불타오르고 있는 현실을 보나 이 문제를 어물어물 넘길 수는 없게 되어 있으니까요. 다만 논의가 분분한 가운데 이미 예산이 할당된 간척사업이 기계적으로 진행되면서 환경파괴가 돌이킬 수 없는 수준에 이를 가능성은 엄연합니다. 이 현실적 위험에 우리 모두가 특별한 경각심을 갖고 대처해야 할 것입니다.

셋째, 개발을 소망해온 전북도민의 입장에서는 새 정부가 '대안없는 중단'을 하지 않을 것임을 재확인한만큼 '중단을 목표로 하는 위장대안'에 대한 두려움을 덜고 여러가지 방안을 논의해볼 조건이 마련된 셈이기도 합니다.

6. 향후 과제

앞으로의 과제를 관련된 주체들에 따라 개관해보고자 합니다.

전북도민들의 경우

먼저 전라북도 도민들의 경우, 새만금 간척사업이 다수 전북도민의 열망을 집약하기는 했지만 환경보존이나 경제성, 민주적 절차 등 그 어느 면에서도 지역주민들의 실질적 이익을 보장하는 사업이 아니라고 한다면, 이제야말로 현지의 주민과 지식인들이 바다도시안을 포함한 모든 가능한 대안을 활발하게 논의해서 진정으로 친환경적이면서 친도민적인 방안에 합의함으로써 전라북도뿐 아니라 한국 전체의 문제를 해결하는 데 앞장서야 할 것입니다. 기존의 간척사업에 직접적인 이해관계가 얽힌 도 안팎의 소수 기득권층이 '2백만 도민'의 이름으로 대안에 관한 논의 자체를 봉쇄하는 작태를 극복하는 일은 새만금문제뿐 아니라 지역사회의 민주적 개혁을 위해서도 긴요한 과정입니다.

[한마디로 '전북도민'이라고 했지만, 새만금 갯벌 주변의 주민과 나머지 도민들의 입장이 다르게 마련이고 심지어는 인근 주민들 사이에도 견해차이가 있다. 그러나 크게 볼 때 우리가 가장 중시해야 할 차이는 도민

의 이름을 팔아 정직한 논의 자체를 봉쇄하려는 기득권세력과 진지한 토론과 성찰을 통해 이 문제를 풀어가려는 사람들의 대립이 아닐까 한다. 위에 소개한 '전북도민토론회'는 온갖 타성과 방해공작에도 불구하고 지역사회 내부에서 진지한 논의가 이미 시작되었음을 말해준다.]

환경운동의 경우

환경운동에 관해 말씀드리면, 운동의 본디 소임은 제시된 사업안에 대해 환경상의 문제점을 적시하는 일이지 환경운동가들 스스로가 무슨 대안사업을 마련해줘야 할 의무는 없습니다. 따라서 대안을 내놓기 전에는 반대의견을 말하지 말라는 추진자측의 요구는 원칙적으로 부당한 것입니다. 그러나 오늘날 새만금문제는 백지상태에서 환경상 최선의 안을 검토하는 문제가 아니라, 막강한 세력이 추진중이며 완공을 거의 눈앞에 둔 방조제공사를 어떻게 친환경적으로 마무리하느냐에 중지를 모아야 할 과제이므로, 새만금사업이 애당초 잘못되었다는 원칙론을 되풀이하거나 '보존 대 개발'의 흑백논리로 임하는 것은 바람직하지 못합니다.

물론 바다도시안이든 다른 어떤 안이든 그것이 환경에 미칠 영향이 정확히 밝혀지지 않은 상태에서 공식적인 지지를 보낼 수는 없는 것이지만, 갯벌과 바다 등의 생태계에 바다도시가 미칠 영향을 열린 마음으로 검토하면서 다른 현실적 대안들과의 우열을 가릴 일이지, 안바다를 남기는 제안과 바다를 온통 메우는 사업을 대동소이한 것으로 매도한다든가 제방의 철거 이외에 다른 대안이 없다는 입장을 고수하는 것은 도리어 간척사업 추진세력의 입지를 강화해줄 위험마저 있는 것입니다.

바다도시 구상 입안자의 경우

다음은 김석철 교수를 비롯한 바다도시 구상의 설계자들께 몇가지 주문을 할까 합니다. 물론 김교수 자신이 오늘 모임에서 좀더 진전된 내용을 발표하리라 보며, 금년 6월까지는 동료 연구자들과 더불어 훨씬 구체화된 제안과 설계를 제시할 예정인 것으로 압니다. 제가 굳이 말하지 않더라도 이미 연구중이거나 해결중인 과제들이라 믿지만, 저로서는 특히 다음 사항들을 강조하고 싶습니다.

(1) 바다도시안을 원천적으로 거부하는 일부 간척사업 추진자 및 갯벌 보존론자를 빼면 대다수는 이 화려한 구상이 과연 실현가능한가에 관심이 쏠려 있습니다. 구조공학상의 어려움은 없다는 점을 지난번 '새만금 바다도시 국제학술회의'(2002. 12. 2)에서 이창님(李昌男) 센구조연구소 소장께서 강조했고, 오늘 모임에서는 이희윤(李義允) 유일종합기술단 회장께서 새만금이 항만건설의 적지라는 점을 말씀해주실 예정인만큼, 기술적인 타당성은 어느정도 검증되었다고 봅니다. 그러나 아직도 사람들이 가장 궁금해하는 것이 자금조달 내지 투자유치 문제일 텐데, 이에 대해 진행중인 연구가 설득력있는 결과를 낳기를 기대하겠습니다.

(2) 도시건설 자체의 가능성뿐 아니라 진정으로 친환경적인 도시를 만들 구체적인 방안이 제시되어야 합니다. 물론 바닷물이 드나드는 안바다가 남고 갯벌의 극히 일부만이 부지로 쓰인다는 사실만으로도 간척사업에 비하면 엄청나게 친환경적이라는 점에 저도 동의합니다. 그러나 생활하수의 처리방안이라든가 동진강·만경강에서 흘러나오는 토사문제라든가 그동안의 공사로 이미 훼손된 갯벌의 복원가능성이라든가, 이러저러한 구체적인 환경문제에 대한 구체적인 대응책이 최종안에 포함되어야 할 것입니다. 이는 간척사업 추진자와 일부 환경운동가들이 일치해서

바다도시의 새로운 환경파괴 가능성을 지적하는 상황에서 전략적으로도 특별히 중요한 대목이겠지요.

[전승수 교수가 바다도시로 인한 갯벌훼손을 염려한 데 대해 김석철 교수는 '답변과 배경설명'에서 일부 오해를 씻어주면서도 "갯벌보존만을 목표로 삼은 공사중단과 마무리작업에 비하면 바다도시의 경우 환경문제에 대한 본격적 검토가 필요해지는 것이 사실이며, 여러 환경운동가들의 걱정은 당연한 일"임을 시인하고, "한층 진지하고 철저한 검토"를 다짐하고 있다. "바다와 갯벌의 보존은 바다도시 구상의 중요한 동기였을 뿐 아니라, 앞서 지적했듯이 바다환경의 보존은 바다도시 성공의 필요조건이기 때문이다."

이러한 다짐만으로 환경운동가의 우려가 불식되는 것은 아니고 그래서도 안된다. "한층 진지하고 철저한 검토"에는 당연히 환경전문가들의 기여와 감시가 포함되어야 한다. 그러나 거듭 말하지만, 바닷물이 드나들고 안바다가 살아 있는 상태의 기본적 환경친화성을 인정하지 않고 유독 새만금에서만 100% 원상보존을 요구한다든가 '바다도시도 도시니까 환경파괴다'라는 연역법으로 진지한 검토를 거절하는 것은 간척저지의 전망을 어둡게 할 뿐이다.]

(3) 환경은 자연환경뿐 아니라 주민들의 생활문화 전반을 포함합니다. 따라서 바다도시가 외국자본을 끌어들여서 지역주민들은 구경꾼이나 들러리로 세워둔 채 '저들만의 화려한 잔치'를 벌이는 일종의 점령구역이 되어서는 안되는만큼, 전북도민 전체의 삶의 질 향상에 어떻게 기여할지를 연구해야 합니다. 이는 '호남평야 도시연합' 구상을 구체화하는 과정에서 집중적으로 다룰 수 있으리라 보는데, 실제로 전북 일원이 경제뿐 아니라 교육·문화면에서도 약진하는 상황이 아니라면 바다도시 자

체도 성공하기 어려우리라고 봅니다.*

(4) 부연하자면 '도시연합'을 단순히 '메가씨티'가 불가능한 입지에서의 차선책으로 볼 것이 아니라, 거대(과대)도시 위주의 개발모델에서 벗어나 적정규모의 도시들 사이사이에 농촌과 어촌이 살아숨쉬는 새로운 개발패러다임을 창출한다는 적극적인 자세가 필요합니다. 이를 위해 새만금 바다도시가 '중간도시'를 매개로 기존의 5개 육상도시와 연합하는 과정에서, 새만금과 그 주변에 살아남을 농어촌이 어떤 몫을 맡을 것인지를 밝힘은 물론, 도시연합의 배후지에 해당하는 농촌과 산촌들과는 어떤 상생관계를 이룰지도 배려하는 바다도시안이 되어야 할 것입니다.

[내가 보건대 베네찌아에서 우리가 정말 배워야 할 점은 라구나 일대에 어업과 농업이 아직도 살아 있다는 점이다. 특히 리도(Lido)의 변두리 지역이나 인접한 뻴레스뜨리나(Pelestrina), 끼오자(Chioggia) 섬들의 어촌은 전교수가 꿈꾸는 "할아버지—아버지—손자가 함께 사는 그러한 우리의 행복한 공원마을이고, 공원도시이며 해양도시"까지는 못 될지라도 노인들만 남은 마을은 결코 아닌데, 안바다와 바깥바다의 어종이 다양한 데다 어획물의 판로가 보장되어 있기 때문일 것이다. 새만금 일원에도 젊은이들이 남아 활동하는 농어촌을 만들 수 있다면 '새로운 개발패러다임'이라는 이름에 값할 것이다.]

한국 및 전세계 시민들의 경우
한마디로 새만금사업은 개발독재시대의 대표적인 유산입니다. 개발

---

* 새만금과 호남평야뿐 아니라 금강유역까지 포함하는 김석철의 최신 구상에 대해서는 『창작과비평』 2006년 봄호에 발표한 「새만금과 금강유역」 참조.

독재 특유의 무모하면서도 강력한 추진력의 산물일 뿐 아니라, 이 과정에서 정부와 정치지도자들의 자의적인 의사결정, 행정당국 및 소수 기득권층의 여론조작과 국민기만, 적잖은 지식인들의 직무유기 내지 배임 등이 얽혀들어 있는 것이 이제까지의 새만금사업입니다. 동시에 잘못된 유산이라고 아예 없었던 일로 돌릴 수는 없는 것이며, 시대의 변화에 적응하면서 슬기롭게 처리할 때 뜻밖의 가능성을 열어주는 유산이기도 합니다. 이제 한국사회에 개혁문화를 정착시키고 한반도 전역에 걸쳐 분단체제를 허물어가는 싯점에서, 일반 국민들과 지식인들은 지난 시대 유산의 '청산과 활용'이라는 시각에서 새만금문제를 곧 자신의 일로 생각할 필요가 있겠습니다.

나아가 새만금은 동북아시아가 세계경제의 중심지역으로 대두하는 과정이 인류문명에 어떤 결과를 초래할지를 좌우하는 의미도 있습니다. 동북아, 특히 '황해도시공동체'는 세계적인 인구밀집지역인데다 중국의 대대적 성장을 포함하는 동북아시대는 이미 지구환경파괴가 위험수위에 도달한 싯점에서 열리게 되었으므로, 이 지역이 기존의 발전모델에 따라 경제성장을 지속한다면 인류의 생존 자체가 위협받지 않을 수 없는 실정입니다. 이런 상황에서 새만금 바다도시가 대안적 발전방식을 창출하는 하나의 의미있는 시도가 된다면, 이는 비단 한국인이나 동북아시아인만이 아니고 전세계인의 공동관심사가 되어 마땅할 것입니다.

[여기서 '대안적 발전방식'이라는 개념 자체가 여전히 낡은 '개발논리'에서 벗어나지 못했다는 비판이 나올 수 있겠다. 나는 자본축적의 논리에 얽매이지 않는 인간사회의 진정한 발전이 가능하다는 뜻에서 '개발' 대신 '발전'이라는 표현을 일부러 썼지만 이는 어디까지나 장기적인 목

표다. 그리로 가기 위해서는 합리적 개발론자들과도 연대해서 새만금 갯벌을 최대한으로 지켜내는 단기적 작업도 수행해야 하며, 좀더 길게 '중기적' 차원에서는, 비록 한반도 분단체제의 극복이 곧바로 자본주의 세계시장으로부터의 이탈을 가져오지는 못할지라도 이 과정에서 좀더 친환경적인 개발패러다임을 찾아야 한다고 믿는다. 그렇게 함으로써만 통일을 해도 분단체제 아래서보다 나은 사회를 이룩하는 통일이 될 것이며, 세계체제의 변혁에도 획기적인 이바지가 될 수 있을 것이다.

이렇게 정리할 때, 새만금 간척사업 중단이라는 단기과제에서나 생명존중적 인류사회 건설이라는 장기목표에서 『녹색평론』 편집진과 나 사이에 다를 바가 없다고 믿는다. 물론 '생명존중 사회'의 구체적 모습에 대해 생각이 똑같은 긴 아닐 테지만, 더 중요한 차이는 내가 강조하는 단기 또는 중기 과제의 달성을 위해 장기목표가 잊혀질 가능성에 대한 『녹색평론』측의 우려가 아닐까 한다. 내 쪽에서 볼 때 이는 우리가 오염된 현실 속에 오염된 존재로 사는 동안 언제나 경계해야 할 위험을 상기시켜주는 고마운 일깨움인 동시에, 대중에게 절실한 중·단기 과제들과 적절하게 연결됨이 없이 일방적으로 설정된 장기목표를 매사에 관철하려는 무리한 시도가 될 수 있다. 새만금문제에 관해서도 바다도시 구상을 포함한 모든 진지한 대안들을 놓고 『녹색평론』을 비롯한 여러 공간에서 좀더 겸허하고 서로 공경하는 자세로 토론하게 되었으면 한다.]

⟨2003⟩

$$12$$

동북아와 한반도의 평화체제는 가능한가

1. 머리말

제목에 '동북아와 한반도의 평화체제는 가능한가?'라는 질문을 내걸었습니다. 그러나 순전히 관측자의 입장에서 가능할지 말지를 묻자는 것이 아니라, 어떻게 가능하게 만들 수 있을지를 생각해보려는 취지입니다. 하지만 그러기 위해서도 현실이 어떠하며 어떤 가능성이 열려 있는지를 되도록 냉정하게 살펴보는 노력이 필요하겠지요.

언뜻 생각하면 이 질문에는 '한반도에 전쟁만 없다면 동북아 평화체

■ 이 글은 한국인권재단의 주최로 2003년 8월 22~25일 서귀포리조트호텔에서 열린 '2003제주평화회의'의 기조발제문 원고를 보완한 것이다. 오자교정과 자구수정 등 세부적 손질 수준을 넘는 새 내용은 각주에 담고 기존 각주와의 구별을 위해 새로 붙인 각주의 번호를 [ ]표 안에 넣었다. 보완된 내용은 주로 발제현장의 토론과 회의기간중에 접한 의견을 감안한 결과임을 밝히며, 함께했던 모든 분께 고마움을 표한다.

제는 얼마든지 가능하다'라고 쉽게 답할 수 있는 듯 보입니다. 실제로 동북아시아의 나머지 지역은, 비록 중국과 타이완 사이의 긴장이라든가 난샤군도(南沙群島, Spratly Islands)를 둘러싼 주변국들의 영토분쟁 등 여러가지 문제가 있지만, 현재 지구상의 형편으로는 드물게 평온한 지역인 것이 사실입니다. 최근에 아프가니스탄과 이라크에서 두차례의 참혹한 전쟁을 겪었고 이스라엘과 팔레스타인의 폭력충돌사태가 계속중인 중동지방이나 온갖 내전과 질병에 시달리는 아프리카 지역과 비교하면 특히 그렇습니다. 아니, 중남미나 남아시아, 동남아시아에 비해서도 안전한 편이며, 심지어 유럽이나 북미와 견주더라도 근년의 동북아시아는 발칸전쟁이나 9·11테러와 같은 대규모 살상을 겪은 바가 없는 것입니다.

하지만 동북아 또한 간단히 말할 수는 없는 곳이지요. 첫째는 한반도가 엄연히 위험지대로 남아 있는데다 한반도의 문제는 동북아에 국한되지 않는 세계적 차원의 문제입니다. 그리고 21세기초의 세계는 '천하대란(天下大亂)'의 시기라 해도 과언이 아니며,[1] 세계유일의 초강대국 미국은 9·11 이후 두번의 전쟁을 주도했을 뿐 아니라 부시 대통령이 항시적인 전쟁상태를 선포해놓은 실정입니다.

둘째로, 단순히 전쟁이 없는 '동북아 평화'가 아니라 동북아시아의 평화**체제**로 말한다면 예컨대 유럽에 비해 훨씬 불리한 여건이 많습니다. 현재 어떠한 집단안보조약도 없고 1975년의 헬싱키선언 같은 신사협정

---

[1] '천하대란'은 엄밀한 분석적 개념은 아니다. 그렇다고 단순히 세상이 매우 어지럽다는 수사적인 표현만은 아니며, 미국주도의 현 세계정세를 Pax Americana의 이름에 값하는 비교적 안정된 질서로 본다거나 자본주의 세계경제의 지속가능성을 전제하는 현실인식을 부정하는 표현이다. 그런 점에서 분석과 검증이 얼마간 가능한 개념이며, 아래 언급하는 1989년 이래의 지구적 현실에 대한 점검도 그러한 분석의 한 방안일 수 있다. 다만 이 글에서 본격적인 분석을 하지 못했을 뿐이다.

조차 없을 뿐만 아니라, 남북한과 중국·일본·러시아 그리고 지역외 국
가지만 막강한 개입세력인 미국이 모두 합의하는 평화체제를 건설하는
일이 지난할 것이 예상됩니다.

그러므로 동북아의 경우든 한반도의 경우든 세계체제의 현실에 대한
좀더 정확한 이해를 바탕으로 접근할 필요가 있겠습니다.

2. 냉전 이후의 세계와 미국

세계체제에 대한 저의 이해가 정확하다고 장담할 수는 없습니다만, 그
동안 다른 자리에서도 피력해온 몇가지 인식을 여기서 나시 정리해볼까
합니다.

1989년의 베를린장벽 붕괴와 뒤이은 소련진영의 와해가 자본주의 세
계체제의 승리라기보다 그 본격적인 위기의 시작이라는 분석에 저는 일
찍부터 동의해왔습니다. 미국과 소련의 적대관계가 중요하지 않았던 건
아니지만, 동서냉전이라는 것이 기본적으로 미국이 소련과의 상호의존
적 적대관계를 이용하여 경쟁대상인 우방들을 통어하고 제3세계를 관리
해온 장치였는데 그 편리한 장치가 무너져버렸다는 시각인 것입니다.[2]
따라서 냉전기간에 그나마 유지되던 일정한 세계질서가 혼란의 소용돌
이로 바뀐 것은 불가피한 일이었지요. 미국 안팎의 상당수 자유주의자들

---

2 이러한 분석의 대표적인 예로는 이매뉴얼 월러스틴 외 지음, 송철순·천지현 옮김 『반체제
  운동』(창작과비평사 1994) 138~67면 「1989년, 1968년의 연속」; 이매뉴얼 월러스틴 지음,
  백영경 옮김 『유토피스틱스─또는 21세기의 역사적 선택들』(창작과비평사 1999) 및 그 부
  록 월러스틴/백낙청 대담 「21세기의 시련과 역사적 선택」 중 152~8면 등 참조.

은 냉전종식과 더불어 '새로운 세계질서'(New World Order)를 건설할 호기를 만났다고 생각했고 지금도 부시 전 대통령이 제1차 걸프전을 일으키면서 그 기회를 날려버렸다고 개탄하는 사람들이 많습니다만, 1989년이 자본주의 세계체제의 본격적인 위기국면을 열었다고 본다면 현존 세계체제의 틀을 넘어서지 않고서 지구적인 평화체제를 건설한다는 것은 처음부터 환상에 불과했던 셈이지요.

이런 시각에서는 미국이 '유일 초강대국'으로 남은 현실도 미국의 패권이 그 어느 때보다 강해진 현상으로 해석하기가 힘들어집니다. 오늘날의 미국 패권을 거의 절대시하는 해석은 특히 미국의 이라크침공작전이 단기간에 성공한 이후 미국의 강경파들뿐 아니라 이들을 강력하게 규탄하는 국내외의 비판적 지식인들 사이에서도 흔히 만나게 됩니다. 실제로 소련의 군사력에 의한 견제마저 사라진 상황에서 미국의 일방주의적 정책수행이 훨씬 두드러지게 된 것이 사실이지요.

하지만 동서냉전체제가 미국 패권 유지의 편리한 장치였다고 한다면 그 장치의 상실로 미국의 패권이 강화됐을 리가 없습니다. 그렇다면 미국이 유일한 초강대국으로 세계에 군림하고 있는 현실을 어떻게 설명해야 할까요?

먼저 1989년 이후의 위기가 미국만이 아니라 그야말로 세계체제의 위기라는 사실을 상기할 필요가 있습니다. 자본주의 세계체제가 아직도 건전한 상태에서 미국이라는 특정 패권국이 위기를 맞이했다면, 과거의 예로 보건대 신흥패권국 또는 패권을 다투는 후보국들이 등장하여 다음 시대의 세계질서를 담당했습니다. 네덜란드의 쇠퇴 이후 영국과 프랑스가 쟁패하던 끝에 19세기 초엽 나뽈레옹이 패망한 후부터 영국이 패권국이 되었고, 영국의 헤게모니를 계승하려는 미국과 독일의 싸움은 두차례의 세계대전 끝에 미국의 승리로 끝났습니다. 그런데 미국의 주도권이 옛날 같지 않은데도 경쟁자나 후계자가 눈에 띄지 않는 것은 미국이 더 강해졌기 때문이라기보다 세계체제 전체가 허약해져서 과거처럼 패권국의 교체를 통한 현존 세계체제의 쇄신이 불가능하기 때문입니다. 근대세계의 정치질서를 규정해온 열국구조(내지는 국가간 체제inter-state system)도, 그것을 지탱해온 세계경제도, 신흥패권국을 길러낼 만큼 건전하지 못한 것이지요.

'세계체제가 위기라 해도 미국의 주도력이 상대적으로 더 강해진 건 사실 아닌가?'라고 반문하실 분도 있을 겁니다. 당장의 소행을 보면 확실히 그렇습니다. 하지만 주도력이라는 것을 조금만 넓게 잡으면 미국이 마음내로 못하는 일들이 너무나 많은 게 눈에 띄지요. 산업경쟁력을 유지 못해서 통상관계에서 자신들이 외쳐대던 '자유무역'의 명분에 어긋나는 떼를 쓰기 일쑤이고, 세계최대의 채무국인데다 세계최대의 누적된 재정적자를 개선하지 못하고 있으며, 그래서 자연히 떨어지고 있는 달러값을 더욱 떨어뜨려가면서라도 당장의 무역수지를 개선해보려는 거의 자포자기적인 정책을 쓰기까지 합니다.[3]

[3] 발제 뒤의 토론에서는 미국의 경제가 어려운 것은 사실이지만 여러가지 가능성을 지닌 나라이므로 어떤 타개책을 찾아내지 않겠느냐는 지적도 있었다. '미국경제의 중·장기적 전망'은 너무나 큰 주제이고 나로서는 감당할 수 없는 난제이다. 어쨌든 미국경제가 아직도 수많은 유형·무형의 자산을 가진 것만은 틀림없으며, 그 가운데 하나는 세계통화에 준하는 달러를 찍어내는 발권은행의 기능이다(토론에서 나는 '조폐공사'라는 표현을 썼지만, 신용욱 인권재단 이사장이 '발권은행'이 더 정확한 표현이라고 귀띔해주었다). 실제로 현재 미국은 값싼 달러 정책을 통해 한편으로 다른 나라의 수출경쟁력을 떨어뜨리면서 다른 한편으로 세계최대 채무국의 실질적인 채무탕감을 성취하고 있다. 그러나 길게 보면 달러화의 세계통화로서의 신뢰성을 더욱 떨어뜨리는 효과가 누적되게 마련인데, 이를 상쇄할 다른 자산이 충분할지는 지켜볼 일이다.

실은 이라크를 침략한 과정을 보더라도 패권국의 체면이 말이 아니에요. 진정한 패자(覇者)는 원래 큰소리 안 내고도 남들을 제압합니다. 자발적으로 따르는 맹방이 수두룩하며, 더러 위협을 하고 어쩌다가 강권을 발동해야 하는 경우에도 직접 나서기보다는 '아랫것'들을 동원하거나 대동하고 나가지요. 그런데 이라크전 때는 어땠습니까? 제1차 걸프전 때도 '유엔군'이 아닌 '다국적군'을 보내야 했습니다만 어쨌든 국제연합의 뒷받침이 있었고 비용은 일본, 독일, 사우디아라비아 등 여유있는 맹방이 주로 지불했지요. 이번에는 그때에 비하더라도 금석지감(今昔之感)이 있어요. 미국 패권의 도구나 다름없던 유엔안전보장이사회에서 단순 과반수의 지지도 확보하지 못해서 결의안을 철회해야 했고, 프랑스와 독일 같은 핵심 맹방이 정면으로 반기를 들었으며, '다국적군'도 못 되는 '동맹군'(coalition forces)을 겨우 형성했는데 실질적으로는 미·영 양국군에 불과했지요. 게다가 전쟁비용은 그러잖아도 재정적자에 허덕이는 미국이 대부분 고스란히 뒤집어쓰는 수밖에 없었습니다. 도덕적인 권위가 땅에 떨어진 건 더 말할 나위 없고요.

이라크전 '승리' 이후로 미국이 더욱 곤경에 처한 현실에 대해서는 길게 이야기하지 않겠습니다.[4] 실은 아프가니스탄에서도 실질적인 내전상태가 지속중임은 물론, 탈레반 세력이 — 바로 미국의 이 지역 최대 맹방인 파키스탄의 지원 아래 — 부활하고 있는 것으로 압니다. 심지어 이라크 안에서도, 애초에 사담 후쎄인이 알카에다와 연계되었다는 주장은 미국정부 자체도 별로 안 믿는 허구였지만, 이제는 이라크인들의 반점령군 게릴라전과 범아랍세계 내지 이슬람세계 테러조직들의 반미투쟁이 동

---

4 이라크의 현상황 및 본 발제의 주제와 관련된 여러 문제에 대해 한기욱 「변혁기의 반전평화운동」, 『창작과비평』 2003년 가을호 참조.

시적으로 벌어지게 되었습니다.

    그러므로 현재의 미국 패권은 진정한 패권이라기보다, 웬만한 상대는 군사력으로 쉽게 무찌를 수 있고 만만한 상대를 일단 골라서 무찌르기로 작심하면 아무도 못 말린다는 의미의 군사패권주의에 불과합니다. 물론 미국은 여전히 세계최대의 경제대국이지만, 세계경제에서 차지하는 그 비중은 2차대전 직후처럼 절대적이지 않음은 물론이고, 서구와 일본의 경제부흥이 이룩되어 상대적인 격차가 감소된 1960년대, 70년대와 비교하더라도 크게 줄어들었지요. 게다가 예컨대 이라크 석유자원을 독차지하는 식의 대대적이고 지속적인 정복주의적 약탈이 하나의 안정된 체제로 자리잡지 않는 한—그런데 이런 시도는 당장 이라크에서부터 난관에 부닥쳤고 이라크 한 곳에서의 성공만으로 하나의 체제로 자리잡는 것도 아니지요—미국경제가 옛날의 패권적 우위를 회복할 가망은 없다고 봅니다. 군사적 우위를 거침없이 활용하여 미국의 세계지배를 연장하며 강화하려는 미국내 강경파들의 움직임은 이런 대세를 돌이켜보려는 절박한 몸부림이랄 수도 있습니다.[5]

[5] '21세기 국제질서와 미국의 단일 패권주의'를 논하는 발표장에서는 이삼성(李三星) 교수의 '미국 군사패권주의의 양상과 21세기 세계의 불안한 시작'과 서재정(徐載晶) 교수의 '이라크 전쟁 이후 미국의 세계전략—봉쇄에서 신 롤백으로'라는 두 발제가 있었다. 하나같이 전문가다운 식견이 빽빽이 동원된 논문으로서, 미국의 군사패권주의와 관련된 현실인식에서 두 논문 사이에, 그리고 나의 기조발제문과도 적지 않은 공통점이 발견되었다. 동시에 약간씩의 차이도 감지되었는데, 두분의 논지를 다소 무리하게 요약한다면, 이교수가 21세기 들어 미국의 군사패권주의가 심화되고 있음을 지적하면서도 그것이 지난날의 미국정책에 깊이 뿌리내린 것임을 강조한 반면, 서교수는 미국정부측 주요 전략문서들의 검토를 통해 미국의 새 전략이 그 나름의 치밀한 계산과 준비에 근거한 것임을 밝히는 데 주력했다. 어찌 보면 두 발제가 서로 보완하면서 미국정책에 대한 우리의 경각심을 함께 북돋우어주는 성격이었다. 나의 문외한적 논의를 이들과 동렬에 놓을 바 못 되지만, 강경파가 주도하는 미국의 일방주의가 세계체제의 위기와 패권의 쇠퇴기를 당한 저들의 '절박한 몸부림'이

그것은 문자 그대로 절박한 몸부림에 다름아닙니다. 왜냐하면 수백년 간 지속되어온 세계체제의 지배구조를 근본적으로 뒤흔들어가면서까지 미국의 우위를 지켜보려는 시도니까요. 유엔이나 WTO 등 미국의 국가 이익에 긴요한 국제기구를 무력화할뿐더러, 미국 이외의 주권국가를 원 천적으로 인정하지 않음으로써 근대 세계체제의 정치적 상부구조에 해 당하는 열국구조를 앞장서서 파괴하고 있는 것입니다. 동시에 대외적으 로는 언제나 패권국의 구호였던 '자유무역'의 원칙을, 국내에서는 복지 국가적 목표들은 더 말할 것도 없고 자유민주주의와 법치주의의 원칙 자 체를 멋대로 짓밟고 있습니다.

그런데 전통적인 미국의 가치체계에 따른다면 미국의 보수주의자들 이 즐겨 쓰는 말로 '반미국적'(un-American)이라고 해야 할 이런 움직임 이 미국민 절대다수의 지지를 업고 강력하게 추진되는 현상은 어떻게 보 아야 할까요?[6] 물론 9·11테러라는 충격적인 사건이 아니었다면 부시행 정부의 일방주의가 이토록 위세를 떨칠 수 없었겠지요. 그러나 9·11의

라고 규정할 때, 이는 한편으로 우리가 언제 무슨 봉변을 어떻게 당할지 예측하기 힘들다는 경종을 한층 세차게 울리는 꼴이지만, 다른 한편 미국의 일방주의가 아무리 뿌리가 깊고 그 나름의 새로운 준비를 거쳤을지라도 결국은 승산이 없는 전략이라는 신념을 담고 있는 것 이 나의 기조발제이다. 물론 이것이 쉽게 논증할 수 있는 명제는 아니다. 그러나 실천의 현 장에서는, 너무도 강력하며 치밀한 상대와 맞서야 하는 비장감만으로 무장하는 것과, 희생 을 각오하는 비장감뿐 아니라 거대한 상대 또한 치명적인 허점을 안고 있음을 알아차린 자 신감으로 무장한 것 사이에는 엄청난 차이가 있는만큼, 전문적인 연구자들도 예의 명제를 좀더 진지하게 검토해주었으면 하는 바람이다.

[6] 부시 대통령에 대한, 특히 그의 이라크정책에 관한 미국민의 지지도는 이라크에서 미군 사상자 수가 늘어나면서 각종 여론조사에서 2003년 10월 하순 현재 '절대다수'는커녕 종다 수에도 못 미치는 수준으로 내려온 것으로 전해진다. 그러나 이제까지 그를 지지해온 것만 도 분석을 요하는 하나의 '현상'이며, 지금도 미국의 일방주의적 대외정책 자체에 대해 얼 마나 진지한 반성을 담은 변화인지는 의심스럽다.

충격은, 냉전종식 이후 '천하대란'의 시기에 미국만이 끝내 안전지대일 수는 없으며 미국의 패권이 형성하고 유지하던 세계질서는 이미 과거지사가 되었다는 엄연한 현실을 상기시켜준 데 불과한 면도 있습니다. 미국의 야당을 포함한 부시 반대세력의 무기력증도 상당부분 거기서 오는 것이 아닐까요? 다시 말해서, 클린턴 시절의 일시적 호황이 있었고 포용정책의 부분적 성과가 돋보였지만, 거품 없는 착실한 경제성장을 통해 세계를 좀더 평화적으로 제패하고 적대세력을 포용할 능력이 미국에 없음을 민주당이나 전통적 자유주의자들도 감지하고 있었기 때문일 것입니다. 어떤 의미에서 미국의 강경파들은, 비록 그들이 내놓은 해법은 허황된 것이지만, 미국이 처한 이러한 위기를 한층 냉철하게 인식했고 그만큼 더 확신을 갖고 신념 없는 반대세력들을 제압할 수 있었다고 하겠습니다.

물론 이들의 득세가 얼마나 지속될지는 단언할 수 없지요. 저들 뜻대로 된다면──그들이 이런 용어를 구사하는 건 아니고 이른바 세계체제 분석에서 쓰는 개념을 제가 차용하는 겁니다만──자본주의 세계경제 (world-economy)를 탈자본주의적 세계제국(post-capitalist world-empire)으로 개편함으로써 자본주의시대보다 더욱 억압적인 세계체제로 이행하는 결과가 될 것입니다. 반대로 근대 세계체제를 좀더 균등하고 생명친화적인 사회로 바꾸려는 민중세력이 충분히 성장해서 주도권을 잡게 된다면 저들 미국의 '신보수'(neo-cons)들은 자본주의 세계체제의 기득권층을 분열시키고 그 제도적 기반을 와해하는 데 일조한 뜻밖의 공적을 남긴 꼴이 될 것입니다.

3. 동북아시아의 위상과 역할

이런 맥락에서 동북아시아는 어떤 위상과 역할을 지니는가? 이 문제를 논의하기 전에 '동북아'의 개념에 대해 잠깐 살펴볼 필요가 있겠습니다.

문자 그대로 해석한다면 '동북아'는 '동아시아' 중에서 '동남아시아'를 뺀 나머지 지역입니다. 실제로 그런 뜻으로 사용되는 것이 일반적이기도 하지요. 그런데 내용을 들여다보면 간단치 않은 것이, 우선 어디서부터 어디까지가 동아시아냐 하는 문제가 있습니다. 게다가 동아시아가 서아시아뿐 아니라 중앙아시아와 남아시아까지도 뺀 나머지 지역이라는 점에 합의하더라도, 이것을 면적에 따라 남북으로 양분하는 게 아니라, 국가와 문화권, 경제권 등 여러 요소를 감안해서 구분하다 보면 사람마다 그 경계선을 달리 긋게 되고, 같은 사람이라도 경우에 따라 다른 분류를 할 수 있습니다. 그만큼 복잡하며 유동적인 개념이지요.

복잡하고 유동적이라는 점이 이 표현을 안 쓸 이유는 못되고, 동일인이 문맥에 따라 다른 의미로 사용하는 것도 얼마든지 가능하다고 저는 생각합니다. 다만 그때그때 사용자가 자신이 어떤 의미로 쓰고 있는지를 밝혀줄 필요는 있지요.

'동북아' 개념이 불분명해지는 데는 아시아의 동북부로 결코 국한될 수 없는 중국 같은 나라가 동북아시아의 주역 가운데 하나인 이유도 있습니다. 중국인들은 원래 자신이 천하의 중심에 있다고 해서 '중국'을 자처한 것이고, 지금도 동북아라고 하면 '한반도+일본+중국의 동북3성' 정도로 생각하는 사람이 적지 않다고 합니다. 이건 좀 심하다 치더라도,

신쟝(新疆)이나 윈난(雲南)의 중국인을 동북아 지역민이라 부르기가 부적절한 바 있는 건 사실입니다. 지역(region)을 국가단위로 설정할 때의 문제점이기도 하지요. 그렇기 때문에 사안에 따라서는 국가들을 묶기보다는 실질적인 또는 잠재적인 교역(交易)의 현장으로 예컨대 '황해도시공동체' 같은 개념이 더 적절할 때도 있을 거예요.[7] 그러나 전쟁과 평화를 논하는 자리에서는 국가를 일차적으로 고려하지 않을 수 없겠지요.

동북아 국가 중에 일본만 하더라도 왕년에 그들이 '대동아공영권'에 편입시켰었고 지금도 커다란 경제적 영향력을 행사하고 있는 동남아를 제외한 동북아를 따로 떼어 거론하는 데에 동조하지 않을 사람이 많을 것입니다. 러시아의 경우는 심지어 '아시아'에 국한할 수 없는 존재이며, 실제로 동아시아를 말힐 때, 특히 하나의 문명권으로서 동아시아를 논할 때는 곧잘 제외되곤 하지요. 그러나 '동북아'로 좁혀놓으면 오히려 그 비중이 커지는 존재가 러시아입니다.

어쨌든 평화체제를 논의하는 마당에서는 남북한과 일본뿐 아니라 타이완을 포함한 중국과 러시아가 당연히 동북아에 포함되어야겠지요. 게다가 '역사적 행위의 마당'으로서의 동북아지역이라면, 비록 역내국가는 아니지만 태평양국가이며 동북아에 대규모 지상군을 주둔시키고 막강한 영향력을 행사하는 미국을 빼놓을 수도 없을 것입니다. 몽골공화국도 물론 들어갈 것이고, 논자에 따라서는 비록 동남아에 속하지만 베트남 역시 동북아의 지역협력체제에 포함시키려 할지 모릅니다. (그렇다고 '동북아' 대신 '동아시아'라는 용어를 채택하면서 동남아의 대부분 나라들을 제외하는 것보다는 '동북아'라고 하되 필요한 예외를 추가하는 것

---

7 김석철 「새만금, 호남평야, 황해도시공동체」, 『창작과비평』 2003년 가을호.

이 나을 듯합니다.)

　엄밀한 개념규정은 아니지만 대충 이 정도의 설명을 전제로, 앞서 말씀드린 세계체제의 현실 속에서 동북아가 차지하는 위상에 대해 생각해보고자 합니다.

　먼저, 흔히 이야기되는 바와 같이 동북아는 북미대륙 및 유럽연합과 더불어 자본축적의 3대 중심지역의 하나가 되어 있습니다. 1970년대부터 '삼각위원회'(Trilateral Commission)라는 것이 구성되어 북미·서구·일본 등을 중심부 3개 지역으로 설정하고 이를 미국이 중심이 돼서 조절해나가려는 움직임이 있었습니다만, 지금의 상황은 그것과도 다릅니다. 유럽연합도 훨씬 커졌거니와, 동북아에서는 중국이 경제대국화의 길에 들어섰고 한국도 금융위기를 헤치고 성장을 계속하여 이제는 '일본'이 아닌 '동북아'가 제3의 중심지역으로 꼽히게 된 것이지요. 그만큼 '삼각위원회'식 미국주도의 여지가 줄어든 거지요. 아니, 실제로 동북아는 일본의 지속적인 불황에도 불구하고 오늘날 가장 활발한 경제성장을 지속하고 있는 지역으로서, 미국이 현재의 군사적·정치적 우위를 바탕으로 이 성장세에 어떤 식으로든 제동을 걸고 미국 매파들이 구상하는 '아메리카제국'(American Empire)을 확립하는 데 성공하지 못하는 한, 머지않아 북미지역을 압도하는 세계경제의 중심지가 될 전망입니다.

　이렇게 볼 때 동북아야말로 미국의 일방주의가 마주친 최대의 도전이랄 수 있습니다. 더구나 이 지역은 여전히 세계 제2의 경제를 자랑하는 일본뿐 아니라 엄연한 군사대국이자 잠재적 경제대국인 러시아, 세계 최대의 인구를 지닌 나라이자 이미 정치강국인 중국 등의 본토가 자리잡은 곳입니다. 오로지 이들의 단합과 성장을 저지함으로써만 미국은 그 패권을 유지할 수 있는 것이지요.

그런데 미국의 패권에 대한 도전뿐 아니라 자본주의 세계경제의 위기라는 면에서도 동북아는 핵심적인 지역입니다. 어찌 보면 세계적 위기의 주범이랄 수 있지요. 세계경제의 침체기에 그나마 성장을 해주는 지역을 '위기의 주범'으로 모는 것이 이상하게 들릴지 모릅니다만, 세계적인 장기불황의 근본요인 가운데 하나는 새로운 시장 개척이나 저임금노동력 확보의 가능성을 상대적으로 초과하는 과잉투자와 과잉설비가 아닐까 합니다. 만약에 이 가설이 맞다고 한다면,[8] 중국이 급속도로 성장하고 외국자본의 투자대상지로 각광을 받으면 받을수록 세계경제의 장기적 고민은 깊어질 수밖에 없는 것입니다.

　세계체제의 장기적 고민 중에서 환경문제를 빼놓을 수 없습니다. 이는 생명파괴의 비도덕성이라는 자원을 제쳐두더라도 자본의 입장에서는 고갈되어가는 환경자원에 따른 비용의 증대를 뜻하며, 이 비용의 지출을 거절하거나 남에게 전가하려고 할 때의 시민적 저항 확대라는 골칫거리를 안겨주고 있습니다. 그런데 세계인구의 4분의 1을 차지하는 중국이 이제까지 영국과 미국, 일본(그리고 한국)이 해온 방식대로 경제발전을 해나간다면, 환경비용의 대대적인 증가에 그치지 않고 인류의 생존기반 자체가 무너지기 십상이지요. 이런 맥락에서 보면 부시행정부가 전임 클린턴행정부가 그나마 내놓았던 환경보호정책이나 중국에 대한 포용정책을 뒤집은 것을 한마디로 합리주의에서 비합리주의로 전환했다고 비난할 것만은 아닙니다. 클린턴의 정책이 여러모로 더 합리적이고 미국의 중기적(中期的) 이익에 부합하는 건 틀림없지만, 그것도 장기적인 해결책이 못되기는 마찬가지지요. 차라리 노골적으로 중국을 견제하면서

8　세계체제의 위기에 대한 개관으로서는 월러스틴 『유토피스틱스』 제2장 참조.

환경문제에서는 지구온난화 방지를 위한 쿄오또(京都)의정서를 파기하는 등 '배 째라'고 나오는 것이 미국의 단기적 국가이익을 더욱 확실히 챙기는 면도 있는 것입니다.

너무 거창한 이야기가 될지 모르겠습니다만, 미국의 경제적 쇠퇴와 정치적 야만화(野蠻化)에도 불구하고 패권국의 후계구도가 안 보이는 까닭이 바로 여기 있다고도 하겠습니다. 다시 말해, 자본축적이 절대시되는 세계체제가 지속되는 한 클린턴 노선을 따르건 부시 노선을 따르건 해결의 전망이 안 보이는 국면에 인류역사가 도달한 거지요. 기존의 세계경제 작동방식이 여전히 유효한 단계라면, 가령 자본축적에서 탁월한 능력을 보인 일본경제가 미국 또는 중국을 하위파트너로 삼음으로써 새로이 패권을 잡는다든가, 또는 미국 스스로가 (클린턴 등 온건파의 구상대로) 일본에 더해 중국까지 포섭함으로써 자신의 패권을 개편된 형태로 연장한다든가 하는 좀더 질서정연한 국면전환이 있을 법하지요. 그러나 지금은 생태계의 위기에 대해 어떤 근본적인 해답을 제시하고 세계민중의 분출하는 욕구를 이제까지와는 다른 방식으로 채워줌으로써만 진정한 패권에 필요한 다수자의 동의를 확보할 수 있는 시대인데, 국가 차원에서 그것을 해낼 집단이 이제는 없는 것입니다. 결국 지혜로운 민중의 자치를 향한 획기적인 전진이냐 아니면 세계제국으로의 퇴행이냐라는 선택만이 남은 대목이 아닌가 합니다.

4. 한반도의 평화체제를 위하여

이렇게 볼 때 한반도에서 평화체제를 이룩하는 일이 세계적으로 얼마나 큰 의미가 있는지가 드러납니다.

　먼저 미국의 일방주의와 관련해서입니다. 동북아지역이 미국의 패권을 견제할 수 있는 여러가지 잠재력을 지녔음을 말씀드렸지만, 그것이 아직껏 잠재력으로 그치는 것은 이 지역이 분열되어 있기 때문입니다. 그 분열이 결코 단순한 내용도 아니지요. 그러나 가장 눈에 띄는 분열이 바로 한반도의 분단입니다. 분단체제가 지속되는 동안에는 남북한의 '민족공조'에 한계가 그어짐은 물론, 남북분단보다 훨씬 오래된 분단이기도 한 '아시아의 분단',[9] 즉 일본과 아시아 사이의 분열도 치유될 길이 막연하며, 사분오열된 동북아에서 주한미군의 존재가 오히려 안정요인으로 작용할 수 있다는 생각이 힘을 얻게 되는 것입니다.

　힌싯점에서 한반도 분단의 분열적 효과는 이른바 북핵문제를 통해 실감되고 있습니다. 물론 일본의 경우는 핵이나 미사일 문제뿐 아니라 '납치문제'까지 겹쳐 일본의 아시아 회귀(回歸)를 더욱 어렵게 만들고 있지만, 어쨌든 북핵문제가 미국의 강경노선에 일정한 명분마저 제공하면서 한반도 및 동아시아 평화체제 구축의 선결과제로 대두했음이 분명합니다.

　그런데 가만히 보면 북핵위기 자체가 미국의 일방주의를 부추기는 면과 미국에 대한 동북아의 견제력을 입증하는 면을 동시에 지닙니다. 유엔감시단의 사찰을 수용하고 대량파괴무기를 자진 폐기했던 이라크와 비교할 때, 북측이 핵문제로 미국을 그 정도로 약을 올렸으면 북의 정권 전복을 위해 진작에 무력공격을 감행했음직합니다. 하지만 아직껏 공격을 안했을 뿐 아니라 이달(2003년 8월)말경에 6자회담이 열리면 상당한 타

9　일본 리쯔메이깐(立明館)대학 서승(徐勝) 교수의 표현.

협안을 제시한다는 보도조차 나오고 있어요. 이것이 미국정부를 주도하는 강경파들의 시국관이 바뀌었다든가 김정일에 대한 부시의 개인적 증오심이 가셨기 때문은 아닐 테지요.

미국이 공격을 못한 이유 가운데 하나는 역설적일지 몰라도 북측이 이라크와 달리 주한미군과 한국, 심지어 일본에 대해서까지 대량살상을 감행할 능력을 지녔고 핵무기 보유의 가능성마저 있다는 사실일 것입니다. 물론 북한을 점령해도 이라크의 석유자원 같은 전리품이 없다는 사실도 작용했겠지요. 게다가 이라크 점령 이후의 상황은 아무리 무모한 전쟁론자라 하더라도 또다른 '해방작전'을 재고하도록 만들었을 것이 분명합니다.

그러나 미국의 강경일변도 대북정책을 견제하는 지역내의 요인은 그밖에도 많습니다. 우선 한국정부의 반대가 있지요. 한미정상회담에서 노무현 대통령이 당선자시절 및 취임초기에 호언했던 자주성과 대등성을 쉽게 포기하고 대북 '추가적 조치'에 합의해주었다고 비난이 자자합니다만, 결정적인 것은 '대북 전쟁공조만은 없다'는 원칙을 얼마나 확고하게 전달했고 완강하게 고수할 것이냐는 점입니다. 정부가 이 마지노선을 지키고 엄존하는 국론분열 속에서도 국민의 절대다수가 미국이 한반도에서 전쟁을 일으키는 데에 결연히 반대하는 한, 미국이 한미방위조약에 따라 전시작전통제권을 가졌건 말건 한반도에서 전쟁을 수행하기는 힘들게 되어 있다고 저는 확신합니다.

만약에 이러한 한국의 입장을 일본이 확고히 지지해준다면 동북아에서 미국의 일방주의는 끝장난 거나 다름없겠지요. 그러나 이런 식의 한일공조는 북핵문제가 해결되고 남북의 교류협력이 훨씬 진행된 뒤에나 꿈꿔볼 수 있는 것이지, 일본의 그런 회심(回心)이 선행해서 북핵문제 해결에 도움을 받고자 하는 것은 터무니없는 공상입니다. 다만 작년 9월 코이즈미 총리의 평양방문과 북일공동선언에서 보듯이 일본 정부나 재계의 이해관계도 미국과 완전히 일치하는 것은 아니며, 일본 보수세력의 입장에서도 소수 극우파를 제외한다면 북의 체제를 붕괴시키기보다 그 위협을 적절히 이용해서 자신들의 정치적 과제들을 달성하기를 선호하리라 봅니다.

중국과 러시아의 경우는 북핵문제에 관한 미국의 대북강경책을 쉽게 추종하지 않는 게 분명합니다. 앞으로 어느 정도의 견제력과 중재력을 발휘할지는 지켜볼 일이지만, 만약에 6자회담을 통해 북핵문제의 평화적 해결의 길이 열린다면 원래는 북측의 양자회담 요구에 맞서 미국이 주장했던 다자회담이 일종의 동북아판 헬싱키신인을 향한 첫걸음이 될 수도 있을 것입니다.[10]

그러나 이렇게 낙관만 할 수 없는 것은 원칙상의 조심성 때문만이 아닙니다. 굳이 전쟁을 안 일으키고도, 아니 전쟁이라는 모험은 피하면서,

[10] 1차 6자회담은 제주회의가 끝난 직후 뻬이징에서 열렸고 지금은 2차회담 개최를 둘러싼 논의가 한창이다. 다수의 관측대로 머지않아 회담이 열릴 것인지, 열리더라도 어떤 성과가 나올지는 두고 볼 일이다. 그러나 6자간의 협의를 통해 한반도 긴장완화의 실마리가 풀린다면 '일종의 동북아판 헬싱키선언'에 대한 기대 또한 커질 것이 분명하다. 헬싱키선언은 제주평화회의에서도 몇차례 화제에 올랐는데, 원래의 헬싱키선언, 즉 1975년 '유럽에서의 안보와 협력을 위한 회의'(CSCE)가 내놓은 35개국 공동선언 자체의 본질이 '다자주의'였느냐 '당사자주의'였느냐는 등의 논란은 6자회담을 앞둔 우리의 현실적 관심사와는 다소 동떨어진 느낌이었다. 요는 동북아시아에서는 북대서양조약기구(NATO)와 같은 집단안보체제가 성립하기 전에 헬싱키선언처럼 대립진영을 망라하는 '신사협정'이 먼저 필요하며 또 그나마 실현가능성이 있기도 하다는 것이고, 6자회담이 지역의 주요 당사자들이 참여한 다자주의적 문제해결의 시작일 수 있다는 것이다(헬싱키선언이 동북아를 위해 뜻있는 선례가 된다는 점에 대해서는 졸고 「한반도 평화통일을 위한 새 발상」, 『통일시론』 1999년 겨울호 〔5호〕 118면〔이 책 86~7면 주10〕에 잠시 언급한 바 있다).

한반도에 전쟁의 **위험**을 계속 유지하는 것이 이로운 세력이 많기 때문입니다. 일본의 보수세력 상당수가 그럴 것이라고 방금 말했습니다만, 부시행정부의 입장에서도 긴장유지가 너무나 달콤한 바 많지요. 중국을 겨냥한 MD(미사일방어) 계획에 일본과 한국을 끌어넣을 구실이 되고, 남북화해를 통한 한국정부의 자주력 신장에 제동을 거는 동시에,[11] 북이 '백성을 굶기는 정권'의 오명을 벗을 기회를 봉쇄하며, 일본은 일본대로 예속적인 맹방으로 묶어둘 수 있는 등, 그야말로 환상적인 씨나리오에 가깝습니다.

문제는 이런 분단체제의 지속에서 득을 보는 세력이 옛날에 비해 한결 줄어들었다는 것입니다. 남한만 하더라도 분단체제를 고수하려는 세력이 아직도 만만찮지만 예전처럼 냉전논리로 다수 국민을 설득하기가 어렵게 되었고 경제계조차 긴장완화와 남북교류를 선호하는 것이 대세입니다. 일본에서도 '북의 위협'을 들먹일 수는 있을지언정 '공산주의진영의 위협'을 내세울 수는 없게 되었지요. 오늘의 러시아는 현실사회주의권의 맹주가 아닐뿐더러 스스로 자본주의화를 선택한 상황이기 때문입니다.

러시아와 중국이 한반도의 통일을 진심으로 바라는지는 모를 일이나,

[11] 이라크에 전투부대를 포함할 수도 있는 추가병력을 보내겠다는 한국정부의 결정이 정부 측 일부 인사의 주장처럼 북에 대한 미국의 좀더 신축성있는 대응을 초래할지는 모를 일이지만, 파병을 거절했을 경우 미국이 북과의 긴장을 고조시키고 이를 빌미로 한국경제의 신인도 하락 등 여러가지 불이익을 도모하리라는 두려움이 정부 결정의 요인 가운데 하나였을 것임은 능히 짐작할 수 있다. 이처럼 한반도의 분단은 외국세력이 한국의 자주성을 제약하고 정부 자체가 즐겨 들먹이는 '일류국가 건설'을 방해하는 전가(傳家)의 보도(寶刀)와 같은 것이다. 궁극적인 해결책은 분단체제의 극복이지만, 이를 위해서도 경제적 의존을 줄여가는 꾸준한 노력과 정부나 사회지도층 인사들의 과장된 두려움을 시민의 힘으로 이겨내는 그때그때의 싸움을 병행하는 분단체제극복운동의 과정이 필요하다.

남북대결·북미대결로 인한 위험상황을 원하지 않는 것은 분명합니다. 북의 기득권층 입장에서도 그렇습니다. 적당한 긴장상태가 인민을 통제하고 그들로 하여금 '고난의 행군'을 감내케 하는 데 편리하긴 하지만, 작년(2002년)의 7·1 경제개혁조치가 보여주듯이 일단 변화의 불가피성을 인정한 마당에 무턱대고 대결로 치닫는 것은 체제의 위험을 오히려 가중시키게 마련입니다.

크게 보면 이 모든 것이 세계체제가 동서냉전의 종식과 더불어 새로운 질서를 형성했다기보다 천하대란의 시기로 접어든 결과입니다. 분단체제가 비록 반민주적이고 비자주적인 체제지만 그 나름의 체제는 체제이고 그 질서 아래 수십년 동안 전쟁재발이 방지되었으며 남과 북이 각기 제3세계에서는 보기 드문 경제성장을 이루었던 것입니다. 그런데 이제는 그런 식의 '적당한 긴장상태'란 게 없어진 거예요. 천하대란기의 혼란에 휩쓸려들든가, 분단체제보다 나은 체제를 만들어내든가, 양자택일의 갈림길에 다다른 것입니다.

한반도의 경우 혼란에 휩쓸린다는 것은 곧 전대미문의 재앙을 의미합니다. 북에 핵무기가 있건 없건 남북한 모두 극도로 무장한 상태이며, 미국으로 말하면 인류역사상 가장 무시무시한 각종 대량살상무기를 보유한 채 핵무기의 사용마저 불사할 태세임을 공언한 바 있습니다. 그만큼 한반도가 위험한 지역인데, 동시에 천하대란기의 혼란을 국지적으로나마 통제하고 다른 길을 찾아나설 절호의 기회가 주어진 곳이기도 합니다.

그동안 북핵문제로 한반도의 긴장이 고조되어왔으나 결국 6자회담이 열리고 타협의 가능성이 엿보이는 것도 이런 맥락에서 이해할 수 있을 듯합니다. 회담에서 과연 어떤 성과가 나올지를 예측한다든가, 구체적으로 어떤 식의 타결이 바람직한지를 제시하는 일은 전문가들에게 맡길 문제입니다. 저로서는 당장에 북핵문제의 평화적 해결을 위해, 나아가 한반도에 평화체제를 이룩하기 위해 한국의 시민사회가 할 수 있는 일이 무척 많다는 점을 강조합니다.

북핵문제 자체에 관해서는 우리가 정부 차원에서건 시민사회에서건 할 수 있는 일이 엄연히 한정되어 있습니다. 핵무기를 개발할지 말지를 결정하는 것은 북이며, 이러한 북을 공격해서 파멸시킬 수도 있는 무력을 보유하고 그 사용 여부를 결정하는 것은 미국이니까요. 두 당사자 모두에게 한국의 입장은 절대적인 변수가 못됩니다.

그 점에서 '민족공조'든 '한미동맹'이든 모두 상대적인 의미밖에 없습니다. 한국과 미국이 대등한 맹방이 아님은 너무나 뻔한 사실인데다 오늘날 미국과 대등한 동맹관계에 있는 나라는 지구상 어디에도 없는 마당에, '한미동맹'을 절대시한다는 것은 미국에 대한 맹종을 서약하는 행위밖에 안됩니다. 다른 한편 북측이 핵개발문제를 한국정부와 협의해서 결정하는 것도 아니고 한국이 북의 안전을 담보해줄 능력도 없는 마당에 '민족공조'를 절대시하는 일 또한 허황되고 무책임한 처사가 되기 쉽지요.[12] 우리는 우리가 그나마 할 수 있는 일을 단호하고 지혜롭게 해나가

---

[12] 발제 당시 이 대목이 오늘의 한반도 긴장상태에 북측의 책임이 있다는 뜻인지, 그리고 "한국이 북의 안전을 담보해줄 능력도 없다"는 점이 민족공조를 못할 이유가 되는지에 대한 질문을 받았다. 그 자리에서 답변한 내용을 되풀이하면, 첫째 북미관계에 한해서는 미국의 책임이 훨씬 크다는 것이 내 생각이지만 북측의 대응에 전혀 문제가 없다고 단정할 일은 아니며, 하나의 일반론을 덧붙이건대 분단체제 전체에 물어야 할 책임을 북의 체제에만 묻는 데에는 반대하지만 분단체제의 일익으로서 북의 정권과 체제가 심각한 문제점을 안고 있다는 점을 외면해서도 안될 것이다. 북에 대한 안전담보능력이 없다는 사실도, '민족공조'를 북의 정책에 남이 동조하는 것으로만 이해할 경우에는 결정적인 요인이 아니지만, 공조란 원래 상호적인 것이므로 남의 정책에 북이 동조해줄 것을 요구하는 상황도 원칙적으로 고려해야 옳다. 예컨대 북핵문제가 남쪽 경제에 악영향을 미치고 동북아 협력체제 구축

야 합니다. 미국에 대해서는 일정한 대미예속이 현실적으로 불가피하다 해도 '전쟁공조'만은 결코 안되며 예속을 줄여가려는 우리의 노력마저 봉쇄당할 수는 없다는 점을, 북에 대해서는 민족공조를 최대한으로 확대해가되 일방적인 대북추종은 있을 수 없다는 점을 분명히할 일입니다.

이러한 상황에서 한국의 시민사회가 해낼 몫이 작지 않은 것은, 북측은 물론이고 미국 또한 민족공조와 한미동맹 사이에 양자택일을 우리한테 강요할 여건이 아니기 때문입니다. 실제로 현재의 남북간 군사력비교에서 남측은 미군을 빼고도 크게 앞서 있다는 것이 상식이며, 물론 이것이 가능한 모든 사태를 감당하기에 충분한 우위는 아니지만 어쨌든 한국의 입장에서 한미동맹의 주된 용도가 군사적이던 시기는 이미 지났다고 할 수 있습니다. 오히려 한미관계의 악화에서 오는 경제적 파장, 그리고 이를 빌미로 더욱 기승을 부릴 국내 수구세력에 의한 국론분열 같은 것이 더 큰 부담이 되는 상황이지요. 다시 말해서 군사문제처럼 정부당국의 결정에 맡길 수밖에 없는 상황이 아니고 민간부분에서 개입할 여지가 그만큼 넓어졌다는 것입니다.

실제로 우리가 미국에 대해 전쟁공조만은 안된다고 주장할 수 있는 것도 그냥 '국력신장' 덕이 아니라 그것이 시민들의 오랜 투쟁을 통해 상당히 민주화된 국력이기 때문이며, 각종 기술개발이 이루어지고 예술창조가 이루어지며 젊은 세대의 활기가 넘치는 문화국가의 국력이기도 하기

에도 지장을 주므로 한국정부의 한반도 비핵화 정책에 북이 조속히 동조함으로써 '민족공조'를 해줄 것을 요구했을 때, 그 대신 한국이 현실적으로 북의 안전을 담보해줄 능력이 있느냐가 당연히 문제시되는 것이다. 어떻게든 대미의존을 줄이고 민족공조를 확대하는 것이 우리의 목표임에 틀림없으나, 이를 위해서도 민족공조에 대한 일방적인 해석은 피해야 옳다고 믿는다.

때문입니다. 그러므로 남북간의 다각적인 민간교류를 통한 민족공조의 확대뿐 아니라, 남한사회 자체를 좀더 민주적이고 환경친화적인 사회 — 눈높이를 한금 낮춰서 말한다면 조금이라도 덜 야만적인 사회 — 로 만들려는 많은 사람들의 노력이 한반도의 평화를 위한 직접적인 이바지가 되는 것이지요.

아니, 단순히 전쟁방지를 넘어 평화**체제**를 이룩한다고 할 때는 바로 이러한 시민들의 노력이야말로 핵심적인 요소가 됩니다. 거듭 말씀드립니다만 한반도의 전쟁위험은 크게는 세계가 천하대란의 시기에 돌입했기 때문이고 더 직접적으로는 한반도의 분단체제가 그나마의 질서유지 능력을 상실한 데서 기인합니다. 이는 한반도에서는 남북 분단정권 모두의 급격한 통제력 감소를, 세계 차원에서는 국가기구 자체의 정당성과 지배력의 전반적 쇠퇴를 뜻하는 사태입니다.

그렇다고 무턱대고 국가무용론을 외치는 것이 능사는 아니겠지요. 국가기구의 쇠퇴에는 한편으로 민중자치에 대한 요구가 작용하지만 국민국가들의 열국구조를 세계제국으로 대체하려는 전혀 다른 움직임도 가세하고 있습니다. 어디까지나 전통적 국민국가의 미덕은 미덕대로 옹호하면서 새로운 형태의 자치단체와 한층 민주화된 통치기구 들을 창출하는 데 활용해야겠지요. 분단체제의 극복과정에서 처음으로 범한반도적 국민주권의 실현을 숙제로 안은 우리의 경우 그러한 시민적 지혜가 더욱 절실합니다.

일단 한반도에서 전쟁위험을 제거하는 데 성공하고 뒤이어 한층 가속화될 분단체제의 와해과정에 슬기롭게 대처해간다면 한반도의 평화체제가 곧바로 동북아 평화체제의 발단이자 핵심이 되리라는 점은 능히 예견할 만한 일입니다. 6자회담 자체가 잘되면 1994년의 제네바합의와는 다른 차원의 집단안보담론을 낳을 수 있음을 지적했습니다만, 시민사회의 참여가 확대되면서 분단체제보다 나은 체제가 한반도에 형성될 때 동북아는 당장의 전쟁위험에서 벗어나는 정도가 아니라 평화체제 건설의 한 모범을 얻고 그 연결중심을 확보하는 데까지 이를 것이기 때문입니다.

끝으로 이 과정에는 나날이 심각해져가는 생태계의 위기에 대한 어떤 해답이 반드시 포함되어야 한다는 점을 거듭 강조하고 싶습니다. 남북한이 합치면서까지 종전의 발전방식을 계속하고 이로써 중국과 일본의 구태의연한 분발을 다그칠 때 그것이 동북아뿐 아니라 인류 전체에 얼마나 큰 재앙이 될지는 너무나 뻔합니다. 이러한 위험에 대한 환경운동가와 생명론자들의 경고와 생태주의적 실천은 한국사회에서도 이미 어느정도 축적되어 있습니다. 그러나 그것만으로는 충분치 못합니다. 통일되기 전에 남쪽에서만이라도, 그리고 남북이 합작하는 과정에서, 생명친화적인 발전의 새로운 패러다임이 창안될 필요가 있는 것이지요. 이것 또한 정부를 배제하지는 않되 결코 정부에만 맡겨놓을 수 없는 우리 시민사회의 과제입니다.

〈2003〉

13

21세기 한국과 한반도의 발전전략을 위해

1. 들어가며

한국과 한반도의 발전전략을 제시한다기보다 전략수립의 과정에서 유의할 몇가지 사항을 정리해본다는 뜻에서 이런 제목을 달았다. 동시에 다소 거추장스럽더라도 '한국과 한반도'를 함께 적지 않을 수 없는 것이 오늘날 분단한국에 사는 사람들에게는 불가피한 일이다.

대한민국의 대다수 시민에게 한반도 북녘의 발전에 직접 관여할 기회는 극히 제한되어 있다. 당연히 자신이 사는 남녘 '한국'의 발전에 치중한 논의라야 현실성이 있고, 처음부터 한반도 전체의 발전을 말하는 것은 허황되게 들리기 쉽다. 그러나 한국사회의 내부 문제라는 것들이 따지고 보면 한반도의 분단에 의해 속속들이 영향을 받고 있다. 적어도 남북 모두가 분단을 유지하는 어떤 공통의 틀에 의한 규정을 받으면서 제각기의 길을 걸어왔다는 '분단체제론'의 시각에서는 그렇다. 국경을 접한 이웃 나라 사이의 상호영향과는 차원이 다른 얽힘 속에 있는 것이다.

공간 차원에서 고려할 대상이 한국과 한반도 둘만 있는 것은 물론 아니다. 이야기가 구체적이 되려면 한국 안에서도 좁은 의미의 지역(locality 내지 협의의 region) 범위로—작게는 한 동네나 마을의 단위로까지—눈을 돌려야 한다. 요즘은 지역간 균형발전이 중요한 국정목표로 채택된 상황이기도 하다. 다른 한편, 한반도를 넘어 동북아, 동아시아, 아시아, 아시아·태평양 등 여러 단위의 광의의 지역(region)이 있으며, 더 넓게는 물론 세계 또는 지구가 있다. 이른바 세계화의 시대, 각종 지역협력 내지 지역통합의 시대에 이런 거시적 차원을 함께 고려해야 함은 더 말할 나위 없다.

시간 차원에서도 단기·중기·장기적 과제를 분별할 필요가 있다. 물론 이렇게 하는 것은 "과제를 세토막으로 잘라서 따로따로 해나가자는 것이 아니고, 정반대로 동시에 수행해야 할 다양한 차원의 과제들이 단기·중기·장기에 걸쳐 각기 달리 성취될 성격임을 제대로 인식하고 식별해서, 그 과제들을 해결하려는 우리의 노력이 상충하지 않고 이론적인 통일성과 현실적 대응력이 높아지게 하려는 의도"[1]이다. 공간의 경우도 마찬가지로서, 세계적인 차원, 지역적인 차원, 범한반도, 한국 또는 국내 특정지역 차원의 작업 들이 따로 놀지 않고 오히려 그때그때 어느 하나에 촛점을 맞추면서도 통일적으로 수행될 수 있게끔 해주는 인식이 요구된다.

---

1 좌담 「동북아시대 한국사회의 중·장기 전략과 단기적 과제」, 『창작과비평』 2003년 겨울호 20면; 백낙청 외 『21세기의 한반도 구상』(창비 2004) 287면.

아울러 유의할 점은 공간의 대·중·소와 시간의 장·중·단이 반드시 일치하지는 않는다는 사실이다. 예컨대 세계화라 일컬어지는 전지구적인 변화는 수많은 단기적 과제를 안겨주기도 하며, 동아시아나 동북아시아라는 지역으로 말하면 세계와 한반도 사이의 중간 규모에 해당하지만 그 지역 단위의 작업이 딱히 한반도와 세계체제 차원의 과제 사이에서 '중기적 과제'로만 자리매겨지지도 않는 것이다. 물론 '한반도의 과제'를 무엇으로 설정하느냐부터 분명히할 일이다. 그러나 분단체제의 극복이라는 비교적 장기간의 과제일 경우는 물론이고, 북한의 핵문제를 둘러싼 당면한 긴장의 해소 문제를 들더라도, 그 해결에 선행하거나 병행할 지역협력의 단기과제가 있는가 하면 북·미간의 일정한 타결이 있은 뒤에야 추진이 가능한 중기적 과제, 분단체제의 극복 이후에나 그려볼 수 있는 장기적 과제 들이 있다.

2. '전지구적 근대'와 '이중과제'

찬반간에 거의 누구나 절박한 현실문제로 인정하는 세계화(globalization)에도 여러 차원이 있음은 앞에서 지적했다. 그런데 대체로 세계화를 엄연한 대세로 인정하면서 현실적인 적응을 꾀하자는 사람들일수록 그 장기적 전망에 대해서는 피상적인 검토에 머무는 경향이다. 신자유주의자라면 현존하는 세계 외에 '대안은 없다'고 믿는만큼 당연한 일이지만, 비판적 지성을 자부하는 지식인들도 세계 전체에 대한 장기적 전망과 과제를 진지하게 거론하는 일은 흔치 않은 것 같다. 물론 이것이 자칫 허황된 담론으로 끝나기 쉬운 거창한 작업이기 때문이기도 하지만,

'거대담론' 또는 '거대서사'를 비판하고 냉소하는 포스트모더니즘 사조의 영향도 없지 않은 것 같다.

부실한 담론과 공리공론(空理空論)은 언제나 경계해야 한다. 그러나 거대담론을 전적으로 포기하는 것은 '대안은 없다'고 하는 신자유주의적 거대담론에 투항하는 결과밖에 안된다. 중요한 것은, 지구 전체의 규모로 장기적인 시간대를 논하는 거대담론을 구사하더라도 중·소규모의 지역, 중·단기의 과제를 동시에 사유하면서 이들을 일관된 실천으로 연결시키는 일이다.

세계화를 역사적으로 규정한다고 할 때 '근대'라는 시기의 최신 국면으로 보는 것이 타당하지 싶다. 적어도 근대를 세계사 속에서 자본주의의 시대로 이해할 경우에는 그렇다. 현재 진행중인 세계화가 자본주의 세계시장의 전지구적 확대이며 자본주의적 사회체제의 전일화 과정인 점은 분명하기 때문이다.

그런데도 세계화의 현실을 오히려 '탈근대'로 규정하거나 적어도 이런저런 '탈근대성'과 연결시켜 논하는 경향이 많은 것이 사실이다. 여기에는 현실에 대한 이데올로기적 은폐작용이 알게모르게 개입하고 있겠지만, 한국의 경우 근대에 관한 서양의 담론을 수용하는 과정에서 '모더니티'(modernity)라는 영어의 번역에 따른 혼란도 가세하고 있다. 더구나 그것은 이중의 혼란인데, 한편으로는 한국에서 '근대'와 '근대성(즉 근대라는 시대의 이러저러한 성격)'으로 구별되는 두 개념이 영어에서는 '모더니티'라는 하나의 단어로 표현되기 일쑤며, 다른 한편 '근대(즉 전근대 이후의 역사적 시기)'와 '현대(즉 어느 싯점에서든 그 당대를 포함하는 최근의 시기)'가 모두 영어로는 '모던'(modern)이기도 한 것이다. 이러한 구별에 유의하면서 정리한다면, 역사적 시대구분상의 근대는 엄연히 자본주의의 시대요, 세계화가 몰아치고 있다는 현대도 이러한 근대의 연장에 다름아니다.

'근대'보다 '근대성'에 촛점을 맞춘 논의가 무의미하다는 것은 아니다. 그러나 자본주의 세계체제의 발생과 확대라는 거시적인 시대구분을 제쳐둔 채 이 시대의 이런저런 특성을 열거하다 보면, 근대의 어떤 부분적 속성을 곧 근대의 본질로 설정하는 잘못을 저지를 수 있다. 주어에 맞는 술어를 그 주어 명사와 동일시하기로 치면, '빨가면 사과, 사과는 맛있어, 맛있으면 바나나, 바나나는 길어, 길면 기차……' 하는 식으로 얼마든지 진행할 수 있는데, 어린이들의 장난이 아닌 진지한 담론에서 이런 논리의 비약이 용납될 수 없음은 물론이다.

그런데 이런 비약을 담론의 현장에서 얼마든지 만나볼 수 있다. 흔한 예 가운데 하나는, 자본주의의 선발지역에서 이룩한 특정한 성취들을 세계체제 전체의 맥락에서 떼어내어 '근대성' 그 자체로 규정하고 이것을 달성하지 못한 사회는 '전근대사회', 그것을 달성해가는 과정──실제로는 완벽하게 달성하는 것이 불가능한 과정──을 누구나 추구해 마땅한 '근대화'로 설정하는 논리다. 다른 한편, 특정한 '근대성'이 이미 사라졌거나 다른 속성으로 대치되고 있음을 주목하여 그러므로 우리는 '포스트모더니티'(postmodernity, 탈근대 또는 근대이후)로 이행했다는 논리도 있다. 둘다 자본주의 근대의 전체상을 외면하고 근대에서 자본주의가 갖는 핵심성을 흐리고 있다는 점에서 일치하며, 많은 경우 '사과는 맛있어, 맛있으면 바나나' 식의 논리적 비약을 수행하고 있는 것이다.

이런 상황에서 최근 나는 단수(單數)의 '전지구적 근대'(global modernity)를 강조한 아리프 딜릭(Arif Dirlik)의 논지를 접하고 많은 공감을 했다.[2] 중국현대사 연구자이기도 한 그는 세계체제론의 근대론에 기본적으로 동의하면서, 흔히 세계화로 표현되는 자본주의 근대의 최근 단계를 '전지구적 근대'로 규정할 것을 제안한다. '구미'(Euro/America) 지역의 지배가 좀더 명백하던 앞시기를 그가 '유럽중심적 근대'로 일컫는 것은 유럽중심주의(Eurocentrism)의 지배가 심층에서 지속되고 있는 현실을 흐려버릴 위험이 있다고 생각되지만,[3] 세계화의 진전과 더불어 자본주의가 지역적·문화적 다양성을 과시하면서 종전과는 여러모로 달라진 모습을 보여주는 점에 주목할 필요성은 분명하다. 더욱 중요한 것은 흔히 기존의 근대화론 또는 근대주의에 대한 문제제기로 자처하는 '복수의 근대'(multiple modernities) 개념에 대한 그의 비판이다. 첫째, 이 개념은 "과거에 상상할 수 있었던 그 어떤 것보다 강력한 영향력을 갖고 현대세계에 공통성을 부여하고 있는 것이 무엇인가"라는 질문에 답하지 않으며, 둘째로 "'복수의 근대'는 전지구적 다문화주의를 암시하는바, 이는 문화들을 사물화(事物化)함으로써 문화적·정치적 혼돈상태를 관리가능하게 하며, 말하자면 전지구적 규모의 다양성 관리(diversity management on a global scale)인 셈"이라는 것이다.[4]

'근대성'이라고 하면 그것은 당연히 복수지만, '근대'를 복수로 설정하

2 Arif Dirlik, "Global Modernity? — Modernity in an Age of Global Capitalism," *European Journal of Social Theory* 6 (3), 2003, 275~92면. 국내에 소개된 딜릭의 저서로는 설준규·정남영 옮김 『전지구적 자본주의에 눈뜨기』(*After the Revolution — Waking to Global Capitalism*, 창작과비평사 1998); 황동연 옮김 『포스트모더니티의 역사들』(*Postmodernity's Histories: The Past as Legacy and Project*, 창비 2005)이 있다.
3 유럽중심주의가 온갖 변형된 모습으로 재생산되고 있는 현실에 대해서는 Immanuel Wallerstein, *The End of the World as We Know It* (University of Minnesota Press 1999) 제11장 "Eurocentrism and Its Avatars" (국역본 『우리가 아는 세계의 종언』, 창작과비평사 2001, 제11장 「유럽중심주의와 그 화신들」) 참조.
4 Arif Dirlik, 앞의 글 284면.

는 것은 현재 전세계를 지배하고 있는 단일한 자본주의 세계체제의 존재를 망각하거나, 이 체제의 항구성을 전제하고서 ─ 다시 말해 '대안은 없다'는 명제를 받아들이면서 ─ 그 안에서의 이런저런 부분적 대안 찾기에만 국한되기 십상이다. 하지만 끊임없는 자본축적이라는 자본주의의 절대적 요구가 인류문명의 발전이나 존속과 양립하기 힘든 성격이라고 한다면, 장기적으로 자본주의 안에서의 대안보다 자본주의를 넘어서는 대안을 찾을 필요가 절실해진다. 물론 중·단기적으로 자본주의의 틀 안에서 상대적으로 나은 길을 찾는 작업을 배제하는 것은 아니며, 자본주의 근대를 넘어서는 일이 쉽게 달성되리라거나 '현실사회주의'를 통해 한때 달성되었다고 단정하는 것도 아니다. 바로 그렇기 때문에 '근대적응과 근대극복의 이중과제'가 근대에 관한 핵심적인 화두로 제기된 것이다. 나 자신 주로 한반도와 한국을 중심으로 이를 논의했으나[5] 사실 이것은 선·후진국을 막론하고 어디서나 각각의 처지에 맞춰 수행해야 할 전지구적 과제다.

이러한 이중과제 ─ 적응과 극복이라는 양면을 지녔지만 실은 단일한 과제 ─ 를 상정할 때 장기적 전망에 대한 성찰이 곧바로 중·단기 과제에 영향을 미치게 된다. 일단 적응하지 않으면서 극복만을 외치는 일이 무의미하듯이, 극복의 의지와 경륜이 없는 적응노력은 적응의 차원에서도 올바른 전략을 낳기 어렵기 때문이다.[6] 전지구 규모의 체제를 생각하고 근

---

5 졸고 「한반도에서의 식민성 문제와 현대 한국의 이중과제」, 『창작과비평』 1999년 가을호.
6 앞에서 언급한 좌담에서 나는 이 점을 세계화의 대세에 적응해서 경쟁력을 키우는 문제와 관련해서 언급했다. "똑같이 경쟁력을 중시하더라도 무조건 대세를 따라가면서 우리도 G7에 들어가야 한다는 식으로 나가는 것과, 그런 식으로 너도나도 설치다가는 인류가 다함께 망하게 되어 있을뿐더러 한국경제 자체가 과욕을 부리다가 IMF 때처럼 침몰하기 십상이다, 다만 우리는 세계화의 대세에 승복하는 건 아니지만 당장에 경쟁력을 잃으면 대안을 찾을

대의 장기적 전망을 검토하는 것이 결코 내용 없는 거대담론은 아니다.

3. 발전과 지속가능성

세계화가 무작정 지속될 수 없고 '전지구적 근대'가 아마도 근대의 마지막 단계일 것이라는 가설에 설득력을 더해주는 현실은 다름아닌 생태계의 위기이다. 끊임없는 자본축적이 강제하는 계속적인 경제성장은 지구의 환경을 파괴하여 적어도 이제까지 알던 인류사회가 생존하기 힘든 상태로 만들 가능성이 실감되고 있는 것이다.

물론 이것은 치밀한 실증적 자료로 밑받침되어야 할 가설이지만, 그렇다고 자료를 통해 반박의 여지 없이 논증하는 일은 (파멸 직전의 순간까지는) 거의 불가능한 명제이기도 하다. 따라서 이미 수많은 과학자들과 환경주의자들이 지적하는 위기상황에 주목하면서, 이런 위기를 극복할 어떤 대책이 현체제 아래서 가능할지를 따져봄으로써 판단할 문제다. 그리고 고전적 사회이론이 지적하는 자본주의 사회의 모순, 즉 계급간 갈등의 심화와 확대라는 현실이 생태적 위기와 맞물려 있음을 감안할 필요도 있다. 생산수단으로부터 소외된 다수의 인구가 있어야 작동하는 경제체제는 균등하게 절제된 삶을 계획하여 환경을 보호하는 사회를 허용하기 어렵다. 동시에 마음놓고 착취할 자연의 영역이 절대적으로 줄어든 시기로 올수록—미국 부시행정부의 반환경적 작태에서 보듯이—가진

여지도 없이 짓밟히고 말 테니까 그걸 피하기 위한 최소한의 경쟁력을 확보해야겠다, 뭐 이런 식의 좀더 수세적인 자세랄까 방어적인 경쟁력 노선을 택하는 것이 정책의 내용 면에서도 훨씬 견실하고 실제로 성공률이 높아지리라고 봅니다."(백낙청 외, 앞의 책 339면)

자들의 기득권 유지를 위해서 환경보호라는 공공의 대의를 더욱더 내놓고 외면하게 되는 것이다.

자본주의의 작동원리에 관한 분석을 여기서 시도할 계제는 아니며 내 능력의 범위도 벗어난다. 여기서는 변혁적인 대안을 찾기보다 체제 내에서의 개선과 조정을 통한 해결책에 중점을 두는 환경주의적 구호로 많은 사람에게 익숙한 '지속가능한 발전'(sustainable development)에 대해 잠시 살펴보고자 한다.

물론 이는 다양한 해석이 따르는 표현이다. 경제를 중시하는 '약한 지속가능성'(weak sustainability) 즉 지속가능성의 약한 버전의 경우는, 엄밀히 말해 '지속가능한 발전'보다 '개발의 지속가능성'에 대한 타산에 가깝다고 봐야 할 것이다. 하지만 경제보다 환경에 더 무게를 두는 '강한 지속가능성'(strong sustainability)일지라도 현존하는 경제체제와 환경 둘다를 지속한다는 전제를 깔고 있기 십상이다. 그렇기 때문에 많은 생태론자는 지속가능한 발전이라는 목표 자체를 부정하기도 한다.[7]

지속가능성의 개념규정으로서 흔히 원용되는 것은 1987년 세계환경발전위원회(World Commission on Environment and Development)가 제출한 세칭 브룬틀란 보고서(Brundtland Report)의 정의일 것이다. 즉, "미래세대들이 자신들의 욕구를 충족시킬 능력을 훼손하지 않으면서 현재세대의 욕구를 충족시키는" 발전이라는 것이다. 물론 이 정의 또한 모호한 점이 많다. '욕구'(더 직역하면 '요구들')의 내용도 이해하기 나름

---

7 '지속가능한 발전'의 여러 해석에 대해서는 이필렬 「지속가능한 발전과 생태적 전환」, 『창작과비평』 2003년 겨울호 참조. 이 글에 인용된 엘마 알트파터(Elmar Altvater)는 현재의 자본주의체제에서 지속가능한 발전을 이룩하려는 것은 '영구운동기관'을 만들려는 것과 같다고 꼬집은 바 있다(68면).

이고, '미래세대들'은 과연 몇세대 뒤까지 계산에 넣어야 하는지—원칙적으로야 모든 미래세대를 배려해야겠지만 '모든' 세대들이라는 기준이 도대체 현실적인지도—정하기가 쉽지 않다. 인간의 욕구를 자본주의 사회가 허용하고 조장하는 욕구 위주로 해석하고 미래를 한두 세대의 기간으로 한정해버린다면, 곧바로 '예측가능한 미래까지 지속가능한 개발'을 위한 공식으로 떨어질 수 있을 것이다.

그러나 더 강한 버전의 지속가능성에 대해서도 근본적인 문제제기를 해서 나의 관심을 끈 것이 인도 출신의 경제학자 아마르티야 쎈의 글 「우리가 얼룩부엉이를 보존해야 하는 이유」이다.[8] 브룬틀란 보고서의 정의에 대한 그의 불만은 여기에 전제된 인간관이 너무 편협하다는 것이다. "분명히 사람들에게는 '욕구'(needs)가 있다. 그러나 인간에게는 또한 가치들(values)이 있으며, 특히 사람들은 자신들이 이치를 따지고 평가하며 행동하고 참여할 능력을 소중히 여긴다." 즉 수용자만이 아니라 주체적 행위자로서, 무엇을 값지게 보며 어떻게 그것을 추구할지를 결정할 인간의 '자유'는 단지 '욕구'를 충족시키는 차원을 훨씬 넘어선다는 것이다. '자유'가 '발전'의 수단이자 목표임을 강조해온 학자답게 그는 이렇게 묻는다. "우리의 관심사는 지금 사람들의 실질적 자유들(substantive freedoms)을 보존하고, 가능하면 확장하되, 그와 비슷한 또는 그 이상의 자유들을 '미래세대들이 가질 능력을 훼손하지 않'도록 하는 것이 아닐까?"[9] 이어서 그는 '욕구'라는 개념을 한층 구체화하여 현재와 미래 세대들의 '생활수준'에 대한 동시적 배려를 강조하는 입장에 대해서도 여전

---

8 Amartya Sen, "Why We Should Preserve the Spotted Owl," *London Review of Books* (2004.2.5) 10~11면.
9 같은 글 10면.

히 너무 국한된 인간관이라고 비판한다.[10]

'우리가 얼룩부엉이를 보존해야 하는 이유'라는 제목에서 짐작되듯이 쎈의 주장은 그 결론에서 생태론자들의 주장과 일치하는 바가 많다. 다만 논거를 자유와 책임에 대한 주체적 인간의 가치의식에서 찾고 있는 점이 독특하다. 물론 생태주의의 논리가 이런 가치의식을 배제하는 것은 아니며 인간중심적 사고를 근본적으로 비판하는 관점을 쉽게 외면해서도 안된다. 그러나 '무엇을 지속시킬 것인가'에 촛점을 맞추는 쎈의 접근법에 특별한 매력을 느낀 것은, 나 자신도 "'지속가능한 발전'이라는 환경관리주의적 이념이나 반대로 경제적·기술적 발전 자체를 적대시하는 생태근본주의적 노선 대신에, '생명지속적 발전'(life-sustaining development)을 세의"했고, 이는 "어디까지나 생명을 지속하는—엉이로 sustain 즉 유지하고 북돋는—일을 기본으로 삼되 여기에 합당한 발전의 가능성을 찾자는 것"[11]임을 주장한 바 있기 때문이다.

10 이와 관련해서 그는 붓다의 말씀을 상기시키면서, 인간이 다른 생물들을 존중하고 보호해야 하는 것은 인간이 그들보다 월등한 능력을 지닌 데 상응하는 책임이 있기 때문임을 강조한다. 마찬가지로 부모가 자식을 돌보는 것이 물론 생활수준에도 큰 영향을 미치는 일이지만 기본적으로 우리의 능력에 따르는 책임의 문제인 것이다(10~11면). '자유로서의 발전'을 주장하는 그의 최근 저서로는 Amartya Sen, *Freedom as Development* (Anchor Books 2000) 참조.

11 졸고 「생명지속적 발전을 위하여」, 환경운동연합 10주년기념 심포지엄 자료집 『녹색의 주류화를 위하여』(2003. 4. 2) 8면. 이 글은 당일 배포된 자료집 외에 활자화된 바 없으므로 좀 길지만 이 인용문 직전의 단락도 여기 함께 소개할까 한다. "대중과 함께 사회체제를 변혁하는 운동이 되려면 대중의 정당한 욕구를 긍정하는 데서 출발해야 한다. 개발지상주의에 대한 많은 사람들의 동조는 분명히 자본주의 이데올로기에 감염된 뒤틀린 욕구 때문이다. 그러나 경제발전을 통해 의식주 기본생활의 충족은 물론, 이를 얼마간 초과하는 풍요로움을 바라는 마음 자체가 반드시 잘못된 것은 아니다. 깨끗하고 품위있는 가난이 인간의 어떤 깊은 욕구에 상응하듯이 장엄(莊嚴)과 영화(榮華)에 대한 욕망 또한 중요한 본능인 것이다. 생명의 욕구는 실로 다양한 것이며 이들을 포용하고 조화시키는 것이 참된 지혜이지 그

'생명' 또는 '생명의 욕구'는 쎈의 '자유들'보다도 더욱 막연한 개념이다. 하지만 다른 낱말로 쉽게 대치할 성질도 아니라고 본다. (다만 '생명 지속적 발전'이라는 표현은 영어의 sustainable을 life-sustaining으로 바꿔보는 재미로 제시한 것이므로 더 적절한 한국어 표현을 연마할 필요가 있을 것이다.) 생명은 인간만의 것이 아니라는 생태주의자의 강조도 중요하려니와, 인간의 경우에도 그 생명활동을 제대로 포괄하기에는 '자유'라는 말조차 너무 제한적이다. 더구나 현존 세계체제가 장기적으로 정치적 자유의 발전과 존속을 과연 허용할 것인지에 대해 충분한 고민이 쎈에게 있는지도 불분명하다.

쎈의 경제학에 관해서건 자본주의 일반에 관해서건 연구가 태부족인 처지에 여기서 더이상의 논증을 시도하는 것은 부질없는 일이다. 다만 처음부터 기존의 체제가 허용하는 발전에 국한되지 말고, 진정으로 생명을 지속하며 중진하는 발전이 어떤 것일지를 먼저 생각할 필요가 있다. 발전은 곧 개발이므로 거부해야 한다는 맹목적인 주장은 물론, 자동사로서의 '발전'은 좋으나 타동사로서의 '개발'은 나쁘다는 단순논리 또한 도움이 안된다. 생명의 발전에는 일정한 물질적 여건이 필수적이며, 어떤 영역에서는 물질생활의 지속적 향상이 요구될 수도 있고 이런 필요에 부응할 적극적인 개발도 있어야 하는 것이다. 요컨대 장기목표로서 '생명 지속적 발전'을 적절하게 설정함과 동시에 이를 현실 속에서 추구해나갈

중 어느 하나만을 절대시하는 것은 독단이며 자신의 이상을 남에게 강요하는 억압행위가 되기 십상이다. 실제로 녹색담론의 주류화 내지 유행화 현상은 바리새주의(Pharisaism)의 위험을 낳고 있다. '바리새인'은 흔히 '위선자'의 대명사로 쓰이고 녹색이 그런 단순한 의미의 위선에 동원되기도 하지만, 원래 예수가 바리새인들을 혐오하고 규탄한 주된 이유는 개인 차원의 위선이라기보다 대중의 욕구를 외면하는 저들의 엄격주의·형식주의였던 것이다."(같은 곳)

현명한 중·단기 전략을 실제로 갖추느냐가 관건이다.

4. 세계체제의 현단계와 동북아시아·한반도·한국

세계화의 시대가 '전지구적 근대'에 해당한다는 인식은 적어도 공간상으로는 근대 세계체제가 확장될 만큼 확장됐다는 인식이다. 그런데 시간상으로도 갈 데까지 간 것인가?

'역사의 종말'을 말하는 사람들은 현실사회주의의 몰락과 더불어 자본주의에 대한 근본적인 대안을 더는 생각할 수 없게 됐고 그런 의미에서 역사가 올 데까지 왔다는 입장이다. 하지만 자본주의 세계체제의 헝구성을 주장하는 이런 수사적 표현이 아니라, 실제로 1989년 이후 자본주의적 근대는 최종적인 승리라기보다 오히려 그 마지막 단계이자 대혼란의 이행기로 접어들었다고 보는 시각도 있다. 이른바 세계체제분석(world-systems analysis)의 관점도 그러한데, 나 자신 이에 대한 공감을 여러 기회에 표명한 바 있다. '2003 제주평화회의'에서 행한 기조발제에서도 이런 시각에 근거해서 냉전 이후의 세계를 살펴보았는데,[12] 전쟁과 테러로 인한 살육이 냉전시대보다 오히려 증가하고 환경파괴가 더욱 자행되며 다수 인류 사이에 빈곤과 질병이 악화되는 오늘날의 현실이 일과적 현상이라기보다 세계체제 전체가 위기국면에 들어선 것이라는 진단이 설득력을 지니지 싶다.

---

12 졸고 「동북아와 한반도의 평화체제는 가능한가」, 한국인권재단 주최 2003 제주평화회의 자료집 『한반도의 평화를 위하여: 대안담론과 대안정책』(2003. 8), 특히 2절 '냉전 이후의 세계와 미국'(8~12면); 이 책 221~7면 참조.

여기서는 그 이야기를 되풀이하는 대신 이런 시기에 동아시아 또는 동북아 지역과 한반도/한국에서 생명의 원리에 부합하는 발전의 길을 찾는 일이 과연 어떻게 가능할 것이냐는 의문에 대해 언급하기로 한다. 자본주의의 축적논리가 생명지속적 발전에 모순된다고 주장하면서도 '전지구적 근대'에서 유독 동북아나 한반도만이 예외가 될 수 있다는 터무니없는 낙관론을 펼치는 게 아닌가 하는 의문이 무리한 트집이랄 수는 없기 때문이다.

'전지구적 근대'가 곧 근대의 최종단계라는 가정이 없다면 이는 정녕 허황된 낙관론에 다름아니다. 또, 최종단계라 해도 그것이 저절로 더 나은 역사로 발전하게 마련이라는 법칙론을 내세우는 것은, 이른바 정통 맑스·레닌주의의 '역사발전의 철의 법칙'이 그렇듯이 근거없는 낙관주의로 규정되기 십상이다. 하지만 동북아나 한반도의 가능성에 대한 전망은 세계체제가 정상적인 작동이 힘들 만큼 어둡고 혼란스러운 시기에 들어갔다는 '비관적' 인식에 근거하고 있으며, 이처럼 기존의 정치적·경제적 지배양식이 흔들리고 오히려 더욱 나쁜 방식으로 변할 위험마저 있는 단계이기 때문에 더 나은 방식을 창안할 틈새도 생기고 그런 틈새를 최대한으로 활용해야 할 책임도 절실해진다는 주장인 것이다.

그런데 동북아 또는 한반도에 그러한 틈새가 존재한다고 주장하는 근거는 무엇인가? 확실한 논증은 물론 나의 능력 밖이다. 다만 생명이 붙어 있는 한은 어디나 숨어 있을 작은 틈새 정도가 아니라 얼마간의 규모를 갖춘 집단적 대안작업이 진행되는 틈새라면 몇가지 조건이 충족돼야 하는데, 이 지역이 그러하다고 주장할 여지는 충분히 있다는 생각이다.

첫째, '전지구적 근대'의 테두리 안에 들어 있는 한에는 일정정도 이상의 자본이 축적되는 지역이라야 한다. 둘째, 종전의 자본축적 방식이 완전히 굳어지지 않은 유동적 상태라야 새로운 창안의 개연성이 확보될 것이다. (실은 첫째 조건이 충족되지 못하면 비록 신생자본주의일지라도 기존의 방식에 적응하기 급급하여 둘째 조건을 채우기가 오히려 힘들어진다.) 이에 더하여, 셋째 종전의 방식을 답습함으로써 초래할 재난과 불행이 필연적이며, 넷째 대안적 발전방안을 촉진하고 지원할 대안적인 문화 및 문명 유산이 풍부하다면, '틈새'는 그만큼 더 넓어지게 마련이다.

이런 네 가지 조건을 동북아시아—또는 경우에 따라 동아시아—에 적용해보면 방불한 바 적지 않다. ①일본의 오랜 불황과 최근 한국경제의 부진에도 불구하고 한·중·일과 동남아 일부를 포함하는 지역은 오늘날의 세계경제에서 가장 활발한 자본축적이 이뤄지는 지역이고, ②사회주의정권하에서의 자본주의 발달이라는 중국의 실험, 분단체제의 흔들림이라는 미증유의 변수를 안은 한반도, 게다가 유럽이나 북미와 달리 지역 내에 합의된 모델이 없다는 사실까지도 모두 남다른 '유동성'을 보장해준다. 더구나, ③중국의 엄청난 인구와 규모만 보더라도 종전의 패러다임에 따른 개발이 이 지역은 물론이고 지구 전체의 생태계에 재앙이 될 것이 분명하며, ④기존의 패러다임은 단순히 경제제도나 개발방식의 문제가 아니라 우주관과 진리관의 문제이기도 한만큼 동아시아문명 전래의 사유와 정서의 유산은 (그 자체로 해결책은 못 되지만) 대안적 패러다임 모색의 소중한 자산이 된다. 물론 다른 지역들도 그들 나름의 여건에 맞춘 모색을 해야 하고 결과적으로 어느 지역이 새로운 문명의 탄생에 가장 기여할지는 두고볼 일이다. 하지만 현싯점에서 동북아시아가 드물게 유리한 조건을 갖췄음은 사실인 것 같다.

그러면 한반도의 경우는 어떤가?

첫째, 이미 지적했듯이 최근의 한국은 자본축적이 특별히 활발한 지역은 못된다. 게다가 휴전선 이북으로 말하면 그동안 오히려 경제규모의 후퇴를 경험할 정도였고 작금의 '핵위기'는 한반도 전체의 경제에 큰 부담으로 작용하고 있다. 그러나 지난 수십년의 단위로 보면 남한이 세계에서 손꼽히는 왕성한 경제성장을 이룩해온 지역임에 틀림없으며, 현재의 성장률도 OECD 국가들 가운데서 높은 편이다. 북한 역시 북·미관계가 일단 개선되기만 한다면 적어도 자본 유입 및 축적의 **신장률**에서는 획기적인 개선을 보이리라 예상된다.

두번째 조건의 경우, 한반도야말로 동북아 중에서도 가장 유동적인 상태임이 분명하다. 분단체제가 흔들리는 정도로도 이미 남한사회는 냉전구조와 개발독재체제의 틀을 바꾸는 변화의 소용돌이 속에 뛰어들었고, 북에서도 2002년 7월 1일의 '경제관리개선' 조치 등 커다란 전환의 조짐이 보인다. "남과 북은 경제협력을 통하여 민족경제를 균형적으로 발전"시킨다는 6·15공동선언 제4항도 진지한 협력이 구체화될수록 의미심장한 변수로 작용할 터이다. 이와 관련해서 6·15 직후의 어느 좌담을 위해 준비한 필자의 발제문 중 한 대목을 인용해보면—

두 개의 국가지만 하나의 민족이 거주하는 한반도지역의 경제를 통칭하는 데 편리한 단어가 '민족경제'일 뿐이라고 간단히 답할 수도 있다. 그러나 남북의 경제협력이 원활하게 진행되는 '한반도지역의 경제'란 그리 간단한 물건이 아니다. 남북 어느 쪽의 주민도 아닌 수많은 한인들도 참여하는 영역이 될 것이 분명할뿐더러, 미·일·중·러와의 경제협력, 동아시아 내지 동북아시아의 지역협력 또한 획기적으로 진전되는 현장의 일부가 되게 마련인 것이다. 이는 실천면에서도 일국양제(一國兩制)를 이미 택한 홍콩과 중국 간의 경제협력이라든가 일국양제 채택 여부와 관계없이 진행중인 타이완과 본토의 '양안(兩岸)교류'하고는 또다른 모형을 창안할 것을 요구한다. 동시에 세계화의 대세 속에서 '민족경제' '국민경제' '지역경제' 들이 갖는 의미를 이론적으로 새로 정리할 필요성을 안겨주기도 하는 것이다.

한반도의 분단체제극복은 진작에 끝장난 냉전체제의 잔재를 뒤늦게 청산하고 근대국가의 체통을 갖추는 '남의 뒤 따라가기'만이 아니고, 현단계 세계사에서 전인미답(前人未踏)의 경지를 개척하는 일임을 여기서도 실감할 수 있다.[13]

셋째, 기존 패러다임 답습의 위험으로 치면, 한반도가 지구 전체에 미치는 영향이 양적으로 중국에 비할 때 대수롭지 않을 수도 있다. 하지만 이 문제 또한 그렇게 간단히 생각할 일이 아니다. 중국의 경제개발이 중국공산당에 의해 주도되고 있음에도 불구하고 '중국적 특색을 갖춘 사회주의'라는 구호는 내용상으로는 '중국적 특색을 갖춘 자본주의'에 가까우며 실제로 신자유주의와 '사회주의적' 권위주의가 결합된 인상이 짙다.[14] 일본 또한 거대한 경제력에 비해 정치적 주도력이나 창의성이 현저히 떨어지는 실정이다. 이런 상황에서 한반도에서마저 남북간의 협력 내지 통합이 기존의 개발모형이 그대로 관철되는 식으로 진행된다면 동북아에서 새로운 패러다임을 찾기는 불가능해진다고 해도 과언이 아니며, 중국

---

13 졸고 「6·15선언 이후의 분단체제 극복작업」, 『창작과비평』 2000년 가을호 26~7면(이 책 95~6면).

14 오늘날 중국에서 신자유주의의 위세에 관해서는 왕 후이(汪暉) 『새로운 아시아를 상상한다』('동아시아의 비판적 지성' 총서, 창비 2003), 특히 「1989년 사회운동과 중국 '신자유주의'의 기원」 참조.

이 낡은 패러다임을 추수했을 때의 환경상의 피해는 광활한 국토를 지닌 중국보다 인접 한반도에 먼저 치명타를 가할 확률이 높다.

넷째, 동아시아적 문명유산의 경우도, 전승된 총량으로 따진다면 특정 분야를 빼고는 한반도가 중국이나 일본을 앞지른다고 보기 어렵다. 그러나 중요한 것은 유산의 **활용**인바, 어디까지나 개혁문화와 결합하고 온당한 변혁운동에 동원될 때 의미가 있는 것이다. 이 점에서 한반도는 또 한번 동북아 전역의 결정적인 현장이 아닐까 싶다. 아직은 주로 남녘에 국한된 현상이고 남한에서도 개혁세력의 한계는 엄연하지만, 개혁문화를 만들어가는 시민사회의 활력으로 말하면 한국이 중국이나 일본을 단연 앞지르고 서양의 많은 선진국에 비해도 손색이 없다. 신자유주의에 대한 비판의식과 실천적인 반대운동의 힘도 상대적으로 높다. 북한의 경우 신자유주의가 아예 발을 못 붙인 땅이기도 한데, 물론 이것이 반드시 든든한 반대운동의 거점을 보장해주는 것은 아니고, 러시아나 동유럽 나라들의 선례가 보여주듯이 일찍부터 자본주의 세계시장에 적응해온 사회보다 신자유주의와 친미사조가 훨씬 무절제하게 휩쓰는 땅으로 돌변할 위험을 내포하고 있다. 하지만 이러한 여건들을 동북아(내지 동아시아) 지역내의 적절한 협력을 통해 최대한으로 살릴 때, 동아시아문명의 유산을 새로운 인류문명과 세계체제의 건설에 활용하는 작업에서도 한반도가 선구적인 역할을 할 수 있을 것이다.

끝으로 지역협력의 현장을 이루는 지리적 범주에 대해, 이는 그때그때 사안에 따라 신축적으로 정할 일이며 어느 한가지 명칭이나 정의에 집착할 까닭이 없음을 강조하고 싶다. 예컨대 동아시아문명의 유산을 활용한다고 할 때는, 지리적으로나 정치적으로 동북아에서 큰 비중을 차지하는 러시아가 한(＝한반도)·중·일은 물론, 동남아에 속하는 베트남보다도

역할이 작기 쉽다. (그러나 이 경우에 특히 유념할 점은, 딜릭이 경계한 '문화의 사물화'라는 함정에 빠지지 않으려면 과거에 특정 문명권에 속했던 지역과 오늘날 그 문명의 유산을 동원하는 활동의 소재지를 동일시해서는 안된다는 점이다.)

다른 한편, 북핵문제 해결을 위한 6자회담이 보여주듯이 역내의 안보나 평화체제 구축이 문제될 경우에는 러시아를 빼놓을 수 없고 역내 국가가 아닌 미국도 엄연한 '역내 권력'으로서 참여하게 된다. 그런가 하면 '아세안+3' 같은 범동아시아 차원의 경제협력에서는, 장차 북한이 포함되는 '아세안+4'로 확대할 필요성은 절실하지만 러시아가 정회원 자격으로 참여하는 것이 반드시 필요하달 수는 없다. 또, 동북아로 되돌아와 '환황해권'—또는 앞서 인급한 좌담에서 김석철 교수가 주창한 '황해도시공동체'[15]—을 말할 경우는 한반도의 동남부 산업 및 물류 중심지대나 일본의 세또나이까이(瀨戶內海) 일대까지 당연히 지역범위를 확대해야겠지만, 러시아의 연해주(沿海州)나 일본의 칸또오(關東) 지방은 (중국 대륙의 내륙지대나 남중국해 연안과 마찬가지로) '환황해권'에 직접 들지는 않는 외곽의 중요한 변수로 설정되는 것이 옳지 싶다.

이런 다양한 지역 개념들을 어떤 맥락에 채택하며 구체적으로 어떤 윤곽을 부여할지는 전문적인 식견을 갖춘 이들에게 맡길 일이다. 다만 지역간 협력에 관해서도 여러 규모, 여러 차원의 협력을 동시에 수행할 필요가 있으며 이 또한 시간상의 장·중·단기 전략을 차별적이면서도 일관되게 구사해야 한다는 점을 강조하면서 끝맺고자 한다.

〈2004〉

---

15 좌담 「동북아시대 한국사회의 중·장기 전략과 단기적 과제」, 백낙청 외, 앞의 책 제4부 참조.

14

박정희시대를 어떻게 생각할까

　　국제학술회의 '박정희시대: 25년 뒤의 재평가' 주최측에서 나를 기조
연설자의 한 사람으로 초청한 것은 아마도 박정희(朴正熙)시대에 대한 첫
날 기조연설의 매우 긍정적인 평가와 균형을 맞출 비판적 내용을 기대했
기 때문일 것이다. 나의 발표가 실제로 비판을 담은 것은 사실이지만, 이

■ 이 글의 바탕이 된 것은 박정희 대통령 사망 25주년이 된 2004년 11월 호주 월롱공대학
(University of Wollongong)에서 열린 '박정희시대: 25년 뒤의 재평가'(The Park Era: A
Reassessment After Twenty-five Years)라는 국제학술회의에서의 기조연설문이다. (기조연설자는
두 명이었는데 경제분야를 주로 다룬 첫날은 오원철 전 청와대 경제2수석비서관이 맡았고 정치·
사회·문화 분야에 치중한 둘째날이 내 차례였다.) 사전에 준비한 'How to Think About the Park
Chung Hee Era'라는 제목의 원고가 회의자료로 배포되었지만, 실제 구두발표는 전날의 토의내용
을 감안해서 약간 보완했으며 그후 이 발표에 가깝게 수정하고 몇개의 각주를 추가한 글을 2005년
2월 창비 홈페이지 영문판에 올린 바 있다(www.changbi.com/english/related/related22.asp). 본
고는 주로 후자의 내용을 우리말로 옮긴 것이지만 국내 독자를 위한 글임을 의식해서 원문에 집착
하지 않고 첨삭했고 이 책 수록 과정에서 다시 약간 손질했다. 이 자리를 빌려 국제학술회의를 주
관하고 필자를 초청해준 월롱공대학(현 호주국립대)의 김형아 박사에게 다시 한번 감사를 표한다.

른바 '주식회사 대한민국'의 강력한 최고경영자(CEO)로서 박정희가 지녔던 장점들에 대한 오원철(吳源哲) 전 청와대 수석 등 여러 사람의 주장 대부분을 나는 얼마든지 받아들일 용의가 있다. 다만 한 **나라**는 결코 기업체나 공장이 아니며 전혀 다른 차원의 고려가 따라야 함을 강조하고자 하는 것이다.

'박정희시대를 어떻게 생각할까' ─ 영어로 **What** to think가 아니라 **How** to think about the Park Chung Hee Era ─ 라는 제목은 전문성은 물론 최소한의 교양독서조차 부족한 나의 고민을 반영한다. 제대로 된 평가를 하고 결론을 내리기보다 이 과제에 어떤 식으로 접근할지를 주로 생각해보려는 취지이다.

박정희시대가 박정희 개인과 동일한 것은 아니지만 인간 박정희에 대해 느끼는 감정이 그 시대에 대한 평가를 크게 좌우함은 불가피한 일이다. 주지하다시피 오늘날 한국에서 박정희에 대한 반응은 찬반대립이 뚜렷하며 격렬한 감정을 불러일으키기도 한다. 박정희시대를 직접 겪은 사람들이 아직껏 많이 생존하여 활동하고 있는바, 그중에는 박정희의 통치에 직접 가담했거나 어떤 식으로든 그 통치의 덕을 보았고 상당한 기득권을 갖게 된 사람들도 있는가 하면, 반대로 박정희 치하에서 고문과 투옥, 재산이나 기타 권익의 박탈을 겪은 희생자들, 그리고 이러한 고난을 함께 겪었거나 가까운 사람을 영영 잃어버린 가족과 친지 들도 있다.

그 어느 한쪽도 객관적 재평가의 최적임자는 아닐 것이다. 그러나 4반세기 뒤의 평가가 최대한으로 객관적일 필요가 있다고는 해도, 동시에 이런 살아있는 육성들에 귀기울이지 않은 어떠한 학문적 평가도 온전한 객관성을 자랑할 수 없다. 특히 피해자들의 육성을 들을 필요성이 절실한데, 이들의 육성은 오랫동안 적극적으로 억압되었던데다가 우여곡절 끝에 가청권(可聽圈)에 들어온 경우에도 학자들이 좋아하는 '객관적 자료'에 편입되기가 쉽지 않기 때문이다. 그런데 이런 인간적 희생과 고난을 근대화 과정에서 어차피 불가피한 '부수적 손상'(collateral damage)쯤으로 여기는 태도는 피해자들의 인간적 분노를 야기함은 물론, 학문적 수준에도 악영향을 미치기 십상이다. 최근 들어 과거의 어두운 진실들이 하나둘 밝혀지면서 이를 외면했던 역사적 평가들의 객관성 자체가 흔들리게 되는 것도 그런 까닭에서다.

개인적으로 나는 박정희독재의 피해를 특별히 심하게 입은 경우는 아니다. 다만 대학교수로서나 문학평론가로서, 또 잡지편집자이자 출판인으로서 이런저런 일을 겪으면서 박정희시대의 탄압을 직접 경험하거나 근거리에서 목격한 바 있다.[1] 이를 근거로 결론부터 말한다면, 나는 한국 민주화운동의 성취를 자랑스럽게 생각하며 그 성취가 좁은 의미의 인권과 민주적 가치의 영역에 국한될 성질도 아니라고 생각한다. 민주화 자체가 경제발전에 대한 장기적 기여를 포함한다고 믿는데, 이에 대해서는 뒤에 더 논하기로 한다.

그러나 대체로 박정희 개인이나 박정희시대의 업적으로 거론되는 경제분야에 대해 민주화진영이 소홀한 면모가 있었던 것은 사실이다. 민주화운동은 노동자의 권리와 공해억제를 주장하고 부정부패, 정경유착 등 각종 천민자본주의적 행태를 규탄하는 데 앞장서기는 했지만, 한국경제를 어떻게 발전시킬지에 대한 현실적 대안을 제시했다고 말하기는 어렵다. 대부분의 반정부인사들은 주로 인권탄압을 이유로 박정희의 산업화

---

1 원래의 기조연설에서는 이른바 'subject position' 즉 '주체가 처한 위치'를 밝히며 논술할 필요가 있겠다는 취지에서 개인적인 경험을 조금 더 자세히 서술했으나 국내 독자를 위해 그럴 이유는 없으리라 본다.

추진방식에 반대했으며, 문학인들의 경우에는 농촌의 전통적 생활양식을 함부로 파괴하는 데 대한 반발이 추가로 작용하기도 했다. 그런데 급속한 공업화와 새마을운동 같은 농촌개조를 통해 전래의 농촌생활을 파괴하는 것을 비판한 일은 물론 뜻있는 작업이었지만, 그 비판이 우리가 자본주의적 근대에 실제로 어떻게 적응할지, 아니 박정희식 근대화에 어떻게 대응할지에 대해서조차 충분한 답은 못 되었던 것이다.

다른 한편, 맑스주의와 종속이론의 영향을 받은 급진적 분파들은 대규모의 외자도입에 의존하는 수출주도형 성장의 모델을 배격하고, 문자 그대로 자급자족형은 아니지만 좀더 '내포적인' 발전노선을 제창했다. 그러나 지금 돌이켜보면 당시 자본주의 세계체제의 상황과 한국의 세계체제 내 위치가 실제로 열어놓은 가능성들에 대한 인식 면에서 개방형 모델이 더 현실적인 것이었다고 판단된다.

국제회의의 첫날 토론에서 이 '한국식 고도성장 모델'의 창안자를 누구로 볼 것인가에 관해 논란이 벌어졌는데, 경제성장의 단계론을 주장한 로스토우(W. W. Rostow)로부터 박정희 휘하의 이런저런 인물들이 거론됐으나 어느 한 사람으로 중론이 모이지는 못했다. 어디까지나 문외한의 견해지만 나 자신은 이와 관련해서도 박정희의 '지적 재산권'을 인정하는 데 인색할 필요가 없다고 본다. 수출주도형 경제성장의 개념이야 이미 널리 알려진 것이었으나, 실제 성과를 좌우하는 요인은 수출전략과 다른 전략들의 특정한 배합——정치적 탄압과 사회적 획일화를 포함해서——이었으며 경제성장을 추진하면서 이 '한국식' 배합을 그때그때의 결정을 통해 만들어나간 주역이 박정희였다고 볼 수 있다. 물론 그 배합이 고속성장뿐 아니라 역사의 진정한 발전을 위해 최선이었느냐는 문제는 여전히 남아 있으며, 실제로 그것이 '재평가' 작업의 핵심을 이루는 것이다.

동시에 경제분야에서 박정희의 상당한 공로를 인정하더라도 그를 반대했던 민주화진영의 약점을 과장해서는 안되리라는 점 또한 강조하고 싶다. 1971년의 대통령선거에서 김대중 후보는 '대중경제'를 주창했는 바, 비록 미흡하기는 했지만 일단 새로운 가능성 모색의 시발점으로 삼을 정도의 강령은 되었으며 그 내용은 오히려 5·16 직후 군사정권의 경제정책을 상기시키는 바가 많았다. 김대중이 박정희 못지않게 실용주의적이고 신축자재한 정치인이라는 점을 감안한다면, 만일 당선되었을 경우 그 또한 이 강령을 수정하여 그나름의 수출주도성장 정책을 성안했을 개연성이 높다고 본다. 물론 과연 그랬을지, 그리고 이런 '김대중식' 배합이 대중의 권익을 얼마나 보호했을지는 하나의 추측으로 남을 수밖에 없다.

전체적으로 민주화세력이 당시나 그후 오랜 기간에 걸쳐, 한국경제가 박정희시대에 이룩한 괄목할 성과에 대해, 그리고 전제적이며 포악하기까지 했지만 유능하고 그나름으로 헌신적이기도 했던 '주식회사 한국'의 CEO 박정희에 대해 충분한 인정을 안해준 것은 사실이다. 물론 그 점을 인정해준다고 온전한 재평가가 성립하는 것은 아니다. 박정희를 두고 독재와 인권유린은 잘못한 것이지만 경제를 발전시킨 공로는 인정해야 한다는 식의 평가는 너무나 상투화된 일반론에 불과하기 때문이다.

문제는 이런 안이한 '균형잡기'를 넘어, 상반된 양면을 어떻게 종합할 것이며 각각에 어떤 비중을 두고, 그러한 양면이 구체적으로 어떻게 상호연관되어 있는가를 명시하는 작업이 필요하다. 물론 나 자신은 그런 작업을 감당할 능력이 없다. 다만 강조할 점은 이런 물음에 대한 답이 각자가 추구하는 현재적 과제와 무관하지 않다는 것이며, 따라서 스스로 어떤 입장에 서 있는지를 밝혀둘 필요가 있다는 것이다.

그런 취지에서 내가 우리 시대의 현안이라 생각하는 것을 ─ 굳이 엄밀한 논증을 시도하지는 않고 ─ 열거해보려고 한다.

먼저 대전제가 되는 것은 민주주의의 지속적인 진전이 여전히 시대적 과제라는 점이다. 박정희 개발독재의 유산에 대한 청산작업이 당연히 계속되어야 하며, 여기서 박정희시대 경제발전과 민주화운동의 관계를 거론하는 것도 그러한 실천상의 요구에 따른 것이다. 나는 경제발전 그 자체를 문제삼는 생태주의적 발상이 중요하기는 하지만 현싯점에서 한국경제가 일정한 성장동력을 유지하는 것은 민주주의의 진전을 위해서도 필요하다고 보기 때문이다. 경제성장 또는 산업화 자체가 악(惡)이라면 박정희시대를 평가하는 일은 간단해진다. 그의 독재정치도 못된 짓이었지만 한국경제의 고도성장을 주도했다는 사실은 더욱 큰 범죄행위가 되는 것이다. 물론 박정희식 경제성장에는 인권탄압말고도 수많은 범죄적 결과가 따랐다. 굳이 박정희식이 아니더라도 우리가 자본주의 세계경제의 틀 안에서 성장을 하고 경쟁력을 추구하는 한, 일정한 환경파괴와 인간성의 훼손이 불가피하다는 원칙적인 비판도 나는 맞다고 본다. 그러나 진정한 현안은 이런 현실 속에서 생존을 유지하면서 그 현실을 바꾸는 일이라고 할 때, 발전 자체가 곧 파괴라는 공식으로 매사를 재단하는 데서 어떤 책임있는 해답이 나올지가 의심스럽다.

이런 상황에 대해 나 자신이나 창비의 여러 동료들이 주장해온 것이 '근대적응과 근대극복의 이중과제'라는 대응책이다.[2] 그리고 이에 수반

---

2 이에 대해서는 졸고 「한반도에서의 식민성 문제와 근대 한국의 이중과제」, 『창작과비평』 1999년 가을호; 「21세기 한국과 한반도의 발전전략을 위해」, 백낙청 외 지음 『21세기의 한반도 구상』(창비 2004)〔이 책 제13장〕 참조. 물론 이런 수세적 경쟁력 노선이나 이중과제론에 대해 '좀더 지적으로 교묘한 논리'일 뿐 그 본질은 부국강병주의나 개발주의와 다를 바

되는 것이 성장동력을 중시하더라도 부자나라 따라잡기를 지상목표로 삼고 최대한의 성장을 추구하는 것이 아니라 일종의 자기방어적 성장을 꾀하는 전략이다. "세계화의 대세에 승복하는 건 아니지만 당장에 경쟁력을 잃으면 대안을 찾을 여지도 없이 짓밟히고 말 테니까 그걸 피하기 위한 최소한의 경쟁력을 확보해야겠다, 뭐 이런 식의 좀더 수세적인 자세랄까 방어적인 경쟁력 노선"[3]을 택하자는 것이다. 한번 낙오하면 항구적인 약자로 전락하기 일쑤고 약자는 강자로부터 사람대접을 기대하기 어려운 현존 세계체제의 현실에서 우리가 애써 쟁취한 그나마의 민주적 가치를 보존하고 한반도의 분단체제극복 과정에 능동적으로 개입할 수 있기 위해서라도 근대**극복**의 노력들과 슬기롭게 일치하는 **적응**의 노력이 필요하다는 입장이다. 그럴 경우, 박정희시대에 이룩된 경제성장에 대해 일정한 평가를 해줌과 동시에, 그의 경제전략 중 어떤 것이 아직도 유효한 것이고 그런 것들이 박정희가 침해한 민주주의·민족화해 등의 목표와 어떻게 결합될 수 있을지를 진지하게 탐구할 필요가 절실해진다.

동시에 나는 과거 어느 때보다도 환경친화적인 새로운 경제모델을 창출하는 일이 우리의 현안으로 닥쳐 있다고 믿는다. 지구 전역에 걸쳐 환경파괴가 박정희시대에 비해 훨씬 더 급박한 수위에 달했을 뿐 아니라, 동아시아 특히 거대한 중국의 고속성장으로 환경파괴는 전혀 새로운, 아

없다는 비판도 나온 바 있다. 예컨대 좌담 「박정희시대를 어떻게 볼 것인가」, 『녹색평론』 2004년 9–10월호 참조(모든 참석자들이 동일한 견해는 아니지만). 이중과제론에 대한 전면적인 부정과 별도로, 실행의 과정에서 이중과제론이 평범한 근대적응주의와 다를 바 없게 될 가능성이 있다는 지적이라면 이는 누구나 수긍할 터이며, 그 위험을 함께 경계하고 대응하는 공동의 과제를 떠안게 된다.

3 좌담 「동북아시대 한국사회의 중·장기 전략과 단기적 과제」, 『창작과비평』 2003년 겨울호 60면의 필자 발언.

마도 말기국면에 들어섰다고 하겠다. 일본의 선례를 남한이 후발주자에 맞게 재생한 패턴에 따라 중국의 경제성장이 진행된다면—'중국식 사회주의'의 구호에도 불구하고 그렇게 될 위험이 다분한데—이제까지 우리가 알던 지구는 영영 사라질지도 모른다. 한국은 물론 인류 전체의 장래를 위해서도 우리는 박정희시대나 이후의 어느 시기와도 근본적으로 다르되 생태계의 이름으로 경제발전 자체를 외면하지는 않는 새로운 패러다임을 창안해야 하는 것이다.

이러한 현안들을 염두에 두고 나는 박정희를 '지속불가능한 발전의 유공자'로 규정한 바 있다.[4] 독재만 하고 경제성장을 못 이룬 독재자가 많다는 점에서, 그리고 한국에서와 같은 극적인 성장을 이룩한 일은 더욱이나 드물다는 점에서, 어쨌든 유공자는 유공자라고 본 것이다.[5]

그러나 박정희식 개발은 이중의 의미로 지속불가능했다. 첫째, 브룬틀란 보고서(Brundtland Report)가 말하는 '미래세대들이 자신들의 욕구를 충족시킬 능력을 훼손하지 않으면서 현재세대의 욕구를 충족시키

---

4 졸고 「지속불가능한 발전의 유공자」, 『중앙일보』 2004. 8. 12, 35면 '중앙시평'.
5 이 칼럼에서는 이런 평가를 하면서도 다음 두 가지 토를 달았는데 정작 기조연설에서는 그 점을 짚을 겨를이 없었다. "물론 '한 세대 안에 국민소득 100달러에서 1만달러로'라는 '한강의 기적'엔 여러가지 다른 요소가 작용했다. 우선 그것은 오늘날 국민소득 100달러 또는 200달러인 어느 후진국이 문득 고속성장을 시작하는 상황처럼 기적적인 것은 아니었다. 해방 후의 갑작스러운 국토분단으로 그나마 돌아가던 한반도 경제에 일시적인 마비상태가 왔고 이렇게 엎친 데에 전쟁으로 인한 대대적인 파괴가 덮쳐 한국사회의 빈곤이 극에 달했던 것이다. '단군 이래 대물림해온 가난'은 아니었으며 도약의 저력을 충분히 내장한 사회였다. / 더구나 박정희가 한반도에서 지속불가능한 발전을 창안한 것도 아니다. 국권박탈과 인권탄압을 겸하면서 드디어는 항구적 전쟁체제로까지 나아감으로써 도저히 지속할 수 없는 개발을 수행한 선구적 모델로 일제 식민지 당국이 있었다. 박정희는 이 모델을 그가 설정한 항구적 냉전체제와 남북대결체제에 맞게 적용하고 발전시켰는데, 이것도 공로라면 공로가 아닐 수 없다."(같은 글)

는 형태의 발전'이라는 개념은 그 자체로 논란의 소지가 많고 해석도 다양하기는 하다. 그러나 이 개념을 어떻게 해석하든간에 군사주의 문화와 대대적인 환경파괴에 근거한 박정희식 경제개발이 보고서가 말하는 '지속가능한 발전'(sustainable development)과 상치되는 것만큼은 분명하다. 둘째로, 그런 차원의 논의 이전에, 박정희식 개발은 훨씬 좁은 의미로, 즉 이런 개발정책 자체가 오래 지속될 수 없다는 의미로 '지속불가능'이었다.

일본과 달리 문민통치의 강력한 전통을 지녔고 민주주의에 대한 대중의 열망이 만만찮은 한국사회에서 군부독재를 항구적으로 지속한다는 것부터가 쉬운 일이 아니었다.[6] 따라서 박정희 개인의 불미스러운 이력——일제시대의 친일행위에서 해방 직후의 남로당 활동, 뒤이은 군대 내 공산주의 동료들에 대한 배반, 그리고 두 차례에 걸친 군사쿠데타(그중 두번째는 첫번째 쿠데타 이후 자신이 제정한 헌법을 자기 손으로 파괴하는 정변이었다) 등등——을 차치하고도, 그의 권력은 원천적으로 불안한 것이었고 경제적인 성과를 올림으로써 보강하지 않을 수 없었다. 그런데 김영작(金榮作) 교수가 첫날 발표에서 지적했듯이, 아이러니컬하게도 바로 경제면에서의 성공이 그의 권력을 도리어 잠식하는 효과를 발휘하기도 했다.[7] 박정희가 내세운 '잘살아보세'라는 구호는 그 핵심내용인즉 '우리도 잘 먹고 잘 사는 사람들처럼 살아보세'라는 것으로서 실은

6 한국인들의 민주적 열망을 간명하게 설명해주는 영문자료로는 Bruce Cumings, *Korea's Place in the Sun* (W. W. Norton 1997), 제7장 'The Virtues II: The Democratic Movement, 1960-1996'(국역본 『브루스 커밍스의 한국현대사』, 김동노 외 옮김, 창작과비평사 2001)가 있다.
7 당일 회의자료집 중 Kim Young-Jak, "The Structural Characteristics of Park Jung-Hee's Governing Ideas" 참조. (물론 김영작 교수의 박정희 평가는 나보다 훨씬 긍정적이다.)

걸인의 철학에 다름아닌데, 먹고사는 문제가 어느정도 해결되면서 다른 종류의 욕구가 대두하는 것도 자연스러운 현상이기 때문이다.[8]

'반공' 또한 일방적으로 유리한 자산만은 아니었다. 박정희는 아마도 그의 좌익 전력에 따른 미국측의 불신을 달래기 위해 '반공을 국시(國是)의 제일'로 삼았을 터인데, 통일국가이자 단일민족으로서의 오랜 역사를 지닌 분단국에서 '반공'은 곧 국민들의 통일열망을 거스르는 노선이라는 약점이 따랐던 것이다. 실제로 박정희의 통치기간 중 가장 아낌없이 범국민적 환영을 받은 결정이 1972년의 7·4남북공동성명이었다는 사실도 이 점을 반증한다. 물론 박정희가 취한 다음 조치는 이 공동성명을 이용하여 10월유신을 선포하는 일이었고, 이로써 그의 집권 전반기(이른바 제3공화국)의 상대적으로 절제된 권위주의는 국가 전체가 권력자 한 사람의 개인 영지처럼 되어버린 후반기(유신체제)로 옮겨갔던 것이다.

---

8 '걸인의 철학'(the philosophy of a beggar)이라는 표현에 대해 회의장에서는 (예상했던 대로) 적지 않은 논란이 벌어졌다. 김영작 교수는 박정희의 철학을 이런 식으로 규정하는 것은 부당하다고 지적했는데, 나는 박정희 자신의 인생관을 언급한 것이 아니라(그는 물론 거지와는 전혀 다른 차원의 야심을 지닌 인물이었다!) 그가 선택한 새마을운동의 구호가 대표하는 철학을 지목한 것이라고 답했다. 한경구(韓景九) 교수의 반론은 좀더 기발하다면 기발한 것이었다. 즉, 거지는 무언가 공짓을 바라는 사람이므로 일해서 먹고살려는 대다수의 가난한 사람과 구별해야 하며, 따라서 '걸인의 철학' 운운은 새마을운동에 가담한 수많은 가난한 이들에 대해 모욕적인 발언이라는 것이다. 하지만 '가난한 자의 철학'이라고 표현을 바꾸는 것이 그 사람들에게 정녕 덜 모욕적이었을까? 한경구가 정의한 '걸인의 **심리**'와 내가 말하는 '걸인의 **철학**'을 구별해줄 필요는 분명히 있겠지만, 새마을운동의 구호에 대한 이런 성격규정을 계속 숙고해봄직하다는 것이 나의 답변이었다. 다만 지금 와서 한마디 덧붙인다면, 기본적인 의식주 문제가 해결된다고 해서 걸인의 철학에 물든 사람이 거기서 탈피하는 일이 그렇게 간단치는 않다는 점이다. '우리도 잘 먹고 잘 사는 사람처럼 살아보세'라는 소망이 '더 잘 먹고 더 잘 사는 사람처럼 살아보세'로 진화할 뿐, '잘사는 것'의 참뜻에 대한 성찰이 자동적으로 일어나는 것이 아님을 민주화 이후의 한국사회에서 실감할 때가 많다.

어쨌든 세계정세가 뒷받침하는 동안은 반공과 경제성장의 결합이 박정희정권을 지탱하는 데 효력을 발휘했다. 그러나 비록 동서냉전이 완전히 끝난 것은 박정희가 사망하고도 10년이 더 지난 뒤지만, 미·중관계(그리고 뒤이어 중·일관계)의 개선으로 1970년대에 이미 동북아시아에서의 이념적 대치상태가 결정적으로 약화되었다. 유신헌법 선포는 이런 **대세를 거스른** 정권방어적 조치의 성격을 띤 것이었다. 이로써 박정희의 대통령직과 '최고경영자' 지위에 대해 선거를 통해 도전하는 일이 봉쇄되고 경제 또한 최소한 1970년대 중반까지는 고속성장을 계속했다는 점에서 그러한 방어조치가 한동안은 성공한 셈이다. 그러나 박정희시대 말기의 수년간 국내의 점증하는 저항과 갈등은 끊일 바 몰랐고 미국과의 마찰도 날로 심해졌다. 그 모든 것이 어떻게 끝났는지는 역사가 말해주는 바이다.

박정희식 경제발전이 지속불가능한 것이기는 했어도 오늘날 우리가 그때 이룩된 경제성장과 자본축적을 토대로 좀더 지속가능한─또는 조금이라도 덜 지속불가능한─발전을 논할 수 있게 된 점은 무시할 수 없다. 그런데 이 과정에서 민주화운동 세력의 정확한 역할은 무엇이었을까? 민주적인 권리와 제도를 확보하는 데 공헌했다는 점을 **빼고** 저들이 한 일이라고는─일부 박정희 지지자들이 주장하듯이─돌이나 던지고 구호나 외친 것이 전부였던가?

한 국가의 경제발전이 18년으로 끝나지 않으려면─아니, '개발독재'의 유형에 명백히 들어가는 전두환(全斗煥)의 폭압통치기간을 포함해서 25년으로 잡더라도─그 발전을 다소나마 더 지속가능하게 만든 정치적 비판자들의 **경제적**인 공헌 또한 인정해야 옳다. 한국의 환경운동이 '공해문제연구'의 이름으로 조심스럽게 출발하던 1970년대만 해도 산업공해를 들먹이는 것은 곧 '용공' 혐의를 뒤집어쓰는 일이었다. 최소한의 노동자 권리나 정경유착의 폐해를 언급하는 일도 그에 못지않게 위험했으며, 긴급조치 아래서는——마지막 제9호는 1975년에 선포되어 박정희 집권기간 내내 존속했으니 '긴급'조치라기보다 항상적인 조치였던 셈인데——긴급조치 위반 사실을 발설하는 것 자체가 긴급조치 위반이 되었다. 이런 기막힌 사태가 아무런 도전 없이 지속되었더라면 민주주의가 성취되지 않는 정도가 아니라 경제발전 자체가 실제보다도 훨씬 덜 지속가능한 것이 되었을 것이다. 민주개혁 없는 경제개발의 추구는 여러 '현실사회주의' 나라들에서처럼 결국 경제의 장기적 침체와 쇠퇴를 낳거나, 이란의 이슬람혁명에서처럼 원리주의적인 신정(神政)체제로 귀결하기 십상인 것이다.[9]

그러므로 한국의 민주화운동을 계승한 세력은 지난 4반세기에 걸친 한국경제의 성취에도 일정한 기여를 했다는 긍지를 지녀 마땅하며, 동시에 이 과정에서 박정희가 세운 그나름의 공적을 인정하는 데 인색할 이유도 없다. 이는 오늘날 당면한 개혁과제에 위협이 될뿐더러 진정으로 지속가능한——내 식의 표현으로는 '생명지속적인'[10]——패러다임을 창안해야 하는 더 큰 과업에도 장애가 되는 '박정희 향수'를 극복하기 위해서도 필수적이다.

물론 나는 '박정희 향수'의 이름으로 박정희시대에 대한 모든 긍정적인 평가를 배격하는 것은 아니며, 오늘의 정치적 리더십에 대한 정당한 비판을 봉쇄하려는 것도 아니다. 다만 오늘의 정치지도자들에게 어떤 문

---

9 한국에서 신정체제의 성립이란 상상하기 힘들지만, 나의 취지는 왕년의 이란왕정이 독재체제의 경제개발계획이 지속되지 못한 또하나의 사례임을 상기시키려는 것이다.

10 주2에 언급한 「21세기 한국과 한반도의 발전전략을 위해」 21~23면(이 책 252~5면) 참조.

제점이 있건간에 제2의 박정희가 해결책이 못 되는 것만은 분명하다. 오늘의 세계는 박정희시대와는 너무나 달라졌으며, 동시에 우리를 옥죄는 정치·경제·사회적인 문제들의 상당수가 바로 박정희시대의 유산이기도 하기 때문이다. 아니, 박정희에 대한 향수야말로 박정희시대 최악의 유산에 속한다. 기본적인 제반 권리에 대한 무관심, 인간의 고통과 고난에 대한 무감각, 대화와 타협을 통한 문제해결 방식에 대한 거부감, 그리고 '잘살아보세'라는 걸인의 철학 이상의 모든 개인적 또는 공동체적 철학에 대한 무지 등을 고스란히 내장하고 있는 것이 '박정희 향수'인 것이다. 이런 유산들은 박정희시대에 대한 적절한 판단이 이루어지고 박정희 또한 그의 정당한 몫을 인정받기까지는 그 병적인 작용을 멈추지 않으리라 본다.

박정희의 정당한 몫이 정확히 어떤 것이며 우리 현대사의 결정적인 대목을 차지하는 박정희시대를 어떻게 평가할지는 나보다 식견이 많은 분들에게 맡길 일이다.

〈2005〉

| 원문출처 |

1. 6·15시대의 한반도와 동북아평화/'광복 60주년 기념 세계평화축전 도라산 강연회'(2005. 9. 11); 창비 웹매거진 2005. 9.
2. 6·15시대의 대한민국/창비 웹매거진 2006. 1. 1.
3. 한반도의 통일시대와 한일관계/일본 리쯔메이깐(立命館)대학 코리아연구센터 심포지엄 기조강연(2006. 2. 24)
4. 분단체제와 '참여정부'/열린정책연구원 정치아카데미 최고지도자과정 강의 (2005. 3. 16, 원제 「분단체제와 '참여정부' 2년」)
   덧글 | 변혁적 중도주의와 한국 민주주의/새 원고
5. 한반도 평화통일을 위한 새 발상/한·독평화통일 워크숍(1999. 9. 10); 『통일시론』 1999년 겨울호(5호)
6. 6·15선언 이후의 분단체제 극복작업/『창작과비평』 2000년 가을호(109호) 좌담 「통일시대를 어떻게 살아갈 것인가」(강만길·김경원·홍윤기·백낙청)의 참석자 발제문 중 하나
7. 다시 지혜의 시대를 위하여/『창작과비평』 2001년 봄호(111호)
8. 통일작업과 개혁작업/'화해와 전진을 위한 포럼'(2001. 6. 21)
   덧글 | 이수훈 교수의 분단체제론 비판에 답하여/디지털창비 자유게시판(2001. 10)
9. 한반도의 2002년/『창작과비평』 2002년 봄호(115호)
10. 한반도에 '일류사회'를 만들기 위해/『창작과비평』 2002년 겨울호(118호)

11. 새만금 생태보존과 바다도시 논의/새만금 바다도시 중간쎄미나(2003. 3. 14); 『녹색평론』 2003년 5-6월호(70호)

12. 동북아와 한반도의 평화체제는 가능한가/2003제주평화회의(2003. 8. 22~ 25); 한국인권재단 엮음 『한반도 평화는 가능한가?』(아르케 2004)

13. 21세기 한국과 한반도의 발전전략을 위해/백낙청 외 지음 『21세기의 한반도 구상』(창비 2004)

14. 박정희시대를 어떻게 생각할까/국제학술회의 '박정희시대: 25년 뒤의 재평가'(2004. 11, 호주 윌롱공대학); 『창작과비평』 2005년 봄호(128호)

한반도식 통일, 현재진행형

초판 1쇄 발행 / 2006년 5월 1일
초판 3쇄 발행 / 2007년 3월 30일

지은이 / 백낙청
펴낸이 / 고세현
책임편집 / 신채용
펴낸곳 / (주)창비
등록 / 1986년 8월 5일 제85호
주소 / 413-756 경기도 파주시 교하읍 문발리 513-11
전화 / 031-955-3333
팩시밀리 / 영업 031-955-3399 · 편집 031-955-3400
홈페이지 / www.changbi.com
전자우편 / human@changbi.com

ⓒ 백낙청 2006
ISBN 89-364-8533-4 03300